AF344202

LE CUIVRE

ORIGINE — GISEMENTS — PROPRIÉTÉS — MÉTALLURGIE

APPLICATIONS — ALLIAGES

PAUL WEISS

INGÉNIEUR AU CORPS DES MINES

LE CUIVRE

Avec 96 figures intercalées dans le texte

ORIGINE — GISEMENTS

PROPRIÉTÉS PHYSIQUES ET CHIMIQUES

MÉTALLURGIE
Procédés de grillage, de fusion et d'affinage
Procédés de la voie humide. — Procédés électrolytiques

MARCHÉ DU CUIVRE

PRINCIPALES APPLICATIONS
Chaudronnerie. — Tréfilerie. — Fonderie

ALLIAGES INDUSTRIELS

PARIS

LIBRAIRIE J.-B. BAILLIÈRE ET FILS
Rue Hautefeuille, 19, près du boulevard Saint-Germain.

1894

AVANT-PROPOS

Ayant eu l'occasion de visiter les principales mines
et usines à cuivre d'Europe, j'ai cru intéressant de
résumer dans un seul volume toutes les données
actuelles sur les gisements, la métallurgie et les
applications du cuivre. Mon travail s'adresse, non
point aux techniciens, qui y trouveraient trop peu
de détails pratiques, mais aux ingénieurs qui désirent
se mettre au courant des principes fondamentaux de
l'industrie du cuivre.

Pour la description des gisements, j'ai adopté les
divisions indiquées par M. Fuchs, et professées à
l'École des mines par M. Delaunay, auquel j'adresse
mes remerciements pour les renseignements qu'il a
bien voulu me donner.

Pour l'étude de la métallurgie, j'ai renoncé à
l'ancienne distinction entre les méthodes continen-

tales et anglaises, qui ont été si bien décrites par M. Grüner dans son beau livre sur la métallurgie du cuivre ; j'ai préféré adopter la conception plus moderne, qui consiste à assimiler la fabrication du cuivre à celle du fer, et à distinguer, sans tenir compte des procédés qui servent à les obtenir, la *matte bronze*, alliage de cuivre et de soufre comparable à la fonte, alliage de fer et de carbone, et le *cuivre affiné*, comparable au fer.

La rédaction de la partie de mon livre, qui concerne les applications industrielles du cuivre, m'a été grandement facilitée par les bons conseils que m'a donnés M. L. Weiller ; je tiens à lui en témoigner toute ma reconnaissance.

Dans l'étude des alliages du cuivre, j'ai longuement parlé de la notion moderne de la structure moléculaire des métaux. M. Guillemin a bien voulu me communiquer les résultats de ses expériences récentes sur la reproduction photographique de la structure du cuivre et de ses alliages ; je le prie d'agréer mes remerciements pour sa communication, qui offre le plus grand intérêt scientifique.

PAUL WEISS.

Arras, 7 novembre 1893.

TABLE DES MATIÈRES

TROISIÈME PARTIE

APPLICATIONS DU CUIVRE

FIN DE LA TABLE DES MATIÈRES

LE CUIVRE

PREMIÈRE PARTIE

LE CUIVRE ; SON ORIGINE, SES GISEMENTS, SES PROPRIÉTÉS ET SES ALLIAGES

CHAPITRE PREMIER

ORIGINE DU CUIVRE

Minéraux et Minerais du cuivre. — Production et principaux gisements. — Origine et formation des gisements.

I. **Minéraux et Minerais.**

Le cuivre a été connu dès la plus haute antiquité et employé soit pur, soit allié à l'étain, pour la fabrication des armes, avant qu'on ne sût isoler et utiliser le fer. Son nom vient du latin *cuprum* que les Romains lui donnaient à cause de son lieu d'origine, l'île de Chypre, d'où provenait la plus grande partie du cuivre consommé à Rome.

Le cuivre est assez répandu dans la nature ; on le rencontre le plus souvent sous forme de sulfure, mêlé aux sulfures et arséniures de différents métaux, tels que le fer, le plomb, le zinc et le nickel, l'argent ou l'antimoine. Dans certains pays, comme au Chili et au Lac Supérieur, le cuivre se présente à l'état *natif*, soit en blocs, soit en masses filiformes. Ces gisements, d'une extrême richesse, sont malheureusement trop rares. Les minerais, dont on extrait la plus grande partie du cuivre consommé dans le monde, sont formés par des sulfures mélangés de substances stériles, quartz, argile, barytine ou calcaires.

Dans les parties supérieures des filons et des amas, les sulfures sont souvent altérés par l'action lente de l'air et des eaux, et transformés en oxydes, carbonates et silicates, quelquefois même en arséniates, sulfates, chlorures et oxychlorures.

Ces altérations forment ce qu'on appelle le *chapeau* des filons, et donnent un minerai riche et facile à traiter, mais qui s'appauvrit rapidement en profondeur.

Les minerais du cuivre renferment de nombreuses espèces minéralogiques parmi lesquelles les combinaisons sulfurées sont de beaucoup les plus abondantes.

Le sulfure de cuivre le plus riche est la *chalcosine*, Cu^2S, qui renferme 80 pour 100 de cuivre; c'est une substance d'aspect métallique, gris d'acier et presque ductile, qui se coupe facilement avec un instrument tranchant et cristallise en prismes hexagonaux (fig. 1). En même temps que la chalcosine, on trouve souvent de la *covelline*, CuS, qui se présente en masses

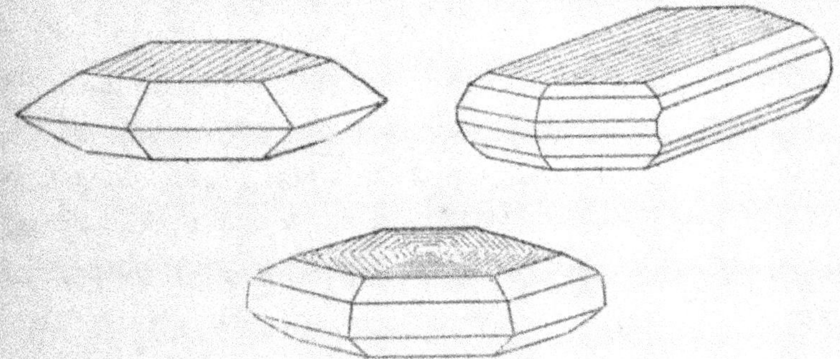

Fig. 1. — Cristaux de chalcosine.

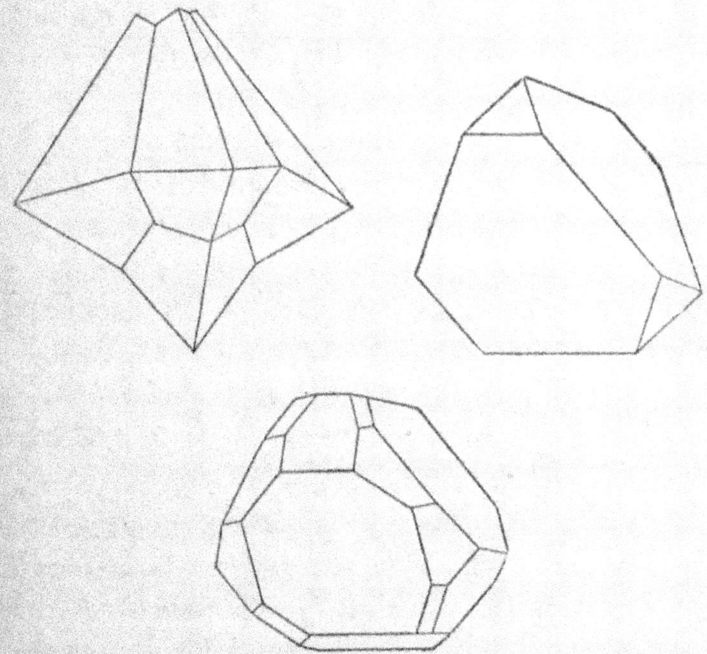

Fig. 2. — Cristaux de chalcopyrite.

amorphes ou en lamelles cristallines très ténues, d'un bleu foncé.

Ces deux sulfures ne se rencontrent que d'une façon accidentelle ; les gîtes de cuivre sont formés essentiellement par un sulfure moins riche, la *chalcopyrite* ou pyrite cuivreuse, $CuFeS^2$, qui renferme 35 de cuivre, 30 de fer et 35 de soufre, et se trouve soit en masses compactes, soit en cristaux tétraédriques, jaune d'or, à reflets verdâtres et souvent irisés (fig. 2).

La chalcopyrite est quelquefois accompagnée par des rognons de *philipsite* ou cuivre panaché, Cu^3FeS^3, substance remarquable par sa couleur panachée, intermédiaire entre le rouge et le brun, et ses nuances irisées très vives de bleu et de violet.

Certains filons renferment, en même temps que la pyrite cuivreuse, des sulfo-arséniures et sulfo-antimoniures appelés cuivres gris. Ce sont des minéraux complexes contenant du cuivre en quantité variable, du plomb, du zinc, de l'arsenic et de l'antimoine ; ils cristallisent en tétraèdres d'un gris métallique et donnent une poussière noire à reflets rouges (fig. 3). — Leur composition est représentée par la formule

$$4(Cu^2,Fe,Zn,Pb)S + (Sb,As)^2S^3.$$

Parmi les minéraux oxydés qui se trouvent dans les chapeaux des filons, nous citerons surtout la *cuprite*, Cu^2O, et la *malachite*, $CuCO^3 + CuO,H^2O$.

La cuprite ou oxyde de cuivre se présente en cristaux cubiques rouges, tantôt translucides, tantôt opaques ;

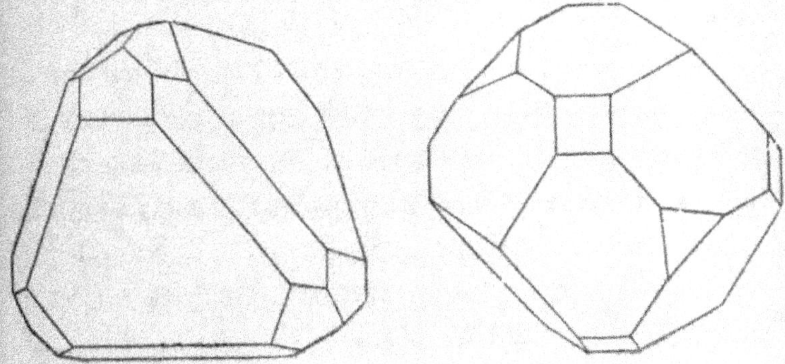

Fig. 3. — Cristaux de cuivre gris.

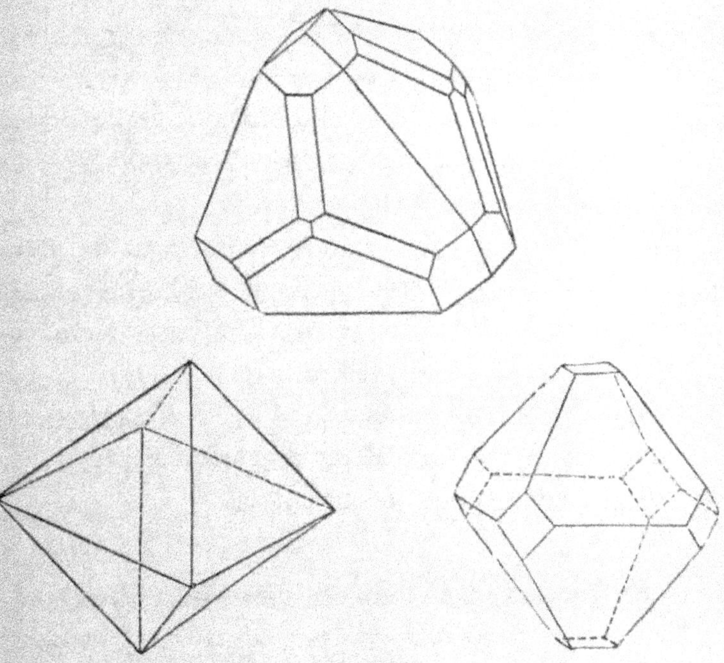

Fig. 4. — Cristaux de cuprite.

sa cassure est rougeâtre et possède un éclat métallique prononcé (fig. 4).

La malachite ou hydro-carbonate de cuivre se trouve en cristaux très petits, en aiguilles radiées ou en masses mamelonnées et concrétionnées, ayant un éclat vitreux et une belle couleur verte. On en fait de très beaux objets d'ornement.

En même temps que le carbonate vert, on rencontre quelquefois un carbonate bleu, qui forme de beaux cristaux ; les minéralogistes l'ont appelé *chessylite*, du nom de la mine de Chessy, où on l'a trouvé en assez grande quantité.

Outre les carbonates, les chapeaux des filons renferment des phosphates et des arséniates en cristaux isolés des chlorures et des oxychlorures verts, d'apparence terreuse ou sableuse et des silicates divers, concrétionnés ou en masses amorphes.

Tous les minéraux de cuivre renferment de petites quantités de métaux précieux, qui sont généralement perdues dans les traitements métallurgiques. Cependant certains sulfures complexes, tels que les cuivres gris, ont parfois des teneurs en argent et en or assez considérables pour que la valeur des métaux précieux y dépasse de beaucoup celle du cuivre.

II. Production et principaux gisements du cuivre.

Depuis dix ans, la production du cuivre dans le monde

entier a triplé. En 1870, elle était de 100.000 tonnes environ; en 1880, de 112.000 tonnes; en 1890, elle atteignait le chiffre de 349.000 tonnes.

Le tableau ci-dessous donne la production du monde entier :

Production du cuivre.

La première colonne indique la production approximative de chaque pays, quelle que soit la provenance des minerais.

La deuxième colonne la quantité de cuivre que chaque pays extrait de ses propres minerais.

	1882	1890	1880	1890
Etats-Unis	25.900	119.000	27.432	117.520
Espagne, Portugal .	23.478	(1888) 71.000	36.042	53.030
Chili	35.895	»	43.603	26.721
Allemagne	16.172	21.000	10.973	18.085
Japon	3.045	15.000	3.962	15.240
Australie.	3.653	6.800	9.855	7.620
Cap de B^ne-Espérance.	32	»	4.815	6.553
Vénézuéla	»	»	1.829	6.472
Russie.	3.125	7.000	3.204	5.824
Mexique	»	»	406	4.369
Italie	400	6.400	51	3.099
Canada	»	3.000	1.402	3.048
Terre-Neuve . . .	»	600	1.524	1.763
Suède et Norvège. .	1.638	990	2.465	1.397
Autriche.	483	1.030	509	1.229
Grande-Bretagne . .	47.053	75.000	3.721	1.016
Bolivie	3.226	»	2.032	508
Hongrie	1.036	280	914	305
Républ.-Argentine .	»	»	305	152
Pérou.	»	»	610	152
France et Algérie. .	3.827	2.100	508	122

Vers 1870, l'Angleterre à elle seule, produisait avec les minerais importés de toutes les parties du globe, principalement du Chili, d'Espagne et d'Allemagne, 60.000 tonnes de cuivre par an, c'est-à-dire plus de la moitié de la consommation du monde entier.

Depuis 1873, la mise en exploitation des mines de l'Amérique du Nord a enlevé à l'Angleterre sa vieille prépondérance. L'industrie du cuivre aux Etats-Unis s'est, en effet, développée avec une rapidité inouïe ; en 1890, la production des mines du *Montana* a atteint 51.000 tonnes ; celle du *Lac Supérieur*, 46.000 tonnes ; celle de l'Arizona, 16.000 tonnes ; ce sont les Américains du Nord qui sont actuellement les premiers producteurs de cuivre du monde.

Au Chili, la production a baissé de moitié de 1879 à 1887 ; en 1890 et 1891, la guerre civile a même arrêté presque complètement les exploitations. Les principales mines sont celles de *Cerro de Tamaya*, de *Copyapo* et *Panulcillo ;* elles ont produit, en 1887, 20.000 tonnes.

En Allemagne, la production en 1889 a été de 22.000 tonnes, dont 16.055 tonnes provenaient des usines du *Mansfeld* situées dans la province prussienne de Saxe.

La Russie possède dans l'Oural, dans le Caucase et dans l'Altaï, de nombreux gisements qui sont encore peu exploités, à cause des grandes difficultés qu'offrent les communications ; la production en 1889 a été de 4881 tonnes.

En Espagne, les mines de la province de Huelva se sont beaucoup développées depuis quelques années ; les mines de *Rio-Tinto* et de *Tharsis* ont produit en 1890 plus de 40.000 tonnes.

En Asie, le seul pays producteur du cuivre est le Japon ; sa production, qui était de 3900 tonnes en 1879, a atteint 15.000 tonnes en 1890.

Les mines les plus importantes sont situées dans la province de *Rikuchu* et dans l'île de *Shikoku*.

En Australie, les mines de cuivre exploitées sont *Burra-Burra*, *Wallaroo* et *Moonta*, dans la partie méridionale, *Great Cobar*, dans la Nouvelle-Galles du Sud ; la production totale a été en 1888 de 8100 tonnes.

Les autres pays produisent tous du cuivre, mais en petites quantités.

III. Origine et formation des gisements.

L'origine première du cuivre, comme d'ailleurs celle de tous les métaux, doit être cherchée dans les profondeurs terrestres. Son mode de formation est encore très discuté.

Les recherches poursuivies depuis quelques années en Allemagne ont montré que, au voisinage de presque tous les gîtes métalliques, il existe des roches renfermant des traces des métaux contenus dans ces gîtes. Certains géologues allemands et anglais ont conclu, de cette connexité aujourd'hui incontestée, que la formation des minerais était due à une dissolution, par les eaux superficielles, des métaux inclus dans les roches ; ces eaux, en circulant dans les fractures de l'écorce terrestre, y auraient déposé leurs éléments métalliques.

Les savants français, au contraire, se basant sur l'étude des éruptions modernes, admettent, pour les gîtes métallifères, un mode de formation tout différent :

Lorsqu'on observe les laves qui s'écoulent des volcans, on remarque qu'elles dégagent des vapeurs chargées de principes salins et métalliques. Ces vapeurs, appelées *fumerolles*, se condensent autour des cratères et déposent des cristaux contenant des combinaisons de différents métaux. Pendant que la lave est encore chaude, elle dégage des *fluorures* et des *chlorures ;* puis, en se refroidissant, des *sulfures*, et, en dernier lieu, des *carbures*. Ces dégagements, qui marquent les différentes phases du refroidissement des laves, se suivent toujours dans le même ordre. Par analogie avec ces phénomènes qui se produisent de nos jours, on est conduit à admettre que, à différentes époques des temps géologiques, des éruptions de roches en fusion sont venues jusqu'au jour, traversant les terrains sédimentaires déjà formés et apportant avec elles, sous forme de fumerolles, les éléments qui ont donné naissance aux gisements métallifères.

La masse interne du globe, autrefois entièrement en fusion, s'est peu à peu refroidie sous la première écorce terrestre, laissant cristalliser d'abord les roches les plus siliceuses, telles que le *granit* et la *granulite*, qui se sont solidifiées en profondeur à de hautes températures, et sous des pressions énormes. Cette première phase de refroidissement a été accompagnée de dégagements de fluorures et de chlorures, agents minéralisateurs puissants, qui ont entraîné les métaux difficilement oxydables, tels que l'or, le platine et l'étain, et ont amené la formation des gîtes de métaux natifs dans le voisinage des granits et des granulites. Après les roches acides sont venues des roches plus basiques, telles que les *gabbros*, les *serpentines*, les *syénites* et les *diabases*. Ces roches, plus fusibles que les premières, se sont fait jour à travers les terrains sédimentaires déjà formés ; elles ont dégagé des fumerolles sulfureuses, qui ont entraîné les métaux facilement sulfurables et ont donné naissance aux gîtes de cuivre, de plomb, de zinc, d'argent, etc. Enfin les dernières roches qui ont apparu aux époques tertiaires ont amené avec elles des carbures, qui ont contribué à la formation des gîtes pétrolifères.

Les fumerolles dégagées par les roches en fusion se sont condensées à la surface de ces roches et dans les fissures des terrains encaissants. Plus fréquemment, ces fumerolles ont été rencontrées par des infiltrations d'eaux de la surface, qui les ont dissoutes. Ces eaux chargées de principes minéraux, en circulant dans les cassures des terrains et dans les couches sédimen—

taires perméables, y ont déposé leurs éléments métalliques.

Cette théorie si simple permet d'expliquer tous les phénomènes mis en évidence par l'étude des gisements de cuivre ; les minerais de cuivre, formés par des émanations sulfureuses, sont associés aux minerais des autres métaux qui se combinent facilement au soufre, tels que le plomb, le zinc, l'argent, l'antimoine et l'arsenic ; on les trouve au voisinage des roches basiques, dans les régions où les grands mouvements géologiques ont fait apparaître ces roches au jour.

En raison de leur mode de formation, les gisements de cuivre peuvent être classés en trois catégories distinctes :

1° Les *gisements au contact des roches éruptives*, formés par le dépôt des fumerolles métallifères, soit dans les cassures des roches éruptives, soit dans les cassures des terrains encaissants ;

2° Les *gîtes filoniens*, formés par la circulation des eaux chargées de principes minéralisateurs dans les fissures du sol et dans les couches géologiques perméables ;

3° Les *gîtes sédimentaires*, formés comme les grès et les calcaires par un dépôt boueux au fond de mers fermées, dans lesquelles arrivaient des sources contenant des principes métalliques.

CHAPITRE II

GISEMENTS DU CUIVRE

Gîtes en inclusion ou au contact des roches éruptives. — Gîtes de
cuivre filoniens. — Gîtes sédimentaires. — Gisements du cuivre
natif au Lac Supérieur.

I. Gîtes en inclusion ou au contact des roches éruptives.

Les gisements de cuivre inclus dans les roches éruptives se trouvent dans des roches basiques, quelquefois
même dans des amas de *magnétite*, comme à *Nijni-
Taguil*, dans l'Oural, à *Taberg* et à *Dannemora*, en
Suède.

Gîte du Monte Catini. — Les gisements de l'Italie
du Nord présentent un type très net de ce mode de
formation.

Les terrains crétacés et tertiaires inférieurs, qui
forment les deux versants des Apennins du Nord, sont

traversés par de nombreux pointements de roches tertiaires, serpentines ou autres roches basiques, qui contiennent des amas de sulfures métalliques. Le principal gisement exploité est celui du *Monte Catini* dans la province de Lucques, situé à 46 kilomètres de

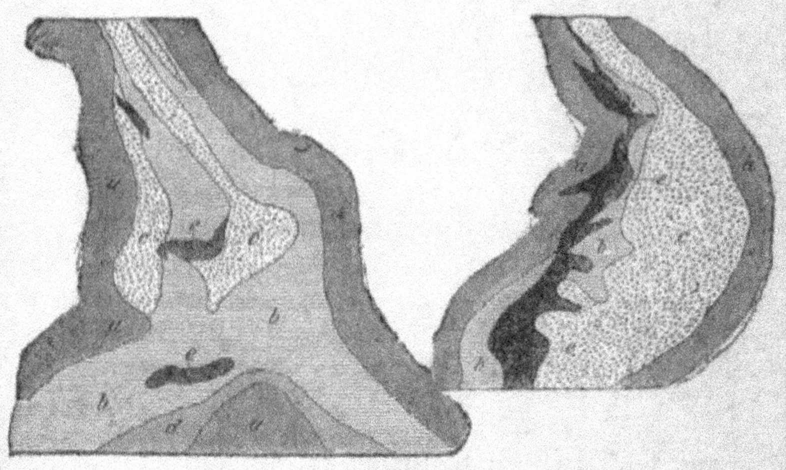

Fig. 5. — Coupes verticales du gîte du Monte Catini,
d'après A. Schneider.
a, Mélaphyre; *b*, serpentine; *c*, conglomérat de mélaphyre
et de serpentine; *d*, calcaire; *e*, minerai.

Florence. On y trouve une roche appelée dans le pays *gabro rosso*, qui est considérée par M. de Launay comme un *mélaphyre*. Cette roche est traversée par un filon complexe, atteignant par endroits des proportions gigantesques. Le remplissage du filon est formé tantôt par de la serpentine, tantôt par un conglomérat de fragments de mélaphyre et de serpentine, reliés par un ciment talqueux et imprégnés de sulfures de cuivre (fig. 5). La répartition des minerais dans le filon est très irrégulière; ils se présentent sous forme d'amas et de boules, atteignant quelquefois un volume de plusieurs mètres cubes, reliés les uns aux autres par des veines métalliques; l'intérieur de ces masses de minerai est formé de pyrite de cuivre, qui est remplacée vers l'extérieur par du cuivre panaché. La surface des amas est même assez souvent recouverte par de la chalcosine et du cuivre natif. M. de Launay pense que la serpentine formant le remplissage du filon est le produit de l'altération d'une roche cuprifère et que ce métamorphisme, accompagné de glissements le long des parois du filon, aurait amené la concentration en boules, du cuivre primitivement répandu dans la masse.

Le gisement du Monte Catini offre l'exemple d'un amas cuprifère traversant une masse de roches éruptives; cette nature de gisement est assez rare; on trouve au contraire beaucoup plus fréquemment des minerais de cuivre qui se sont concentrés non dans les roches basiques, mais dans leur voisinage immédiat sous forme de filon de contact entre ces roches et les terrains encaissants. Les gisements de cuivre du Chili et de la Bolivie appartiennent à ce type.

Gisements du Chili et de la Bolivie. — Dans le nord du Chili, on rencontre dans la Cordillière de la côte des filons de direction générale est-ouest, qui sont en contact avec des diorites et des syénites et

Fig. 6. — Vue des fo

ries de cuivre du Chili.

dont le remplissage est formé principalement par de la pyrite de cuivre et de fer, sans arsenic ni antimoine. Les chapeaux des filons sont constitués par des carbonates, silicates et oxychlorures de cuivre, et renferment de notables quantités d'or.

Dans la province de *Coquimbo*, on trouve des filons de direction nord-sud en relation avec des roches porphyriques et renfermant des sulfures complexes de cuivre, de plomb et de zinc.

Les minerais du Chili sont, en général, très riches et contiennent 12 à 15 pour 100 de cuivre; ils sont, en partie, fondus sur place, en partie expédiés bruts en Europe. Les principales fonderies sont : dans le Sud, Coronel et Lota; dans le Nord, Guayacan, la Serena, Culebra, Tamaya, Andacollo, Cogoti, Carrizal, Taltal, Antafagasta, etc. La figure 6 représente le port de Lota où les bateaux anglais viennent chercher le cuivre, les mattes ou les minerais, à destination de l'Europe.

Gisements de l'Oural. — Dans l'Oural, on rencontre de nombreux gisements de cuivre qui appartiennent au même type. Résumons en deux mots la géologie des monts Oural : les deux versants de la chaîne ont une constitution géologique très différente. A l'ouest, de nombreux chaînons parallèles forment la transition entre la plaine et l'axe de la chaîne. Ces chaînons se composent de bandes de terrains sédimentaires : permiens, carbonifères, dévoniens et siluriens. Vers l'axe de la chaîne, on voit apparaître au jour des masses de diabase, de diorite et de granit. A l'est, au contraire, les couches cristallines disparaissent promptement sous les sédiments tertiaires qui recouvrent les plaines de la Sibérie; elles sont très disloquées, et coupées par de nombreuses failles. C'est dans cette région que se trouvent la plupart des gisements métallifères de l'Oural. Nous ne citerons que les mines de *Bogoslovsk* et de *Nijni-Taguil*, qui sont les seules importantes actuellement en exploitation.

A Bogoslovsk le sol est formé par des lambeaux de calcaires siluriens supérieurs et dévoniens, traversés par des diorites et des porphyrites irrégulièrement disséminées.

Au contact des roches éruptives, les calcaires sont métamorphosés et transformés en une roche grenatifère appelée *wienitza* par les mineurs (fig. 7). Le minerai se trouve en filons au contact des calcaires, des diorites et des wienitzas ; il est principalement formé par de la pyrite de fer et de cuivre, de la chalcosine, du cuivre gris. On y trouve aussi de l'azurite et de la malachite, de la cuprite, du cuivre et de l'argent natif. Ces minéraux sont mélangés avec de l'hématite brune, du fer oxydulé magnétique, du quartz, du spath et de l'argile. La teneur moyenne des minerais était de 15 pour 100 au siècle dernier, elle s'est abaissée peu à peu, à mesure que les mines devenaient plus profondes, et ne dépasse pas 4 pour 100 actuellement.

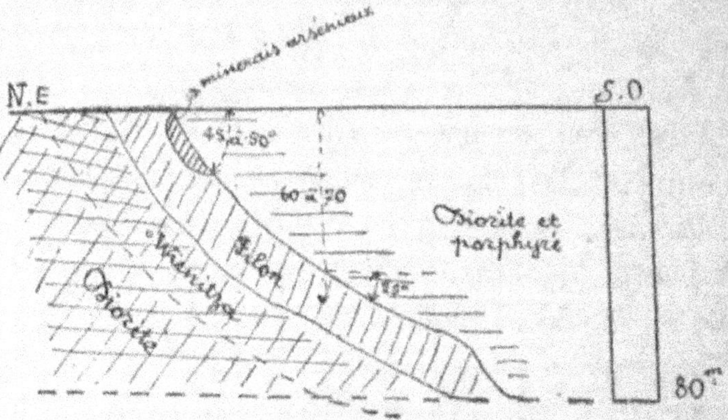

Fig. 7. — Filons de Bogoslovsk (Oural).

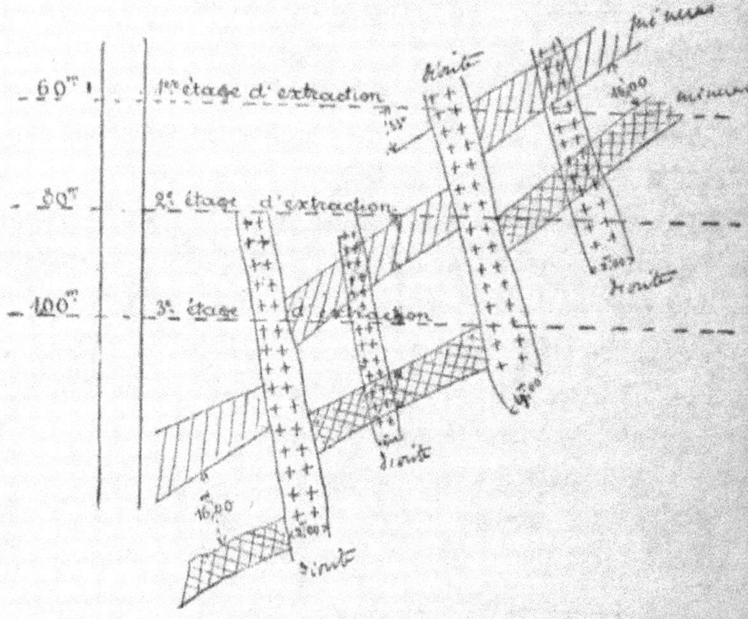

Fig. 8. — Filons de la mine Rudniki, à Bogoslovsk (Oural).

Plusieurs mines sont en activité dans le district de Bogoslovsk ; à la mine de *Rudniki*, on exploite deux filons parallèles, inclinés à 33 degrés, et distants de 16 mètres environ (fig. 8). Leurs parois sont formées par de la diorite, traversant du calcaire cristallin ; leur puissance varie de 2 à 4 mètres. Des venues de diorite, postérieures à la formation de ces filons, ont provoqué de nombreuses failles, qui produisent des rejets de plusieurs mètres.

A la mine *Serge*, on exploite également deux filons, qui se trouvent au contact de roches cristallines et de wienitza ; ces deux filons ne sont pas parallèles : l'un a une inclinaison S.-O. de 45 à 50 degrés, et l'autre une inclinaison E.-S.-E. de 65 degrés. Dans leurs chapeaux on a trouvé des poches de minerais arsénieux.

A 12 kilomètres au nord de la mine Serge, on trouve un filon très irrégulier de pyrite contenu dans de la serpentine ; la puissance varie de 0 à 50 centimètres ; il est interrompu en plusieurs points. Le minerai est situé soit dans la serpentine, soit au contact de la serpentine et d'une dolomie cristalline. On est plutôt en présence d'une suite de lentilles alignées, comme le montre la figure 9. Comme le minerai semble disparaître en profondeur, les travaux de recherches dans cette partie du domaine ont été abandonnés.

La plupart des gisements de cuivre de l'Oural se présentent dans des conditions analogues ; ils sont encore peu exploités à cause des difficultés résultant de la rigueur du climat.

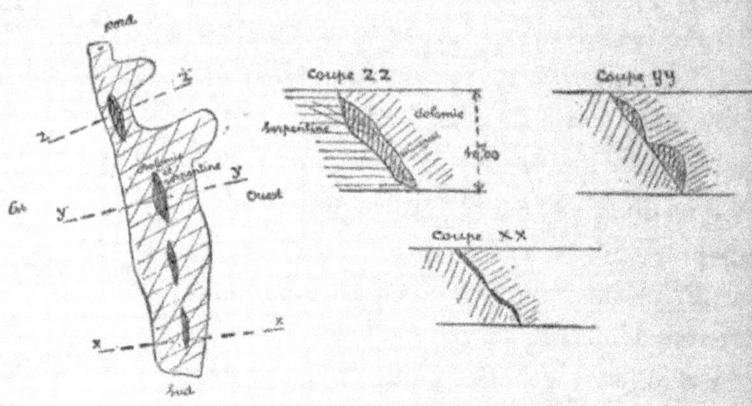

Fig. 9. — Amas cuivreux de l'Oural.

Le prix de revient de la tonne de minerai sur le carreau des mines se décompose de la manière suivante :

	Mines de Rudniki	Mines de Serge
	francs	francs
Epuisement.	2,6562	2,8125
Abatage	9,2968	9,5156
Boisage	0,6093	0,3125
Roulage	1,2343	0,7500
Extraction	0,1562	0,2343
Triage	1,2343	»
Divers	0,7479	1,2500
Total	15,9350	14,8749

II. **Gîtes de cuivre filoniens.**

Les gîtes filoniens sont beaucoup plus nombreux et plus riches que les gîtes contenus dans les roches éruptives.

Les eaux de la surface ont puissamment contribué à leur formation ; après avoir dissous les fumerolles se dégageant des roches éruptives et s'être chargées de principes minéraux, elles ont circulé dans les cassures du sol et les ont incrustées, en y déposant leurs éléments métalliques ; tantôt elles ont rencontré de profondes fractures qu'elles ont transformées en filons, tantôt elles ont suinté dans des grottes et dans des zones de schistes broyées, où elles ont formé des amas et des couches de minerai ; quelquefois même elles ont dissous la roche encaissant les fissures et y ont constitué de grandes masses métalliques de forme irrégulière.

FILONS

Les grandes fractures du sol, qui, en donnant passage aux eaux métallifères, ont formé les filons, se rencontrent généralement dans le voisinage des montagnes, qui sillonnent la surface de la terre ; elles sont dues à une contraction lente du noyau terrestre, dont la consolidation progressive a eu pour effet de produire dans l'écorce de grands plissements, qui ont donné naissance à des soulèvements rocheux et à de profondes fissures.

Certaines couches géologiques, molles ou élastiques, ont pu se prêter sans disjonction à l'effort résultant de ces plissements; mais des couches déjà dures et cassantes n'ont pu se plier aux flexions et aux torsions sans se briser. Aussi, à chaque période de plissement correspond la formation d'une chaîne de montagnes et d'une série de fractures qui sont généralement parallèles à l'axe de soulèvement et se rencontrent plutôt dans les zones extérieures de la chaîne, où les terrains ont été dilatés que dans les zones centrales où les terrains ont été comprimés. Chaque nouvelle ère de refroidissement est marquée par des fractures nouvelles, qui sont parallèles ou obliques aux anciennes; leur ensemble constitue des *champs de fractures.*

Parmi les fissures auxquelles les grands phénomèues mécaniques dus à la contraction de l'écorce terrestre ont donné naissance, les unes sont stériles : elles ont reçu le nom de *failles* et ne présentent pour le mineur que des influences fâcheuses. D'autres, au contraire, ont été remplies par des matières minérales utiles et portent le nom de *filons*. Elles sont restées longtemps béantes et se sont rouvertes souvent plusieurs fois sous l'influence de plissements successifs; elles ont formé ainsi un réseau de circulation souterraine pour les eaux chargées de substances minérales, qui ont déposé leurs métaux sur les parois en raison des changements de température, de pression, d'état électrique, qu'elles subissaient en remontant à des niveaux supérieurs. Les variations de composition survenues dans

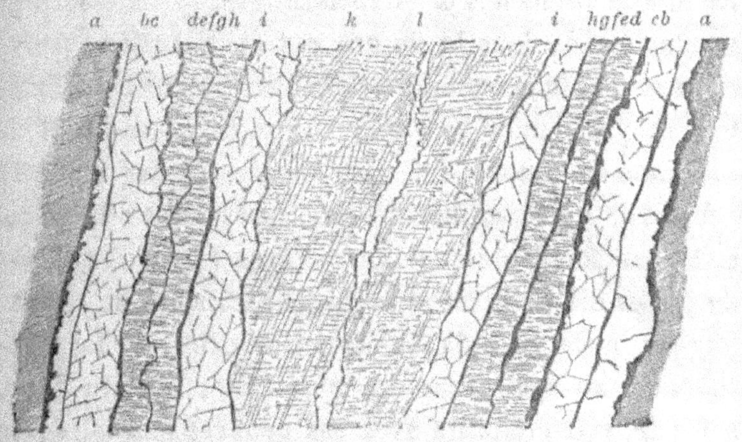

Fig. 10. — Filon cuprifère avec disjonction rubanée et fouissements à l'intérieur.

a, blende ; b, quartz ; c, spath fluor ; d, blende ; e, sulfate de baryte ; f, pyrite ; g, sulfate de baryte ; h, spath fluor ; i, pyrite ; k, spath calcaire ; l, espace où les cristaux sont disposés en druses.

ces eaux aux diverses époques du phénomène ont exercé une grande influence sur la répartition de la richesse dans les filons ; elles ont souvent donné lieu à une disposition rubanée symétrique des deux côtés du filon, avec un vide central et des cristallisations, dont les pointements sont dirigés vers l'intérieur (fig. 10).

Les filons ne sont pas uniquement remplis de masses

métalliques; ils contiennent fréquemment des fragments
détachés des parois, qui les ont plus ou moins obstrués.
Tantôt ces fragments éboulés sont restés à l'état de
roches solides, qui ont été simplement cimentées par
les incrustations des eaux métallifères, tantôt les fragments tombés dans la fissure ont été réduits en poussière et ont formé une boue argileuse, dans laquelle le
minerai prend une allure lenticulaire. La masse des filons
est, dans la plupart des cas, formée par des matières
stériles ou *gangues* dont les principales sont : la silice,
soit sous forme de quartz, soit sous forme d'agates et
de jaspes diversement nuancés ; le carbonate de chaux,
pur ou mélangé à la dolomie cristalline, au fer spa-
thique et au spath rose manganésifère ; le spath fluor,
soit pur, soit cristallin avec ses nuances multiples ; le
sulfate de baryte blanc avec ses formes de tables en
biseau et de crêtes striées. A ces minéraux il faut
ajouter la plupart des silicates magnésiens entrant dans
la composition des roches, tels que le talc, la serpentine
et surtout l'amphibole.

La puissance et l'allure des filons est variable suivant
la nature des terrains qu'ils traversent, leur puissance
la plus ordinaire est comprise entre 1 et 2 mètres, et ils
peuvent être suivis en moyenne sur 500 à 1000 mètres.
Dans les roches homogènes, de compacité moyenne, et
particulièrement dans les roches cristallines, la cassure
est limitée par deux surfaces, qui laissent entre elles un
intervalle à peu près constant ; dans les roches de cette

nature les filons atteignent des longueurs considérables :
ainsi le filon de *Mother Lode*, en Californie, est connu
sur une longueur de 120 kilomètres. Plus souvent, en
raison de la variation de la compacité de la roche, la

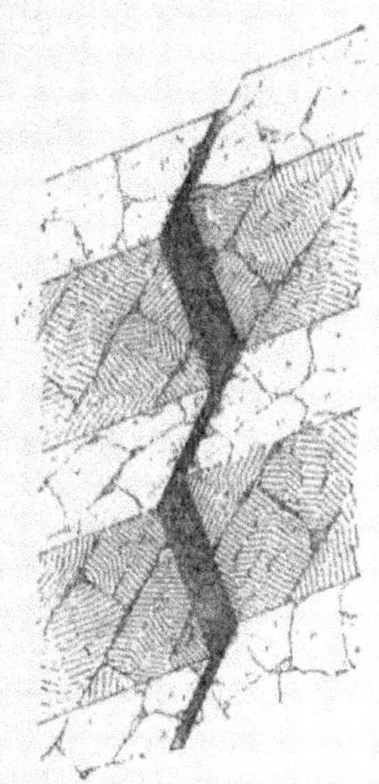

Fig. 11.
Filons en zigzags.

cassure présente, suivant la direction et suivant l'inclinaison, des ondulations multiples avec des élargisse-
ments et des rétrécissements successifs. C'est dans les
roches stratifiées de dureté moyenne que les cassures
sont le plus larges. Dans les roches dures, elles sont
minces ; dans les roches gréseuses tendres, elles sont
obstruées par des éboulis. Les filons qui traversent
des terrains de nature différente ont toujours une

forme en zigzags (fig. 11), avec des alternatives de zones riches et de zones stériles ; dans les roches dures, ils s'amincissent, dans les roches tendres, ils s'épanouissent.

Les diverses gangues et les minerais qui remplissent les filons s'y trouvent disséminés d'une manière variable ; ils affectent la forme de bandes, ou *colonnes de richesse*, allongées suivant la pente. On comprend, en effet, que la nappe d'écoulement des eaux minéralisatrices, contenue entre les deux parois de la fracture, s'y soit ramifiée en plusieurs courants suivant les canaux naturels, dirigés dans le sens de la pente, qui offraient le moins d'obstacles et le passage le plus facile. C'est le long de ces canaux que se sont déposés les minerais. Les mineurs ont remarqué que les parties les plus riches des filons étaient aussi les plus inclinées ; ce sont en effet, celles qui avaient le moins de chances d'être obstruées et offraient le plus de facilité à la circulation des eaux.

Il arrive très rarement qu'un filon soit seul, et même qu'un district n'en renferme que d'une seule et même nature.

Les filons d'un district métallifère sont généralement liés entre eux par certaines relations, qui résultent à la fois de leur direction et de leur composition. Les filons de même composition sont parallèles entre eux, et les filons de nature différente se coupent obliquement. Lorsque deux filons se coupent, il est facile de reconnaître celui dont la formation est la plus ancienne, puisque ce filon était rempli lorsque l'autre s'est produit et doit, par conséquent, présenter une solution de continuité; le filon le plus récent est le filon croiseur, qui disjoint le plus ancien, le *rejette*. Les rejets constituent une grande difficulté dans l'exploitation des mines. Les mineurs perdent souvent brusquement la trace de leur filon riche, par suite d'un rejet produit par une faille stérile. Il est alors nécessaire de se laisser guider par une étude très attentive des roches pour retrouver le filon perdu, et ne pas entreprendre des travaux absolument inutiles.

Expliquons en quelques mots les procédés employés pour reconnaître les filons. Lorsque l'étude des affleurements a permis d'aborder l'exploitation d'un filon, on passe aux travaux d'aménagement, dont la nature varie avec le relief du sol. En pays de montagne, ce sont des galeries qu'on pousse au rocher, des travers-bancs qu'on creuse en contrebas de l'affleurement, mais à une hauteur suffisante au-dessus du niveau le plus élevé des eaux, en vue de recouper le gîte et d'exploiter en remontant les parties supérieures. Dans les pays de plaine, au contraire, dès le début, la méthode d'exploitation consiste à foncer un puits au *toit* ou au *mur* du filon, à brancher sur ce puits, à des profondeurs différentes, des travers-bancs, qui recoupent le gîte et le divisent en étages, et à pousser dans le gîte, une fois recoupé, des galeries d'allongement à peu près perpen-

diculaires aux galeries au rocher. On parvient ainsi à
une connaissance suffisante du gite, de sa richesse, de
son épaisseur réduite, c'est-à-dire de l'épaisseur qu'il
aurait si toute la partie utile n'était pas disséminée dans
la gangue. Cette considération de l'épaisseur réduite,

Fig. 12. — Attaque d'un filon par puits et galeries.

jointe à celle du prix de l'abatage, définit l'exploitabilité
du gîte. Le filon, au fur et à mesure du percement des
galeries d'allongement, est divisé en quartiers par des
galeries en pente, dites *descenderies*, qui joignent tous
les trente mètres environ la galerie inférieure à la
galerie supérieure de l'étage, et sont utilisées ensuite,
au cours de l'exploitation. C'est par ces descenderies que
le minerai d'un quartier rejoint la voie d'allongement et
le travers-banc du minerai inférieur, pour être ensuite

extrait, et que les remblais, venus du dehors sont amenés à la place du minerai extrait.

Le nombre des puits est variable. Souvent pour faciliter l'aérage, on en emploie deux, comme le montre la figure ci-jointe. Le lecteur y reconnaîtra également quatre travers-bancs, qui divisent le gîte en autant d'étages ; les voies d'allongement sont projetées, à l'intersection du filon et des travers-bancs.

Filons de l'Arizona et du Montana. — Les filons de cuivre les plus riches du monde sont ceux de l'Arizona et du Montana, dans les Etats-Unis. Ceux de l'Arizona qui sont exploités par les mines de Copper Queen, Copper Prince, Detroit, etc., ont 3 à 5 mètres de largeur ; ils traversent les calcaires de la région et sont associés à des trachytes verts. Leur remplissage est formé en profondeur par de la pyrite cuivreuse, à la partie supérieure par des oxydes et des carbonates, qui donnent un cuivre très pur et très recherché pour tous les emplois électriques à cause de sa conductibilité.

Les mines de l'Arizona sont exploitées par le système dit du Comstock ou des cathédrales, qui consiste à consolider les vides produits par l'exploitation, au moyen de blocs artificiels ; on prépare à cet effet des cubes en maçonnerie de 1 à 2 mètres de côté avec charpentes formant les arêtes, qu'on juxtapose de manière à soutenir les points qui menacent de s'ébouler.

Dans le Montana, le filon de la mine d'Anaconda

dans les environs de Butte-City, a 12 mètres de puissance ; il traverse une masse granitique et se trouve
dans le voisinage d'une venue de rhyolites. Les minerais qu'on en extrait se composent de sulfure de cuivre
noir et sont extraordinairement riches ; leur teneur
moyenne a été de 16 pour 100 pendant un certain
nombre d'années, et on a même expédié en Angleterre des minerais choisis renfermant jusqu'à 60 pour
100 de cuivre. Malheureusement en profondeur, la
pyrite remplace le sulfure noir et ces minerais s'ap-
pauvrissent.

Filons de Burra-Burra (Australie). — Les filons
de Burra-Burra, en Australie, sont célèbres pour
leur richesse en minerais de cuivre ; ils sont situés
dans des roches sédimentaires anciennes et métamor-
phiques. Leur puissance varie de 10 à 14 mètres ; à leur
partie supérieure, on rencontre un chapeau de fer hydro-
nidé, au-dessous duquel se trouvent des minerais oxydés
divers : cuprite, malachite, azurite, atacamite, etc.

Dans presque tous les pays, on rencontre des filons
de cuivre plus ou moins riches ; nous mentionnerons
ceux de Kefoum-Theboul, en Algérie, du Kupferberg,
en Silésie, du Telemark, en Norvège, de Kitzbüchel,
dans le Tyrol, de Kotterbach, en Hongrie, etc.

Filons de cuivre gris. — Les filons de cuivre gris
donnent souvent de grandes espérances au début de
leur exploitation en raison de leur richesse en cuivre et
en métaux précieux ; malheureusement, ils ne se pro-

longent que rarement en profondeur. La chalcopyrite
se substitue au cuivre gris, la teneur en argent et en
or diminue, quelquefois même la puissance du filon
devient si faible qu'il devient inexploitable.

Les filons de cuivre gris les plus connus sont ceux
de la Sierra Nevada, situés dans la région du Muley
Hacen, ceux de la Bosnie et de l'Herzégovine, et ceux
de la Bolivie.

En Algérie existent quelques filons de cuivre gris,
dont l'exploitation, tentée autrefois, est abandonnée
aujourd'hui. Ils se trouvent dans une zone située au sud
de Bougie, entre le cap Tenès et la Mouzaïa, et sont
formés de petites veines de cuivre gris argentifère, à
gangue de sidérose, de barytine et de calcite. Ils paraissent riches à la surface, mais disparaissent rapidement
en profondeur.

AMAS FILONIENS

Les eaux minéralisées n'ont pas seulement déposé
le cuivre dans les grandes fractures verticales de
l'écorce terrestre, qui ont donné naissance aux
filons ; en circulant à travers des terrains schisteux,
elles ont rencontré de grands vides et des zones, disloquées après quelques mouvements de plissement de
l'écorce terrestre, et y ont laissé se déposer, à l'abri
du contact de l'air, les sels qu'elles contenaient.

C'est ainsi que se sont formés probablement les puissants amas de pyrites de cuivre et de fer qu'on rencontre dans les schistes cristallins de la Scandinavie et dans les phyllades de la province de Huelva.

L'origine de certains amas est obscure. Dans quelques cas, la pyrite, intercalée au milieu de schistes fortement plissés, en épouse toutes les inflexions et présente une allure zonée, correspondant à une schistosité ancienne. Il est probable que les gîtes de cette nature sont dus à des dépôts sédimentaires sous-marins, postérieurement plissés.

Dans d'autres cas, au contraire, les amas pyriteux, tout en s'interstratifiant grossièrement au milieu des schistes, les recoupent en plusieurs points, ne présentent aucune stratification interne, et sont associés à des roches éruptives, dont le voisinage prouve leur origine nettement filonienne.

Gisements des provinces de Huelva et d'Alemtejo. — Les gisements de la province de Huelva et d'Alemtejo, sont situés sur la frontière sud de l'Espagne et du Portugal; ils ont pris dans ces dernières années une importance industrielle considérable ; en 1888, leur production a été de 1.400.000 tonnes de pyrite cuivreuse, qui a été en partie traitée sur place, en partie expédiée en Angleterre.

Le minerai se trouve en amas interstratifiés dans une zone de roches schisteuses anciennes, dirigée du nord-ouest au sud-est et large de 180 kilomètres.

Les mines les plus connues sont celles de San-Domingos, Huerta de Romanera, Glorïosa, El Carpto, Cueva de la Mora, Aguas Tenidas, Rio-Tinto, la Poderosa, Laguzano, Tharsis, Menacillo et Buitron.

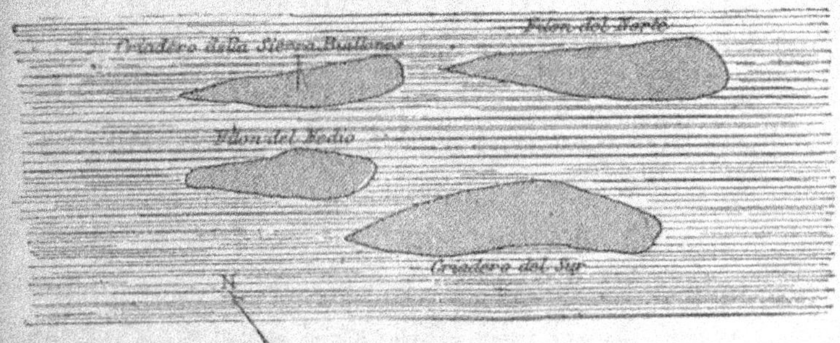

Fig. 13. — Amas de pyrite cuivreuse de Rio-Tinto
(province de Huelva).

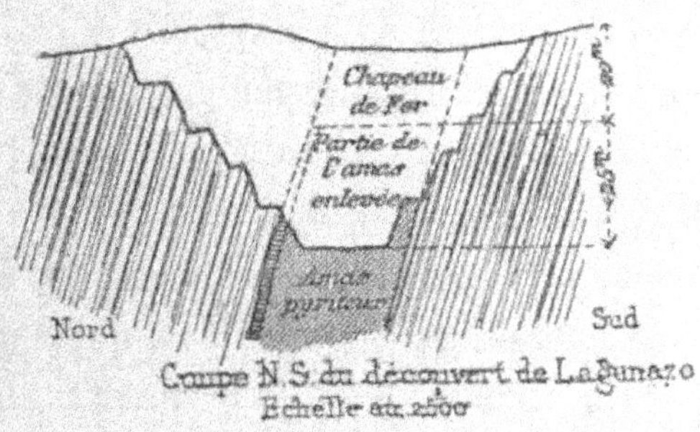

Fig. 14.

Les amas de minerai sont souvent accompagnés d'amas parallèles de diabases et de porphyre quartzifère ; ils ont la forme de lentilles plus ou moins régulières, qui atteignent 700 mètres de longueur et 100 mètres de puissance. La figure 13 montre le plan des lentilles de Rio-Tinto. L'affleurement des gîtes est jalonné par des

effondrements de 30 à 40 mètres en profondeur, dus à
des exploitations anciennes ; à la surface, les gîtes sont
recouverts d'un *chapeau* de fer, qui tantôt tranche
nettement sur les pyrites sous-jacentes, tantôt se con-
fond graduellement avec elles (fig. 14). La pyrite est
compacte ou présente des grains cristallins, extrêmement fins, qui montrent parfois une disposition schis-
teuse parallèle à la stratification de la roche incrus-
tante ; elle contient par tonne 50 kilogrammes de cuivre
75 grammes d'argent et 2 grammes d'or, dans quelques
endroits où elle est traversée par des veinules de chalcosine ou de cuivre gris, elle a une richesse exceptionnelle.

Les amas de pyrites sont exploités à ciel ouvert ; à
San Domingos, on les attaque par gradins de 10 mètres
de haut, qui permettent un abatage facile et régulier du
minerai (fig. 15). Les chantiers sont reliés à la surface
du sol par deux tunnels inclinés de plusieurs centaines
de mètres de longeur, à l'extrémité desquels se trouvent
les machines à vapeur. Dans le premier tunnel passent
les tiges des pompes, destinées à l'épuisement des eaux ;
dans le second se trouvent les voies sur lesquelles circulent, au moyen de câbles actionnés par les machines,
les wagons chargés de minerai.

A Rio-Tinto, la méthode d'exploitation est la même
qu'à San Domingos (fig. 16). Les gisements appartiennent à une société anonyme, qui a succédé à l'administration du gouvernement espagnol. L'exploitation de

Tharsis a été créée par deux ingénieurs français, MM. Deligny frères, qui ont construit la première route, et la première voie ferrée des mines au port de Huelva (fig. 17) et ont embarqué les premiers minerais pour l'Angleterre où, grâce à leur initiative, ils ont déterminé des fabricants à en extraire du soufre, du cuivre, de l'argent, de l'or et des résidus d'oxyde de fer. Leurs efforts persévérants ont créé d'immenses ressources et développé un grand courant commercial de matières métalliques entre l'Espagne et l'Angleterre. La figure 17 représente le port de Huelva avec sa longue jetée qui permet le chargement direct des minerais dans les bateaux qui les transporteront en Grande-Bretagne.

Les minerais extraits des mines de la province de Huelva sont généralement classés en plusieurs catégories, destinées à subir des traitements différents. On distingue :

1° Les minerais qui tiennent moins de 3 pour 100 de cuivre et qui sont traités sur place ;

2° Les minerais de 3 à 6 pour 100, exportés en Angleterre ou en Allemagne ;

3° Les minerais au-dessus de 6 pour 1000, fondus à Rio-Tinto ;

4° Les minerais plombo-cuivreux, inutilisés jusqu'à présent à cause des inconvénients du plomb dans les traitements métallurgiques.

Amas pyriteux de Falun (Suède). — Les gisements de pyrite de fer cuivreuse de Falun sont situés dans la province de Dalécarlie, au nord-ouest de Stockholm. Leur exploitation est fort ancienne ; elle était déjà commencée en 1347, et, pendant longtemps, Falun a été le centre le plus important de production du cuivre en

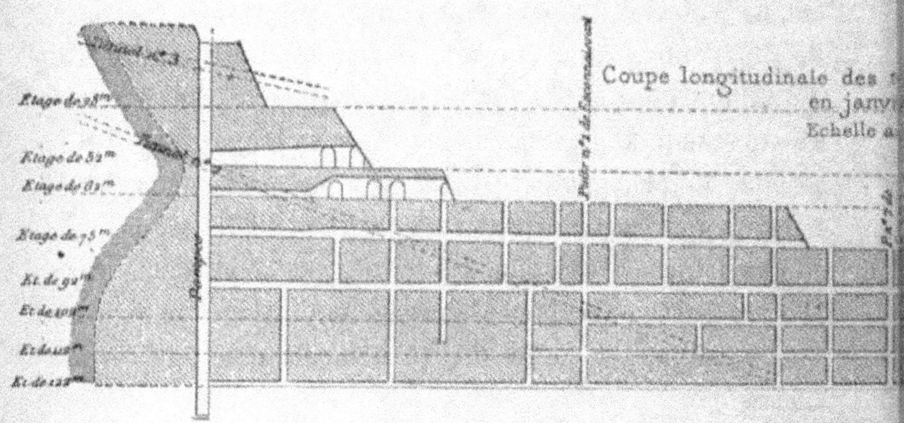

Fig. 15. — Coupe longitudi

Scandinavie. Aujourd'hui, la teneur en cuivre des pyrites a beaucoup diminué ; mais on a découvert, dans le gisement, de l'or natif, qui donne lieu à une exploitation assez active.

Les environs de Falun sont formés par des terrains primitifs, gneiss gris, granits gris et rouges, leptynites et micaschistes, qui, par suite des plissements qu'ils ont subis, forment des bandes dirigées de l'est à l'ouest avec une inclinaison presque verticale. Dans le voisinage, on rencontre également des massifs de diorite et des filons de diabase, qui paraissent en relation avec les gisements cuprifères.

Le minerai est intercalé dans les gneiss et les mica-

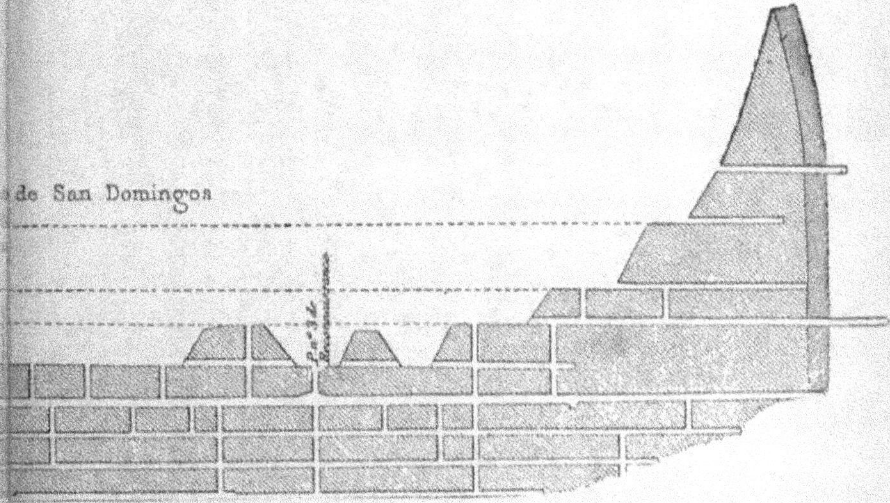

travaux de San Domingos.

schistes, sous forme de lentilles allongées suivant la direction de la schistosité.

Ces lentilles sont généralement brisées ; quelques-unes sont nettement interstratifiées et passent graduellement à la roche encaissante ; d'autres se présentent comme de véritables filons.

Les minerais extraits des mines se divisent en deux catégories :

1° Les minerais tendres, formés par de la pyrite de

Fig. 16. — Exploitation de Rio-Tinto à ciel ouvert avec ses gradins. (D'après une photographie.)

Fig. 17. — Port de Huelva. (D'après une photographie.)

fer, avec 2 ou 3 pour 100 de cuivre, associée avec divers sulfures, tels que la pyrite magnétique, la galène, la blende ;

2° Le minerai dur, tenant 5 à 6 pour 100 de cuivre, formé principalement de pyrite et de quartz.

Certains amas contiennent de l'or intimement mêlé à la pyrite ; quelques-uns même sont traversés par des filons de quartz blanc, contenant de l'or natif.

La production de cuivre des mines de Falun ne dépasse pas 500 tonnes par an, celle de l'or atteint 80 kilogrammes.

III. Gisements sédimentaires.

Les gîtes sédimentaires se sont formés au sein d'une masse liquide dans les mêmes conditions que les grès, les schistes et les calcaires ; ils s'étendent parfois sur de très grandes surfaces, suivant une couche régulièrement stratifiée ; leur formation date des époques géologiques, où les grand filons ont pris naissance ; ils ont été produits par la précipitation, en présence de matières organiques, de sels contenus dans une mer fermée, où arrivaient d'abondantes sources métallifères, ayant la même origine que les eaux filoniennes. La venue au jour de ces eaux chargées de sulfures de cuivre s'est produite au moment des grands plissements qui ont marqué la fin de

l'ère primaire et le commencement de l'époque tertiaire.
On trouve les gisements sédimentaires principalement
dans les grès permiens et dans certains terrains qui, à
l'époque éocène ont été le théâtre d'éruptions volcaniques
considérables.

Gisement du Mansfeld. — Le gîte sédimentaire
le plus célèbre est celui du Mansfeld dans la province prussienne de Saxe. Il est formé par une couche
de schistes cuivreux et bitumineux, de 50 centimètres
de puissance dont les différents bancs renferment une
quantité plus ou moins grande de minerais de cuivre
et parfois d'argent, toujours très finement disséminés
dans la masse. Les assises inférieures de la couche
sont généralement les plus riches ; elles contiennent
de nombreuses variétés de sulfures, chalcopyrite,
philipsite, chalcosine, pyrite de fer, galène, argyrose,
blende, nickéline et smaltine. La philipsite et la chalcosine forment des filets, ayant l'épaisseur d'une lame de
couteau et parallèles à la stratification ; on les rencontre
aussi, tantôt en enduits sur les flancs des cassures
transversales, tantôt en petits rognons et grains isolés
dans la couche, ou disséminés dans le toit. Les minerais
tiennent 2 à 3 pour 100 de cuivre et 0,05 pour 100
d'argent.

La couche de schistes cuivreux appartient au zechstein
inférieur et contient les algues et poissons, qui carac-
térisent ce niveau ; elle repose sur des bancs de grès
sableux ou de conglomérats désignés sous les noms de

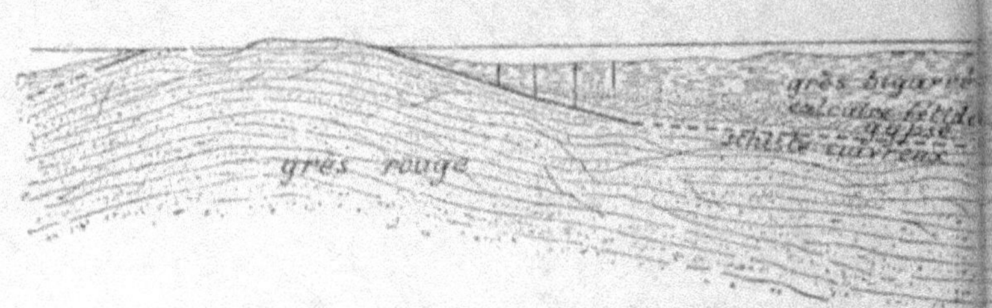

Fig. 18. — Coupe du [...]

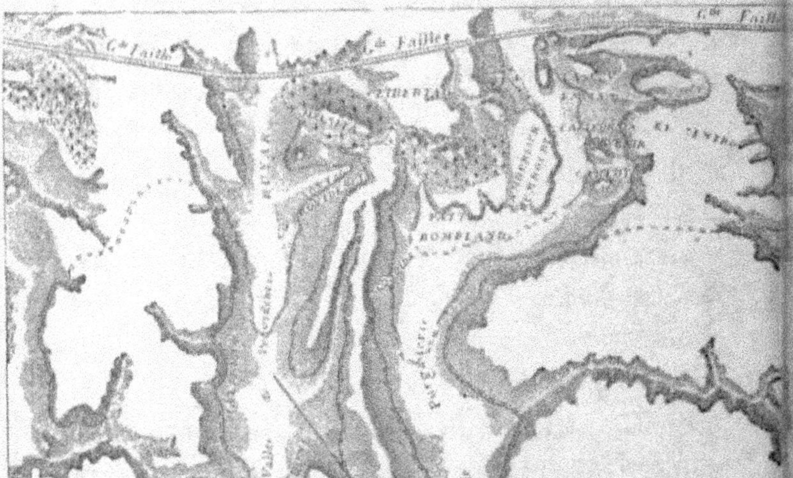

Fig. 19. — Ca[...]

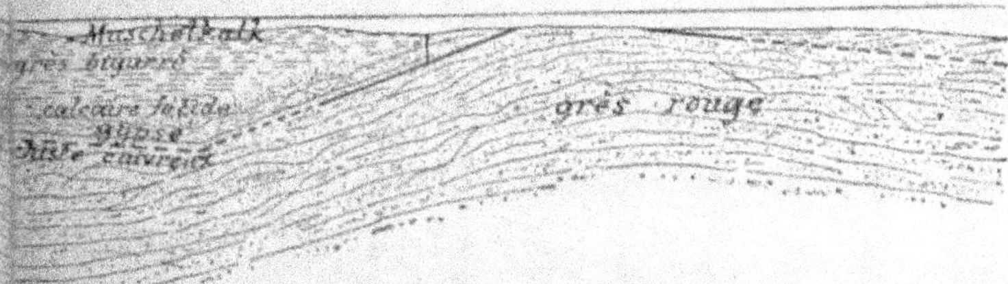

...nt de cuivre du Mansfeld.

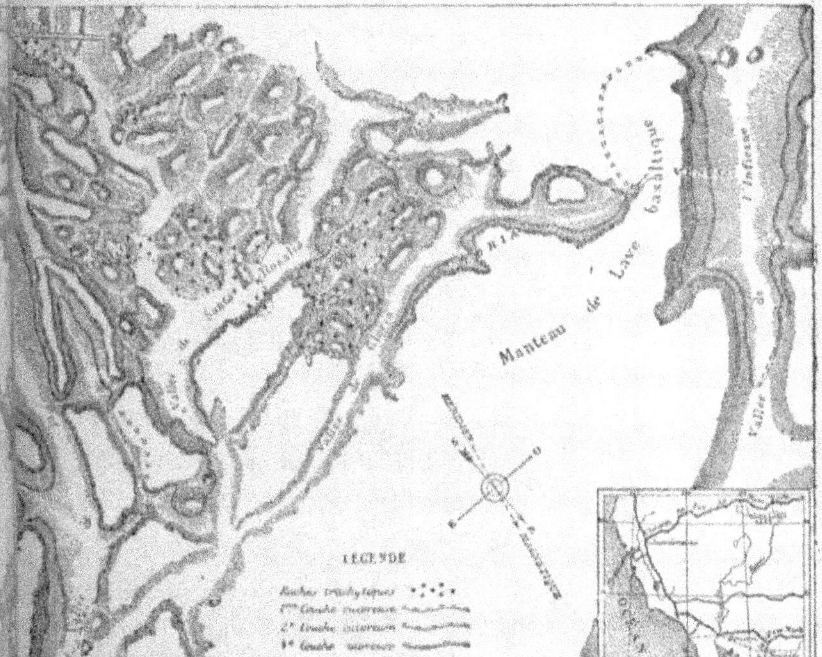

...a région du Boléo.

grauliegende ou de *weissliegende* (grès gris ou blancs) (fig. 18).

La finesse de la stratification, la présence de fossiles et l'étendue du gîte qui occupe des centaines de kilomètres carrés, établissent nettement le caractère sédimentaire de la couche de schiste cuivreux. Les minerais se présentent sous forme de sécrétions métallifères, qui se sont déposées en même temps que les boues charbonneuses formant le schiste marneux et bitumineux qui les contient. La mer, qui déposait ce schiste, était riche en poissons et en plantes ; il est probable que d'abondantes sources métallifères y coulèrent, firent périr les corps organisés et furent réduites ensuite par les produits de leur décomposition. Il est impossible d'admettre que les eaux métallifères aient pénétré dans le schiste, après sa formation, et après son recouvrement par les assises plus récentes du zechstein.

La couche du Mansfeld est exploitée par une société allemande, qui produit par an 16.000 tonnes de cuivre et 80.000 kilogrammes d'argent.

Gisement du Boléo. — En Basse-Californie, sur la côte sud-est du golfe, on rencontre le gisement sédimentaire du Boléo, qui n'est exploité que depuis 1884 et dont l'avenir paraît très brillant. La région du Boléo est formée par un vaste plateau découpé par de grands ravins et constitué par des assises régulières de tufs et de conglomérats trachytiques dans lesquels sont intercalées trois couches cuivreuses, dont la puissance varie de 1 à 3 mètres. Le cuivre s'y trouve principalement à l'état de minerai oxydé, ayant une teneur de 15 pour 100 et se présentant sous forme de veinules ou de petites boules oolithiques appelées *boléos*. La carte ci-jointe représente le pays désolé des mines, qui était un vrai désert avant l'arrivée des mineurs (fig. 19).

D'après M. Fuchs qui en fit une étude détaillée, ce gisement se serait formé à l'époque éocène, en même temps que l'éruption des trachytes qu'on rencontre partout dans la presqu'île de Californie. A ce moment, la région du Boléo aurait été occupée par une mer peu profonde où se seraient produits, à quatre époques différentes, des affaissements caractérisés par les bancs de conglomérats à gros blocs intercalés à quatre niveaux dans la formation. Les trois gîtes cuivreux superposés aux conglomérats seraient le résultat d'épanchements boueux et métalliques montés à la surface par les fractures produites par les affaissements.

Le gisement du Boléo appartient à une Compagnie française qui se propose de l'exploiter en grand, dès que les travaux préparatoires seront terminés.

IV. Gisements de cuivre natif au Lac Supérieur.

Dans tous les gisements que nous avons décrits jusqu'à présent, le cuivre natif ne se présentait qu'à l'état de rareté minéralogique, résultant probablement d'actions électrolytiques favorisées par les eaux superficielles ; au Lac Supérieur (fig. 22, p. 52-53), au contraire, sur les frontières des États-Unis et du Canada, on trouve un grand gisement formé par du cuivre métallique d'une richesse exceptionnelle.

Les exploitations sont concentrées dans la presqu'île de Keweenaw, qui, partant de la rive sud, s'avance comme une pointe dans le lac sur une longueur de 220 kilomètres (fig. 20), et dont les mines produisent 30.000 tonnes de cuivre par an, les autres centres de production sont la région d'Ontonagon et l'île Royale. Les mines les plus connues sont celles de Calumet et Hecla, Quincy, Portage, Osceola, Copperfels, Cliffmine, Minnesota et Tamarak.

La région du Lac Supérieur est constituée par des gneiss et des schistes siluriens et présiluriens. Les couches présiluriennes sont en discordance de stratification avec les gneiss et les couches siluriennes ; elles portent le nom de couches de Keweenaw et forment autour du lac Supérieur une grande cuvette syndinale de 100.000 kilomètres carrés. De nombreuses coulées de roches éruptives, basiques, mélaphyres, diorites et diabases de forme vacuolaire et amygdaloïde, sont venues s'y intercaler en formant des nappes puissantes au milieu desquelles se trouvent les minerais de cuivre, habituellement sous la forme de cuivre natif, rarement à l'état d'oxydes et de sulfures.

La série des roches éruptives épouse nettement toutes

les inflexions de la série de Keweenaw. A la base, on trouve des diabases, des gabbros à gros grains ; plus

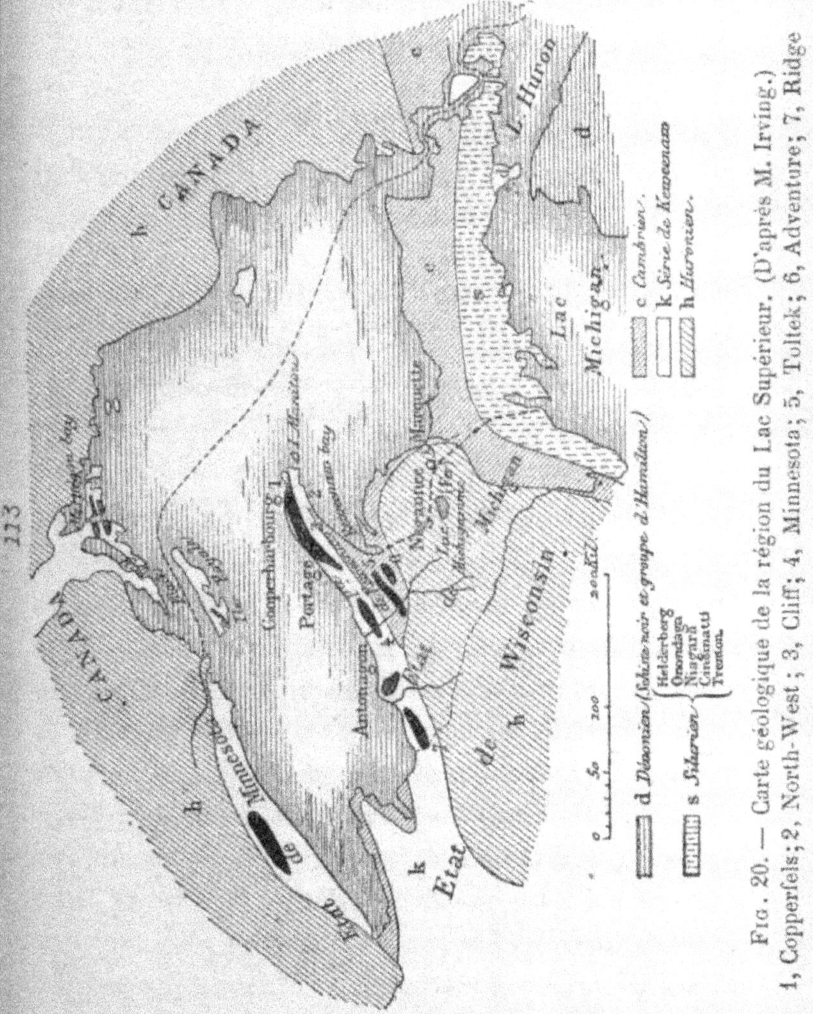

Fig. 20. — Carte géologique de la région du Lac Supérieur. (D'après M. Irving.) 1, Copperfeis; 2, North-West ; 3, Cliff; 4, Minnesota; 5, Toltek; 6, Adventure; 7, Ridge

haut, des diabases à grains fins, des porphyrites et des porphyres quartzifères ; enfin, à la partie supérieure,

3..

une série de grès, schistes et conglomérats, de plus de 5000 mètres d'épaisseur (fig. 21).

Le cuivre se trouve dans des filons de fracture, soit dans les nappes de roches éruptives.

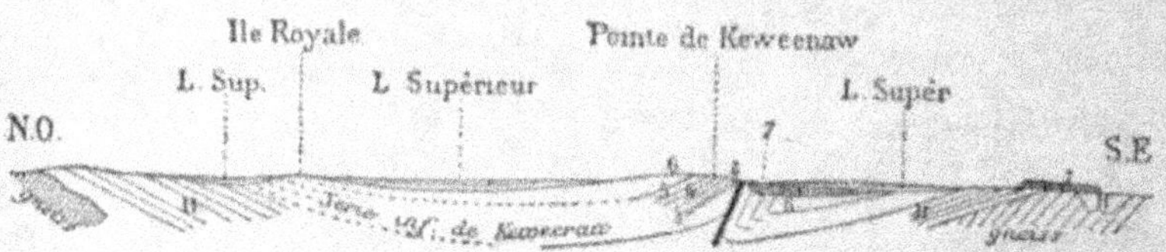

Fig. 21. — NO.-SE. de la région du Lac Supérieur. H, Huronien (quartzites et minerai de fer); 1, diabases, gabbros et mélaphyres; 2, porphyres quartzifères; 3 et 5, diabases et mélaphyres amygdaloïdes; 4, grès et conglomérats intercalés; 6, schistes et grès rouge; 7, grès de Postdam (Cambrien discordant).

Cuivre se présentant dans un filon de fracture. — Les filons sont exploités uniquement dans la pointe de Keweenaw; ils s'y présentent avec des puissances très variables allant jusqu'à 10 mètres. Ils ne sont jamais très nets, leurs parois sont altérées par des imprégnations progressives et des réseaux de fissures. On a constaté qu'ils ne sont riches et puissants que dans les mélaphyres; ils diminuent de puissance en pénétrant dans la diorite dure qui accompagne les mélaphyres et deviennent absolument stériles, dès qu'ils passent dans les grès voisins. Les parties pauvres et les parties riches alternent en colonnes inclinées; on trouve quelquefois des blocs de cuivre de plusieurs centaines de tonnes, qu'on découpe à grand'peine à l'aide d'explosifs puissants. A côté du cuivre, on rencontre de l'argent natif, du quartz, de la calcite, et divers silicates bien cristallisés.

Cuivre se présentant en couches. — En divers points de la région, on trouve le cuivre sous forme de remplissage des amygdales des bancs de mélaphyre. Le cuivre, qui provient de ces amygdales, a des dimensions variant depuis celles d'une tête d'épingle jusqu'à celles d'un pois ; il est désigné par les mineurs sous le nom de cuivre en grains. Ces grains sont tantôt isolés les uns des autres dans la pâte du mélaphyre, tantôt réunis par de petits fils en forme de grappes de raisin. Lorsque les amygdales ne sont pas complètement remplies de cuivre natif, le minerai est accompagné d'argent natif, et des mêmes minéraux que dans les filons.

A la mine de la Concordia, le cuivre, au lieu de se trouver dans les amygdales des mélaphyres, se rencontre dans une roche à épidote, qui est intercalée en lits irréguliers dans les mélaphyres : cette roche, formée par un mélange de quartz et d'épidote, renferme le cuivre sous forme de houppes, de grains, de feuilles et quelquefois de masses de plusieurs tonnes.

Enfin, il arrive fréquemment que le cuivre se trouve dans des couches de conglomérats, où il sert de ciment aux grains de silice. A la mine de Calumet et Hekla on exploite un banc de conglomérat porphyrique d' 1 à 5 mètres de puissance formant une nappe dans les mé'aphyres.

Fig. 22. — Lac Su[...]

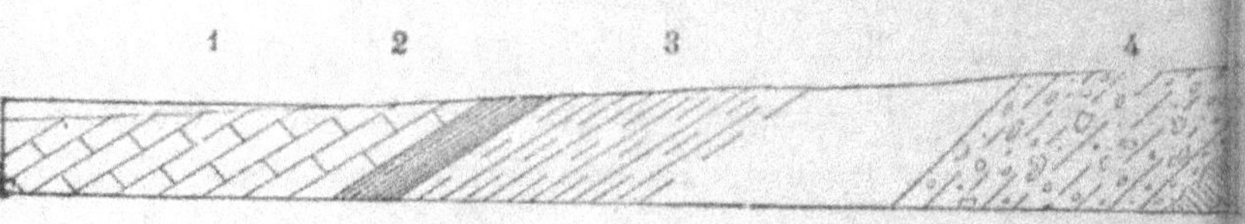

Fig. 23. — Coupe du gisement d[...]
1, Grès rouge et schiste ; 2, schistes ; 3, grès rouge ; 4, grès[...]
8, roches éruptives avec con[...]

...ur. Gisement de cuivre.

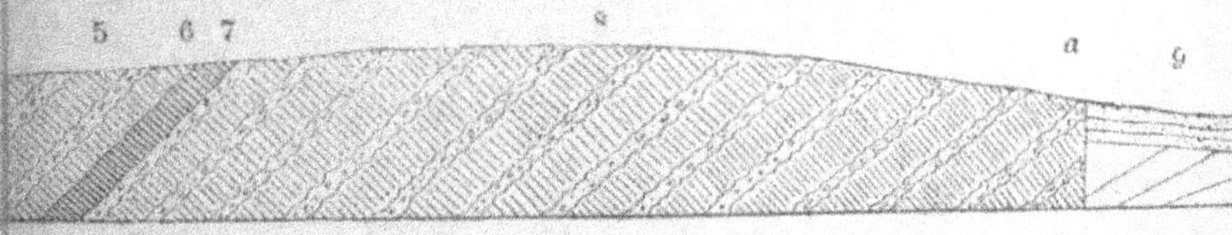

...vre au Lac Supérieur. (D'après Irving.)
...e et conglomérat; 5, groupe de Marvine; 7, groupe d'Ashbed;
...érat; 9, grès; *aa*, dislocation.

Ce conglomérat contient des fragments volumineux de porphyre, reliés par des fragments à petits grains de la même roche. Ce ciment renferme comme éléments parfois prédominants de l'oxyde de fer, des minéraux silicatés et du cuivre natif en petits fils rugueux et en dendrites.

L'origine des gisements du Lac Supérieur est encore très discutée ; il est probable que les mélaphyres, en venant au jour, ont dégagé des émanations cuivreuses, qui, dissoutes par les eaux, ont rempli les fissures et pénétré dans la pâte même des roches et surtout dans leurs vacuoles où le cuivre natif a dû se déposer sous l'influence d'actions électriques.

Les mines du Lac Supérieur sont un des principaux centres de production du monde; en 1890, elles ont livré au commerce 45.856 tonnes de cuivre. Le prix de revient moyen de la tonne de minerai broyé, rendu aux mines, s'élève aux chiffres suivants :

Abatage	fr 14,50
Extraction	— 1,65
Triage	— 2,07
Frais à la surface	— 1,39
Transport aux mines	— 0,31
Divers	— 1,34
Préparation mécanique	— 3,72
Réparation, outils, etc.	— 1,03
TOTAL	fr. 26,01

Gisement de Corocoro. — On trouve également du

cuivre natif dans le célèbre gîte de Corocoro, en Bolivie, au sud du lac Titicaca. Les couches cuprifères sont
comprises entre des argiles et des grès gypseux, qui
paraissent être l'équivalent du grès rouge d'Allemagne. Elles ont 0^m,50 à 12 mètres de puissance et sont
formées de grès, contenant du cuivre natif en grains,
en nodules ou en fils. Les minerais de Corocoro donnent des cuivres très estimés dans le commerce.

CHAPITRE III

PROPRIÉTÉS DU CUIVRE

Propriétés physiques et chimiques du cuivre. — Dosage des cuivres. — Essai des minerais de cuivre par voie sèche et par voie humide. — Analyse des corps contenant du cuivre.

I. Propriétés physiques du cuivre.

Le cuivre a une belle couleur rouge ; il cristallise en cubes ou dans d'autres formes du système cubique. Ses cristaux s'obtiennent en réduisant lentement des solutions étendues de sels de cuivre, soit à l'aide d'une action électrique, soit en y plongeant du bois ou du phosphore. D'une faible dureté, le cuivre est malléable et fort tenace. Sa résistance moyenne à la rupture est de 25 kilogrammes par millimètre carré, lorsqu'il est recuit, et atteint 40 kilogrammes, lorsqu'il est fortement écroui. Il est très malléable et très ductile ; on peut le réduire comme l'or en feuilles d'une extrême ténuité, qui laissent passer une lumière verte.

La ténacité du cuivre diminue rapidement quand on l'échauffe, surtout lorsque le métal n'est pas pur. Cette faible ténacité à chaud empêche le soudage direct du cuivre sur lui-même ; pour la même raison les cuivres impurs ne peuvent pas se laminer ; les lingots se gercent et quelquefois même se brisent.

En martelant le cuivre à froid, on l'écrouit et on le rend cassant ; pour lui rendre sa ténacité il faut le recuire. Son recuit est facile et commence vers 230 degrés.

Sa densité, lorsqu'il est martelé ou laminé, varie de 8,90 à 8,95. Son point de fusion est compris entre 1150 et 1200 degrés. Il se volatilise à l'abri de l'air sous l'action d'un arc voltaïque.

Toutes les substances étrangères, même en proportions très faibles, modifient considérablement les propriétés et les qualités du cuivre. Aussi les cuivres du commerce présentent-ils entre eux des différences très grandes ; ils contiennent tous une proportion déterminée et non négligeable de corps étrangers ; ainsi on trouve dans les cuivres du Chili des traces de bismuth et d'antimoine, de l'arsenic et du fer ; dans les cuivres espagnols, de l'arsenic avec des traces de plomb ; dans le cuivre du Lac Supérieur, des traces d'arsenic, du fer et de l'argent ; dans les meilleurs cuivres anglais, des traces de fer, d'arsenic, de bismuth et d'argent.

Tous les cuivres fondus contiennent en plus une certaine quantité d'oxygène qu'ils ont absorbé pendant leur fusion. Seuls, les cuivres électrolytiques, préparés avec soin, sont chimiquement purs, ils sont supérieurs à tous les points de vue aux cuivres obtenus par des traitements métallurgiques.

Les impuretés du cuivre diminuent sa malléabilité, sa flexibilité, et surtout sa conductibilité électrique, mais rehaussent sa résistance à l'écrasement.

II. Propriétés chimiques du cuivre.

Le cuivre $(Cu = 63,5)$ ne s'altère pas à froid au contact de l'air sec, mais au rouge il absorbe facilement l'oxygène et se transforme en oxyde. Sous l'influence de l'air humide, il s'altère à froid et s'oxyde en absorbant de l'acide carbonique pour former un hydrocarbonate, appelé vulgairement *vert-de-gris*.

L'acide sulfurique concentré dissout le cuivre à chaud en donnant du sulfate et de l'acide sulfureux; l'acide chlorhydrique ne l'attaque que très difficilement, tandis que l'acide azotique agit très violemment, en donnant de l'azotate ou du bioxyde d'azote. Les acides faibles, même les acides gras contenus dans les huiles et les graisses, l'attaquent au contact de l'air assez rapidement en formant des sels à la surface du métal.

Le cuivre forme deux séries de combinaisons : les combinaisons cuivriques renfermant un atome de Cu, et les combinaisons cuivreuses renfermant le groupement Cu^2.

Les combinaisons cuivreuses sont peu stables et se transforment facilement en combinaisons cuivriques. On ne connaît que l'oxyde, Cu^2O, le chlorure, Cu^2Cl, le bromure, Cu^2Br, l'iodure, Cu^2I, et le sulfure, Cu^2S.

Les sels cuivriques sont, au contraire, très nombreux. Ils ont une belle couleur verte ou bleue, et présentent les caractères suivants :

L'hydrogène sulfuré et le sulfhydrate d'ammoniaque donnent, avec les sels cuivriques, un précipité noir de sulfure cuivrique, facilement soluble dans l'acide azotique chaud ; la potasse, la soude et les carbonates alcalins donnent un précipité bleu, insoluble dans un excès de réactif, et se transformant par l'ébullition en oxyde noir anhydre ; l'ammoniaque donne un précipité bleu, qui se redissout dans un excès de réactif en donnant une belle coloration bleue.

Le ferrocyanure de potassium précipite les sels de cuivre en brun marron ; cette réaction est très sensible et permet de déceler des traces de cuivre. Au chalumeau, les composés du cuivre colorent la flamme en vert ou en vert bleuâtre.

Chauffés seuls, ou mieux encore avec du carbonate de soude, ils sont réduits, mais le cuivre est difficile à fondre. Lorsqu'on les fond avec du borax, ils donnent au feu de réduction des perles verdâtres à chaud, opaques et rouges à froid. Les perles formées au feu d'oxydation sont vertes à chaud et bleues à froid.

L'industrie fait une grande consommation des sels de

cuivre. Le sulfate de cuivre, en particulier, fait l'objet d'un commerce important ; on l'applique en grand pour combattre les maladies de la vigne, pour chauler le blé, pour produire le noir, le violet et le lilas dans la teinture, pour bronzer et cuivrer le fer, et pour exécuter les reproductions galvanoplastiques.

La consommation totale de sulfate en France, dépasse 60.000 tonnes par an. On le fabrique surtout en lessivant les résidus de grillage de minerais pyriteux, ou en traitant par l'acide sulfurique des déchets de cuivre. L'affinage des matières d'or et d'argent en produit également de grandes quantités.

Comme autres sels de cuivre, nous citerons :

Le vert de *Brunswick* (oxychlorure $CuCl^2$, $3CuO + 4H^2O$) employé en peinture, qu'on prépare en humectant des feuilles de cuivre avec une solution de chlorhydrate d'ammoniaque, et en les abandonnant au contact de l'air ; elles se couvrent lentement d'une croûte verte d'oxychlorure ;

Le vert de *Mitis* ou vert de *Paul Véronèse* (arséniate, $CuAsO^4$, $CuOH$), qu'on emploie dans la peinture à l'huile ;

Le vert de *Scheele* (arsénite, $CuAsO^2$) qu'on obtient en faisant agir de l'arsénite de potasse sur le sulfate de cuivre, et le vert de *Schweinfurth*, qu'on prépare en ajoutant à l'arsénite, récemment précipité, une certaine proportion d'acide acétique.

La *cendre bleue* (carbonate bibasique, $2Co^3Cu$,

CuO^2H^2), couleur bleue obtenue par le broyage du carbonate naturel ou azurite ;

La *cendre bleue* artificielle, préparée en Angleterre par des procédés artificiels, tenus secrets, et très employée autrefois pour la fabrication des papiers peints, avant que l'outremer artificiel ne fût descendu à bas prix.

Les couleurs de cuivre arsénicales sont très vénéneuses. Leur emploi est dangereux ; le maniement des étoffes coloriées avec ces substances, l'habitation dans des appartements ornés de papiers teints avec des couleurs arsénicales, ont donné lieu à de nombreux accidents. Non seulement les poussières arsénicales sont absorbées par les voies respiratoires, mais encore, sous l'influence de l'humidité et des matières organiques, elles peuvent donner naissance à un dégagement d'hydrogène arsénié, dont l'action sur l'organisme est des plus funestes.

III. Dosage du cuivre.

Lorsqu'on veut faire une analyse rigoureusement exacte des cuivres du commerce ou de leurs alliages, on dose le métal à l'état de sulfure. Cette méthode est assez longue et ne peut s'appliquer dans les mines et usines, où il est nécessaire de faire le dosage journalier des différents produits cuivreux. On emploie dans ce cas les méthodes de dosages électrolytiques, qui offrent une précision largement suffisante pour les usages pratiques.

Dosage électrolytique du cuivre. — La méthode de dosage électrolytique qu'on emploie généralement en France est due à M. Riche[1]. Elle consiste à soumettre à l'électrolyse la dissolution obtenue en traitant le corps à analyser par l'acide azotique.

On peut doser ainsi dans le même liquide l'argent, le plomb et le cuivre.

On attaque à chaud 1 gramme de métal dans une petite fiole à fond plat par de l'acide azotique, étendu de deux fois son poids d'eau. On décante le liquide dans un ballon de 100 centimètres cubes, on lave à plusieurs reprises la fiole avec de l'eau et on complète exactement le volume du ballon, après l'avoir refroidi à 15 degrés avec de l'eau. On prélève ensuite avec une pipette graduée, 30 à 40 centimètres cubes du liquide, qu'on soumet à l'électrolyse. L'appareil dont on se sert pour l'électrolyse se compose d'un creuset de platine de la dimension usuellement employée dans les laboratoires, et d'une lame de platine. Cette lame est disposée en tronc de cône, ouvert aux deux extrémités, et reproduit sensiblement la forme du creuset dans lequel elle doit être suspendue (fig. 24); elle est mise en communication avec le pôle négatif et le creuset avec le pôle positif d'une pile Bunsen. Le cône porte deux ou trois ouvertures longitudinales de petite dimension, grâce auxquelles le liquide reste

---

[1] A. Riche et Gélis, *L'Art de l'essayeur*, Paris, J.-B. Baillière et fils.

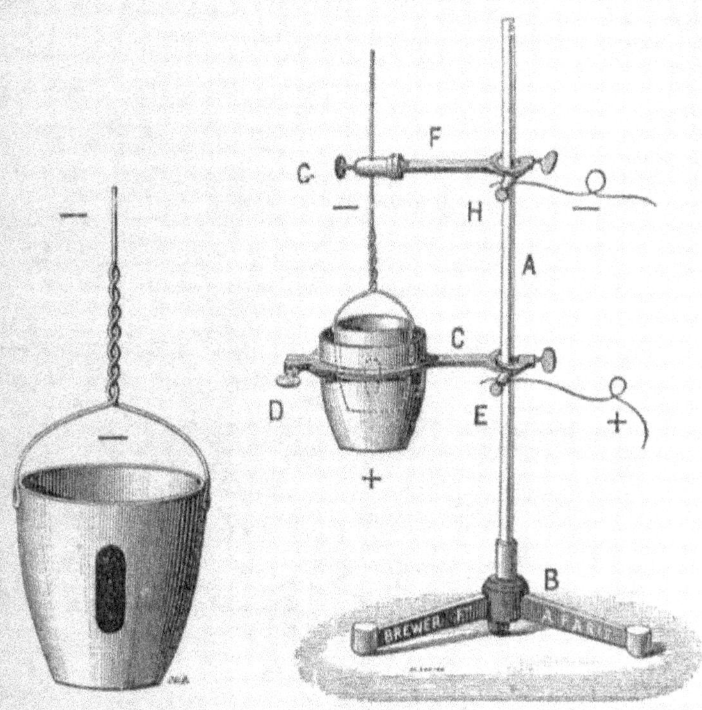

Fig. 24. — Cône perforé
en platine.

Fig. 25.— Cône dans le creuset suspendu.
A, Tige de verre plein; B, plaque de
métal; C, anneau en laiton; D, G, H,
vis; E, pince; F, tige en laiton.

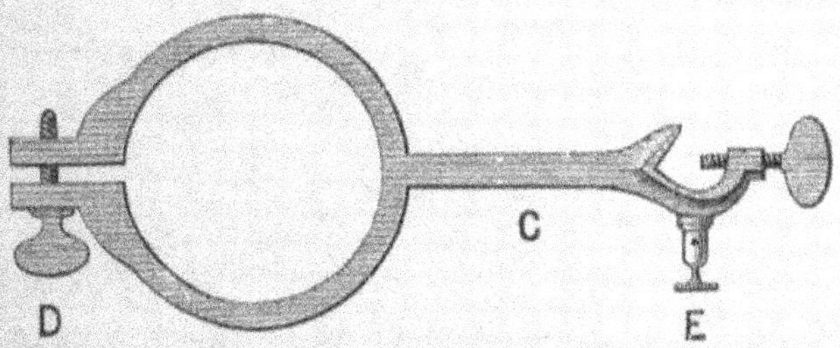

Fig. 26. — Anneau de laiton.

homogène. L'écartement entre le cône et le creuset
varie entre 2 et 4 millimètres.

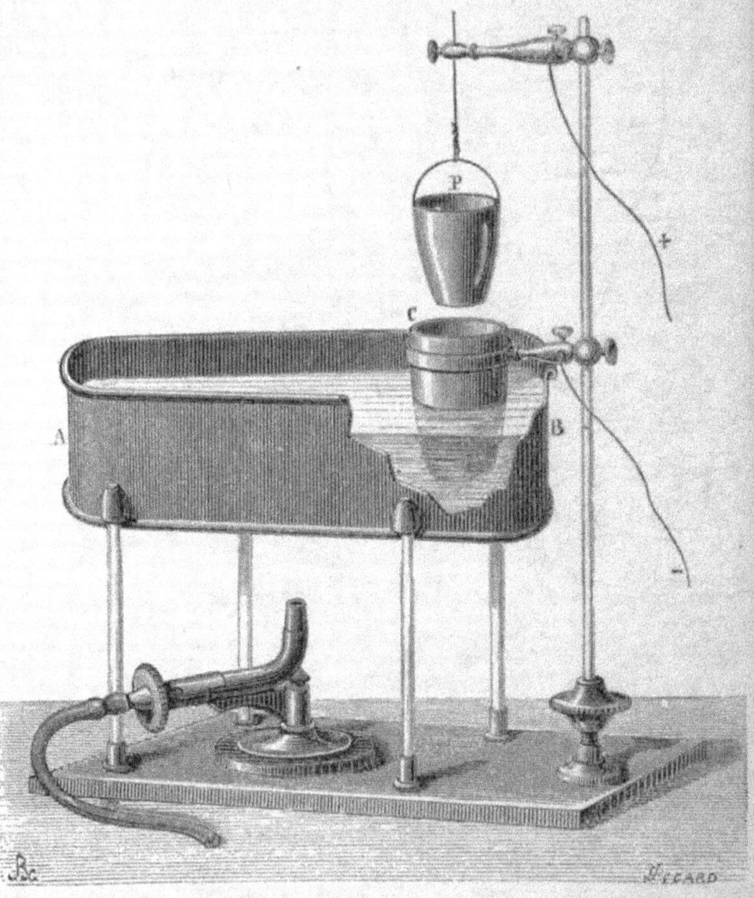

Fig. 27. — Appareil de M. Riche.
A, B, Bain métallique; C, cône en platine; P, creuset suspendu.

Le cône en platine est suspendu dans le creuset sans
le toucher au moyen d'un support, qui se compose d'une

tige de verre plein, verticale, assujettie dans une plaque de métal (fig. 25). Sur cette tige isolante s'appliquent, au moyen de vis, un anneau en laiton (fig. 26) dans lequel se place le creuset, et une tige de même métal qui permet de suspendre le cône de platine ; la tige et l'anneau sont réunis par des fils en cuivre avec les pôles de la pile Bunsen. Pour empêcher les projections du liquide, on recouvre le creuset de deux demi-disques provenant d'un verre de montre coupé en deux parties. On fait généralement le dosage à froid ; pour le rendre plus rapide, on place le creuset en platine dans une capsule contenant de l'eau chauffée jusqu'à 70 ou 80 degrés (fig. 27). L'électrolyse dure environ vingt-quatre heures ; pour s'assurer que l'opération est terminée, on ajoute un peu d'eau distillée dans le creuset ; le liquide vient alors baigner une partie du cône où il n'y a pas de dépôt. S'il reste encore du cuivre, il s'y produit une coloration rose, indiquant qu'il faut prolonger l'action du courant.

On recommence l'épreuve jusqu'à non-apparition de la coloration rose, puis on retire alors le cône sans arrêter le courant, on le plonge dans l'eau froide, puis dans l'alcool. On le sèche à l'étuve et on le pèse. L'augmentation du poids du cône, qu'on avait préalablement taré, donne le poids de cuivre contenu dans les 30 ou 40 centimètres cubes essayés. On rapporte le résultat à 100 centimètres, c'est-à-dire au poids de 1 gramme employé.

Dosage de l'argent dans les cuivres. — Si l'argent est en proportion notable, le mieux est de le précipiter à l'état de chlorure par l'addition de quelques gouttes d'acide chlorhydrique ; mais s'il se trouve en faible proportion dans le métal (environ 1 pour 100), on peut le précipiter par la pile sans toucher au cuivre en employant un seul élément Leclanché. L'argent déposé sur le cône négatif est pesé ; le cône est passé à l'acide nitrique et reporté dans le bain, qu'on électrolyse, cette fois, par un élément Bunsen, pour précipiter le cuivre. Cette méthode est employée avec succès pour les cuivres peu argentifères.

Dosage du plomb dans les cuivres. — Sous l'action du courant électrique, le plomb contenu dans la dissolution à analyser se dépose sur le creuset qui constitue le pôle positif, à l'état de bioxyde de plomb, tandis que le cuivre se dépose au pôle négatif formé par la lame de platine. Pour savoir si la précipitation du plomb est complète, on prélève une goutte de liquide et on y ajoute une goutte d'une solution d'iodure de potassium ; s'il reste du plomb il se forme un précipité jaune, et on prolonge alors l'action du courant.

Quand le dépôt est complet, on retire le liquide du creuset sans arrêter le courant au moyen d'un siphon, et on lave à plusieurs reprises, à l'eau distillée, puis à l'alcool, le creuset sur lequel adhère le bioxyde de plomb. L'augmentation de poids du creuset donne le poids du bioxyde de plomb déposé ; pour avoir celui de plomb contenu dans la solution essayée, on multipliera le poids du bioxyde par le coefficient 0,8660.

Analyse complète d'un alliage contenant du cuivre. — Il arrive quelquefois que certains industriels aient intérêt à savoir exactement quelle est la nature des impuretés contenues dans les cuivres ou les alliages qu'ils emploient : il est nécessaire alors de procéder à des essais complets, qui sont longs et délicats. On dissout 20 à 25 grammes de métal dans de l'acide azotique étendu d'eau et on évapore la solution à siccité, puis on reprend le résidu par de l'eau distillée et on le traite dans un vase en verre par de l'ammoniaque et du carbonate d'ammoniaque en excès qui précipitent la plupart des métaux, mais dissolvent le cuivre, le nickel et le cobalt. La dissolution est séparée du précipité par décantation, en la faisant cependant passer sur un tout petit filtre, où se dépose une faible quantité du précipité entraîné par la dissolution ; on lave bien le précipité contenu dans le vase, jusqu'à ce qu'il ne contienne plus de cuivre, puis on perce le filtre et, à l'aide d'une fiole à jet, on réunit le léger dépôt formé au précipité principal.

La solution contenant le cuivre, le cobalt et le nickel, est saturée par de l'acide azotique et sert au dosage du cuivre par la pile. Le cobalt et le nickel sont dosés dans la liqueur privée de cuivre à l'état de sulfures.

Le précipité contenant le plomb, le fer, l'antimoine,

l'arsenic et le bismuth, est additionné d'acide sulfurique et chauffé : le résidu insoluble est dosé à l'état de sulfate.

Dans la liqueur acide privée de plomb, on dirige un courant d'hydrogène sulfuré, qui précipite l'arsenic, l'antimoine et le bismuth. On lave les précipités par décantation et on recueille la solution dans laquelle on dose le fer par l'ammoniaque.

On verse du sulfhydrate d'ammoniaque sur les sulfures, et on laisse reposer la liqueur en fiole bouchée pendant vingt-quatre heures.

Le sulfure de bismuth reste insoluble et les sulfures d'arsenic, d'étain et d'antimoine se dissolvent ; on les enlève par décantation et on sépare le sulfure de bismuth par trois ou quatre lavages avec de l'eau contenant du sulfhydrate d'ammoniaque, puis on recueille ce sulfure sur un petit filtre taré, qu'on lave à l'eau pure et qu'on pèse après dessiccation à 100 degrés.

Les sulfures d'arsenic, d'étain et d'antimoine sont précipités de leur dissolution par l'acide chlorhydrique, on les lave, puis on opère la séparation de l'étain en faisant bouillir les sulfures avec de l'acide oxalique et en traitant par de l'hydrogène sulfuré ; le sulfure d'étain reste seul dissous. Les sulfures d'arsenic et d'antimoine sont lavés, puis oxydés par l'acide azotique. On sépare enfin l'arsenic de l'antimoine à l'état d'arséniate ammoniaco-magnésien.

Pour déterminer le soufre contenu dans les cuivres,

on attaque le métal par l'eau régale, on évapore à siccité, puis on reprend le résidu par l'eau et on précipite l'acide sulfurique formé par l'oxydation du soufre au moyen de chlorure de baryum. Du poids de sulfate de baryte obtenu on déduit le poids de soufre contenu dans le cuivre. Certains cuivres contiennent un peu d'or; on en fait l'essai par la coupellation.

IV. Essai des minerais de cuivre par voie sèche.

Les méthodes d'essai des minerais de cuivre par voie sèche ne sont pas suffisamment exactes pour être employées dans les laboratoires.

Ces essais sont cependant très utiles aux industriels pour les renseigner, surtout lorsqu'ils sont, comme en Angleterre, la reproduction en petit des diverses phases du traitement métallurgique. La voie sèche permet en outre de doser assez exactement l'or et l'argent.

Cuivre natif, cuivres oxydés et carbonatés. — On opère sur une quantité de minerai variable, suivant la richesse, 5 à 10 grammes.

Le minerai, finement pulvérisé, est malaxé avec soin, sur une feuille de papier glacé, avec un poids égal d'un mélange de 90 parties de bicarbonate de soude et 10 parties de fécule, puis on le chauffe dans un creuset de terre. On remplace souvent la fécule et le bicarbonate de soude par un mélange de carbonate neutre de soude et de crème de tartre.

Lorsque la matière est en fusion tranquille, on y jette quelques fragments de cyanure de potassium, additionné d'un gramme de poussière de charbon; le cuivre se réduit et s'isole à l'état métallique. Lorsqu'il n'y a plus de dégagement gazeux, on laisse refroidir et on casse le creuset; on trouve le cuivre sous la forme d'un culot qu'on détache facilement de la scorie. Le poids du culot donne approximativement le poids du cuivre contenu dans le minerai essayé.

Cuivres sulfurés. — Pour les minerais sulfurés, l'essai comprend deux opérations : le grillage pour chasser le soufre et l'arsenic, et la réduction du cuivre. On opère sur 15 à 20 grammes du minerai bien pulvérisé, qu'on place, dans un têt frotté de sanguine, à l'entrée d'un moufle, pour commencer le grillage. Il faut conduire l'opération avec lenteur, afin d'éviter la fusion de la matière.

On facilite le grillage en remuant la masse au moyen d'une tige de fer, de manière à empêcher les agglomérations de se former, ou à les écraser s'il s'en produit.

Sous l'action oxydante du feu, le soufre se transforme en acide sulfureux qui se dégage ; lorsqu'on ne sent plus son odeur, on pousse le têt plus avant dans le moufle, puis tout au fond pour décomposer les sulfates formés par l'oxydation des sulfures.

Le grillage complet exige environ deux heures et demie ; lorsqu'il est terminé, tous les sulfures sont ramenés à l'état d'oxydes, et on termine l'opération comme nous l'avons indiqué pour les minerais oxydés.

Dosage de l'argent et de l'or dans les minerais. — Pour déterminer la proportion d'or et d'argent que contiennent les minerais, on fond 25 grammes de minerai pulvérisé avec un mélange de 100 grammes de litharge, de 40 grammes de carbonate de soude et 20 grammes de borax et de nitre en proportion variable suivant la quantité de soufre, d'arsenic et de métaux à oxyder.

La matière se boursoufle beaucoup; lorsque la fusion est tranquille, on ajoute à deux reprises 20 grammes de litharge et 1 gramme de poussière de charbon, puis on donne un coup de feu violent. On obtient ainsi un culot de plomb, qui concentre la plus grande partie du cuivre, tout l'or et tout l'argent contenus dans le minerai à essayer. Ce culot de plomb est soumis à la coupellation, qui permet de déterminer le poids des métaux précieux qu'il renferme.

V. Essai des minerais de cuivre par voie humide.

Les procédés d'essai des minerais par voie sèche ne donnent que des résultats approximatifs; il est préférable de recourir aux procédés de voie humide qui sont plus précis et aussi rapides.

On attaque 1 à 5 grammes de minerai par de l'acide

azotique en ajoutant de temps à autre un peu d'acide chlorhydrique; on évapore ensuite presque à sec.

Si l'action ne paraît pas complète, on reprend par l'acide azotique en ajoutant plus d'acide chlorhydrique. Ce traitement, renouvelé au besoin plusieurs fois, est terminé par une addition d'acide azotique suivie de l'évaporation à sec pour éliminer tout l'acide chlorhydrique. On reprend ce résidu par l'acide azotique étendu et on dose le cuivre dans la liqueur obtenue.

Le moyen le plus simple de doser le cuivre est d'appliquer l'électrolyse comme nous l'avons indiqué plus haut : ce procédé très précis a l'inconvénient d'exiger un certain temps, on lui préfère quelquefois des procédés volumétriques, qui sont beaucoup plus rapides et permettent de doser le cuivre en quelques minutes.

Dosage volumétrique par le sulfure de sodium. — On prépare une solution de sulfure de sodium en faisant passer un courant d'hydrogène sulfuré dans une lessive de soude et on la titre de la manière suivante : on prend 5 grammes de cuivre pur, on les dissout dans de l'acide azotique étendu, puis on ajoute de l'eau distillée de manière à amener le volume à 500 centimètres cubes.

On en prend 20 centimètres cubes, que l'on verse dans un ballon, et l'on y ajoute de l'ammoniaque jusqu'à ce que la liqueur soit d'un bleu foncé et exhale fortement l'odeur de l'ammoniaque. On porte à l'ébullition; puis, au moyen d'une burette graduée, on verse le sulfure dans le ballon, qu'on maintient sur le feu en agitant sans cesse.

On continue l'addition de sulfure goutte à goutte et on s'arrête au moment précis où la liqueur se décolore; cette opération indique à quel poids de cuivre correspond 1 centimètre cube de la liqueur de sulfure de sodium.

A l'aide de cette liqueur titrée, on dose facilement le cuivre contenu dans l'essai; il suffit de neutraliser la dissolution par l'ammoniaque et d'y verser du sulfure de sodium jusqu'à décoloration. Le nombre de centimètres cubes de sulfure de sodium employés indique la proportion de cuivre contenue.

Le nickel, qui donne avec l'ammoniaque des sels bleus, empêche de saisir la fin de la précipitation du cuivre par le sulfure; on emploie alors le cyanure de potassium.

Dosage volumétrique par le cyanure de potassium. — Comme pour le procédé de dosage par le sulfure, on prépare d'abord une liqueur titrée de cyanure de potassium, en dissolvant du cuivre pur; puis on s'en sert pour doser le cuivre contenu dans l'essai. On sursature la dissolution cuivreuse par l'ammoniaque, on la jette sur un filtre pour retenir l'oxyde de fer et les autres composés insolubles, et on recueille le liquide filtré dans un ballon jaugé d'un demi-litre; on y ajoute de l'eau distillée jusqu'à ce que le volume ait atteint un demi-litre, puis on en prend 50 centimètres cubes dans lesquels on verse goutte à goutte la solution titrée de cyanure, qui précipite le cuivre ; on s'arrête lorsque la solution est décolorée ou plutôt quand elle est faiblement lilas. Le nombre de centimètres cubes de cyanure employés indique le poids de cuivre contenu dans l'essai.

CHAPITRE IV

Propriétés générales des alliages. — Alliage du cuivre avec l'étain, le zinc, le plomb, etc. — Structure moléculaire du cuivre et de ses alliages. — Méthodes d'analyse du Dr Hampe et de M. Guillemin.

I. Propriétés des alliages du cuivre.

Le cuivre joue un rôle immense dans l'industrie; son utilité est considérablement accrue par la faculté qu'il a de former, en s'unissant à divers métaux, des composés jouissant de propriétés spéciales, n'appartenant pas aux éléments qui les forment.

On change aussi bien les propriétés du cuivre en l'alliant à différents métaux, qu'en variant les proportions de l'alliage. Ainsi, en fondant une même quantité de cuivre avec des quantités de plus en plus fortes d'étain, on obtient successivement le bronze des canons, le métal des cloches, celui des tam-tams et celui des miroirs. Chaque alliage est donc pour l'industrie un métal nouveau qui pourra être plus ou moins utile, suivant ses propriétés physiques ou chimiques.

Les alliages sont en général moins ductiles, plus durs et plus tenaces que le cuivre ; leur densité est tantôt plus grande, tantôt plus petite que la densité moyenne des métaux employés. Leur couleur varie du rouge cuivre, au jaune et au blanc, selon les proportions de métal blanc qu'ils renferment.

Les alliages sont généralement plus fusibles que le cuivre ; lorsqu'ils sont fondus et qu'on les abandonne au refroidissement tranquille, ils cristallisent confusément, mais souvent aussi se séparent en couches dont la composition et la densité sont différentes. Ce phénomène a reçu le nom de *liquation*. Pour obtenir un alliage à peu près homogène, il est nécessaire d'accélérer autant que possible le refroidissement ou d'agiter la masse pendant qu'il a lieu. Certains alliages, par un refroidissement très lent, donnent des cristaux bien déterminés appartenant à des composés définis.

En chauffant un alliage, qui contient un métal volatil, à une température supérieure au point de fusion, une partie du métal volatil se dégage ; mais les dernières portions restent dans l'alliage. Cette décomposition par la chaleur est d'autant moins complète que les deux métaux ont plus d'affinité l'un pour l'autre ; les limites auxquelles s'arrête l'action du feu sont déterminées par des combinaisons en proportions définies.

En chauffant certains alliages, contenant des métaux très fusibles, on obtient une décomposition presque complète de l'alliage. Ainsi, lorsqu'on chauffe un lingot d'alliage cuivre, étain, jusqu'au point de fusion de l'étain, celui-ci s'écoule, et il reste une masse poreuse, contenant encore de petites quantités d'étain. Cette liquation est un grand obstacle au moulage des grosses pièces.

Les alliages fondus soumis à l'électrolyse perdent leur homogénéité quand le courant les traverse : lorsqu'on refroidit brusquement les vapeurs d'un alliage volatilisé dans l'arc voltaïque, chacun des métaux se condense séparément, et l'alliage est détruit.

On a beaucoup discuté la question de savoir si les alliages sont des mélanges ou des combinaisons. La possibilité de les obtenir cristallisés, le phénomène de la liquation, la marche du refroidissement dans leur masse montrent que les alliages sont des combinaisons définies avec excès de l'un ou l'autre constituant.

Selon la proportion des éléments qui les composent et selon la température à laquelle ils ont été coulés, ils sont formés par des combinaisons différentes des métaux constituants; ces combinaisons intimement mêlées à l'excès des métaux constituants donnent aux alliages leurs propriétés particulières. Elles peuvent être, sous l'action de la chaleur, ou détruites ou remplacées par d'autres plus stables, ce qui explique la variation irrégulière de la résistance à la rupture des différentes allonges, lorsqu'on augmente progressivement leur température.

Dans le plus grand nombre des cas, les alliages se comportent à l'égard des réactifs comme le feraient les métaux pris isolément; cependant ils offrent quelquefois une résistance plus grande à l'action chimique. Ainsi le bronze d'aluminium, les bronzes au phosphore et au manganèse sont bien moins attaquables par les eaux acides que le cuivre et le bronze purs. Mais, d'une manière générale, les acides se comportent, à l'égard des alliages, comme avec le métal prédominant.

Nous allons examiner les propriétés physiques et chimiques des principaux alliages du cuivre en réservant leur étude industrielle pour un chapitre suivant.

Alliages Cuivre-Étain. — Les alliages cuivre-étain sont très employés dans l'industrie sous le nom de bronzes ; ils offrent des propriétés intermédiaires entre celles du fer et celles du cuivre.

Lorsqu'on ajoute au cuivre de petites quantités d'étain, le métal devient nerveux, tenace, et susceptible d'un beau poli ; si la proportion d'étain dépasse 15 pour 100, la ténacité diminue, mais la dureté augmente. L'alliage 65 cuivre, 35 étain, devient inattaquable à la lime, mais il se brise lorsqu'on le laisse tomber.

Cette fragilité et cette dureté remarquables persistent jusqu'à l'alliage 50 cuivre, 50 étain. Dès que la proportion d'étain est supérieure à celle du cuivre, le métal se radoucit; la combinaison 10 cuivre, 90 étain, redevient tenace et molle, et celle de 1 cuivre, 99 étain, peut être d'un usage utile pour la fabrication des poteries.

Le même phénomène se produit avec la plupart des alliages du cuivre; lorsqu'un des éléments cesse de dominer, la composition obtenue perd toutes ses qualités et devient complètement inutilisable.

Les bronzes riches en étain augmentent de densité par la trempe, tandis que le recuit diminue la densité du bronze trempé, quoique dans une moindre proportion.

La composition cuivre 99, étain 1, appelée *bronze des médailles*, est malléable à chaud; celle du cuivre 95, étain 5, ne l'est plus qu'à froid, de même que celles cuivre 80-90, étain 20-10, qui sont employées dans la construction des machines. Les alliages cuivre-étain, ne suffisent pas à tous les usages industriels; ils sont assez difficiles à travailler, et ont l'inconvénient d'être chers.

C'est en ajoutant du zinc, du plomb ou d'autres métaux aux alliages de cuivre et d'étain, que l'on obtient toute la série des bronzes qu'on rencontre dans le commerce.

Alliages Cuivre-Zinc. — Ces alliages sont connus sous le nom de laitons; ils présentent des propriétés analogues à celles des alliages de cuivre et d'étain. Leur malléabilité, leur ductilité, la finesse de leur grain diminuent à mesure que la proportion de zinc augmente, et disparaissent lorsque les proportions des deux métaux sont égales, pour revenir lorsque le zinc prédomine.

Tous les alliages, depuis celui de cuivre 99, zinc 1, jusqu'à celui de cuivre 60, zinc 40, ont un usage industriel ; à faible dose, le zinc donne des composés tenaces, très malléables, et très ductiles, mais qui ont le défaut de ne pas être économiques, à cause de leur haute teneur en cuivre ; ils sont connus dans le commerce sous le nom de *simili-or*, *métal du prince Robert*, etc. Leur belle couleur d'or les désigne pour servir à la fabrication des objets imitant l'or. Les alliages à 25 pour 100 de zinc sont très employés dans la construction des machines ; les alliages à 40 pour 100 de zinc, appelés *métal de Muntz*, servent au doublage des navires, ils forment la limite entre les laitons qui peuvent se laminer à froid et ceux qui ne se laminent qu'à chaud. Les alliages plus riches en zinc ne peuvent guère être employés ; ils sont trop nerveux et trop cassants. Cependant les alliages cuivre 5, zinc 95, et cuivre 1, zinc 99, dont les propriétés se rapprochent de celles du zinc, et qui sont plus durs que ce métal, ont quelques applications notamment pour la dorure.

Alliages Cuivre-Plomb. — Les alliages du cuivre et du plomb sont d'un usage assez rare ; ils ne se rencontrent guère que dans les bijoux en cuivre de certaines peuplades sauvages.

Alliages Cuivre-Fer. — Le cuivre et le fer n'ont aucune affinité l'un pour l'autre ; leur combinaison ne s'accomplit qu'avec difficulté. Ces alliages n'ont aucune application industrielle, ils sont durs et cassants.

Alliages Cuivre-Nickel. — Les alliages de cuivre et de nickel sont très malléables ; ils sont employés, soit purs, soit alliés au zinc, à un grand nombre d'usages industriels.

Les monnaies de billon en Suisse, en Allemagne et aux États-Unis, renferment 25 pour 100 de nickel et 75 pour 100 de cuivre ; les alliages connus sous le nom de *maillechort*, *packfung* et *argentan*, renferment du cuivre, du nickel et du zinc. Ils possèdent la blancheur et l'éclat de l'argent.

Le tableau suivant résume la composition des principaux métaux blancs employés dans l'industrie :

	Cuivre	Zinc	Nickel	Fer
Packfung chinois . . .	40,4	25,4	31,6	2,6
Maillechort parisien . .	66	13,6	19,3	traces
Maillechort allemand . .	54	28	18	—
Alfénide	59	30	10	—
Maillechort de Sheffield pour vaiselle	63	18	19	—

Les alliages de cuivre et de nickel sont très employés par les différents services dépendant du Ministère de la guerre ; on s'en sert principalement pour la fabrication des enveloppes des balles des fusils Lebel et pour la confection des étuis à cartouches.

Alliages Cuivre-Aluminium. — L'aluminium s'allie au cuivre avec un vif dégagement de chaleur et de lumière ; les alliages contenant des quantités d'aluminium inférieures à 12 pour 100 possèdent une dureté très supérieure à celle du bronze ordinaire et comparable à celle des meilleurs aciers ; en même temps, ils sont très tenaces et se travaillent à chaud avec autant de facilité que les meilleurs fers doux[1]. Lorsque la proportion d'aluminium augmente, les alliages deviennent cassants comme du verre ; en ajoutant du nickel, on peut amener la teneur en aluminium jusqu'à 20 pour 100 sans diminuer la ténacité du métal à chaud.

Alliages Cuivre-Phosphore, Cuivre-Manganèse et Cuivre-Silicium. — Le phosphore, le silicium et le manganèse s'allient au cuivre en donnant des composés un peu analogues aux bronzes d'aluminium ; ils agissent comme principes réducteurs et font disparaître les oxydes métalliques, qui se produisent pendant la fusion des alliages ; en même temps ils donnent plus de fluidité aux bronzes.

Les combinaisons du cuivre avec le phosphore, le manganèse et le silicium, forment la base d'un certain nombre d'alliages industriels dont nous étudierons plus loin les propriétés remarquables.

Alliages Cuivre-Arsenic, Cuivre-Antimoine. — Les alliages de cuivre et d'arsenic sont généralement connus sous le nom de *cuivre blanc*, ou de *tombac;* ils possèdent un ton gris éclatant, sont très cassants,

---

[1] Voy. Lejeal, l'*Aluminium*, Paris, 1894, J.-B. Baillière et fils.

et fusibles vers 800 degrés. Ils sont recherchés pour la fabrication de petits objets et imitent bien l'argent.

Leur résistance électrique est très considérable; on les emploie beaucoup pour la construction des boîtes de résistance; une longueur de quelques mètres de fils, fabriqués en alliage de cuivre et d'arsenic, présente au courant électrique une résistance égale à celle d'une ligne en fer d'un kilomètre de longueur.

Le cuivre et l'antimoine s'allient directement en toutes proportions, et donnent des alliages cassants à couleur violette, que les anciens chimistes appelaient *régales de Vénus*.

Influence de faibles quantités de métaux étrangers sur le cuivre. — Des quantités infinitésimales de corps étrangers peuvent exercer une influence considérable sur les propriétés du cuivre. C'est ainsi que les cuivres connus dans le commerce sous le nom de *cuivres phosphoreux* et *silicieux*, bien que l'analyse chimique n'y décèle pas trace de phosphore ni de silicium, ont une résistance à la rupture bien supérieure aux cuivres ordinaires; on les obtient en ajoutant au cuivre en fusion des phosphures et des siliciures de cuivre, qui paraissent passer complètement dans les scories et agir en modifiant l'état moléculaire du métal.

Le cuivre à l'état de fusion a la propriété de dissoudre de l'oxyde cuivreux en quantités considérables; les cuivres *rosettes*, ainsi nommés à cause de la belle couleur rouge que leur donne l'oxyde de cuivre, sont tellement fragiles, qu'il est nécessaire de les refondre avant de s'en servir. Il est probable que toutes les additions faites dans les bains de cuivre en fusion, pour les purifier, ont pour résultat de leur enlever, sous forme de scorie, l'oxygène que le métal fondu absorbe au moment de sa solidification. Chaque fabricant de cuivre a des tours de main secrets, pour faire ces additions, mais toutes paraissent avoir pour base des composés *facilement oxydables*.

II. Méthode du professeur Hampe pour la détermination complète de la constitution chimique des cuivres.

Les métaux étrangers ne se trouvent pas dans le cuivre à l'état de simple alliage, mais le plus souvent sous forme d'oxydes. Le professeur Hampe, de Clausthal, a le premier indiqué une méthode qui permet de reconnaître sous quelle forme se trouvent les métaux étrangers dans le cuivre.

Cette méthode est basée sur la propriété qu'a l'azotate d'argent de dissoudre le cuivre sans attaquer ses combinaisons avec la plupart des métaux et des métalloïdes, tandis que l'acide azotique dissout tous les sels de cuivre, sauf les antimoniates. L'analyse complète d'un échantillon de cuivre comprend deux séries d'expériences comprenant l'analyse quantitative des résultats qu'on obtient :

1° En traitant le cuivre par l'acide azotique ;

2° En traitant le cuivre par l'azotate d'argent.

Il faut, en outre, connaître la quantité d'oxygène contenue dans le cuivre et savoir la quantité totale et la proportion combinée au cuivre à l'état de protoxyde.

Nous nous contenterons d'indiquer les principes à suivre pour faire ces longues et laborieuses analyses en renvoyant, pour la description des détails opératoires, au travail original du professeur Hampe [1].

1° *Analyse par l'acide azotique.* — On traite environ 300 grammes du cuivre à essayer par de l'acide azotique étendu. Lorsque tout le cuivre a disparu, on recueille le résidu et on le fait bouillir plusieurs fois avec de l'acide azotique concentré pour dissoudre les dernières traces de cuivre, on le traite ensuite par l'eau de chlore, pour lui enlever les traces d'or qui pourraient s'y trouver, puis par l'ammoniaque, pour le débarrasser du chlorure d'argent.

Le résidu ainsi traité est composé d'un peu de silice, et, lorsque le cuivre analysé renferme de l'antimoine, d'antimoniate de cuivre, de plomb, de bismuth, de fer, de cobalt et de nickel ; il peut contenir également de l'hydrate d'acide antimonique, provenant de l'action de l'acide azotique sur l'antimoine métallique allié au cuivre ; on enlève l'acide antimonique en faisant digérer le résidu avec de l'acide chlorhydrique additionné

---

[1] Hampe, *Zeitschrift für analytische Chemie*, XIII, 188.

d'acide tartrique, et en prolongeant l'action jusqu'à ce que l'acide sulfhydrique ne donne plus trace d'antimoine.

Les antimoniates trouvés dans le résidu sont bien réellement contenus dans le cuivre et ne résultent pas de l'action azotique, car si, avant de faire la dissolution du cuivre, on le fond dans un courant d'hydrogène, l'action de l'acide azotique ne donne pas de résidu. Quant à la silice, elle provient de l'action de l'acide sur les parois des vases où se font les réactions.

L'analyse complète du résidu se fait par les méthodes ordinaires de la chimie et permet de déterminer la proportion d'antimoniates contenus dans le cuivre.

2° *Analyse par l'azotate d'argent.* — On traite 8 à 10 grammes de cuivre par une dissolution étendue d'azotate d'argent tout à fait pur et neutre ; lorsque la dissolution du cuivre est complète, on recueille le résidu, dont on fait l'analyse par les méthodes ordinaires de la chimie. Le résidu contient généralement de l'arsenic, de l'antimoine, du plomb, du bismuth, du cuivre, et du fer sous forme de composés oxydés. La solution d'azotate d'argent, séparée par filtration du résidu, renferme, outre l'azotate de cuivre, le nickel, le cobalt et l'arsenic contenus dans le cuivre. Cette double série d'expériences, jointe à une analyse complète, permet de déterminer la vraie constitution d'un cuivre.

L'attaque par l'acide azotique donne la proportion d'antimoniates de bismuth, de plomb, de fer et de cuivre, etc., contenus dans le cuivre ; l'attaque par l'azotate d'argent, la proportion d'antimoine et d'arsenic métallique, ainsi que la quantité des arséniates des différents métaux. Nous donnons comme exemple la composition du cuivre raffiné d'Oker, d'après Hampe :

COMPOSITION DU CUIVRE RAFFINÉ D'OKER

Composition en corps simples pour 100		Forme et proportions des éléments	
Cuivre	99,325	Métal.	99,177
		Oxyde cuivreux	0,1476
Argent	0,072	Métal.	
Or	0,0001	Métal.	
Arsenic	0,130	Métal.	0,046
		Acide, AsO^5	0,044
		combiné à BiO^3, PbO, Fe^2O^3, Cu^2O, etc.	
Antimoine	0,095	Métal.	0,331
		Acide	0,0619
		SbO^5, combiné aux mêmes oxydes que l'arsenic.	
Bismuth	0,052	Oxyde combiné à AsO^5 et à SbO^5.	
Plomb	0,061	— — — —	
Fer	0,063	— — — —	
Cobalt	0,012	Métal.	0,011
		Oxyde	0,0007
Nickel	0,064	Métal.	0,0631
		Oxyde	0,0009
S.	0,001	Acide sulfureux.	
O.	0,1166		
SOMME	99,991		

Cette analyse montre quelle diversité d'éléments entrent dans la composition des cuivres du commerce. L'or, l'argent, et partiellement le nickel, le cobalt, l'antimoine et l'arsenic se trouvent à l'état métallique dans les cuivres, tandis que le plomb, le bismuth et le fer se trouvent à l'état d'oxydes. Le soufre est généralement à l'état d'acide sulfureux dissous dans le métal; l'oxygène se trouve soit en combinaison avec divers métaux dans les oxydes, soit à l'état libre, comme l'acide sulfureux.

III. Structure moléculaire des cuivres.

Structure moléculaire des cuivres. — Tous ces corps étrangers sont d'ailleurs loin d'être répartis d'une manière uniforme dans la masse du métal. Dans des expériences que nous avons faites au laboratoire de l'École des Mines, nous avons mis leur place en évidence en attaquant la surface d'une barre de cuivre polie par une solution neutre d'azotate d'argent; les points où le cuivre est à l'état de métal sont rapidement attaqués, tandis que les points où il se trouve à l'état de combinaison sont laissés intacts.

En faisant cette expérience sur la section d'un lingot de cuivre tenant 4 pour 100 de phosphore et préparé en le laissant refroidir lentement, on aperçoit à l'aide d'une forte loupe la surface du métal divisée en une infinité de petites cellules en forme de parallélogrammes; le cuivre métal qui occupait le centre de ces cellules a disparu; les parois seules restent et sont formées par des combinaisons cuivreuses non attaquables par l'azotate d'argent. On obtient les mêmes résultats en faisant cette expérience avec les bronzes phosphoreux et siliceux, employés pour l'électricité. L'azotate d'argent révèle donc une cristallisation du cuivre, qui est d'autant plus nette, que le métal est moins pur. Le meilleur cuivre électrolytique est attaqué d'une manière uniforme, et sa surface présente à peine quelques trous irrégulièrement disséminés. Ces expériences montrent bien le rôle joué par les corps étrangers incorporés dans le cuivre. Les parois cellulaires formées par des combinaisons cui- vreuses, dures et peu flexibles, augmentent la résis- tance du métal, et diminuent sa flexibilité et sa mal- léabilité.

Tous les traitements mécaniques que l'on fait subir au cuivre, tels que le laminage, le martelage, l'écrouis- sage, détruisent cet état cristallin en brisant les cellules et par conséquent modifient ses propriétés physiques. Quant à la conductibilité électrique, on peut admettre qu'elle varie en raison inverse du nombre de cellules et de l'épaisseur des parois, qui constituent une sorte d'isolant entre deux noyaux voisins. Les cuivres élec- trolytiques chimiquement purs et non cristallisés ont la conductibilité électrique la plus élevée.

Beaucoup de savants électriciens pensent que la dif- férence de conductibilité existant entre les cuivres purs et les cuivres impurs est due, non à l'isolement produit par les cellules, mais à des courants intérieurs, ana- logues aux courants de Foucault, et dus au contact des différents métaux, composant l'alliage et disséminés dans sa masse.

L'arsenic et l'antimoine qui, sous forme d'arséniates et d'antimoniates, entrent pour la majeure partie dans la composition des parois des cellules, sont particulièrement nuisibles pour les qualités recherchées dans le cuivre ; ils doivent être éliminés avec soin. Deux millièmes d'antimoine suffisent pour empêcher l'étirage en fils très fins et augmenter beaucoup la résistance électrique.

Cette influence singulière des éléments étrangers sur le cuivre est encore peu étudiée ; les mêmes phénomènes se reproduisent à peu près avec tous les métaux. La réunion de deux corps modifie profondément leurs conductibilités individuelles ; la conductibilité d'un alliage est généralement inférieure à celle du corps le plus mauvais conducteur. L'alliage d'or et d'argent présente ce phénomène avec une intensité remarquable.

Lorsqu'on allie de faibles proportions d'or à de l'argent fin, la conductibilité électrique de l'alliage diminue immédiatement ; 2 pour 100 d'or suffisent pour la réduire de 100 à 61 ; elle décroît ensuite pour arriver à un minimum de 16,12 pour 200, correspondant à un alliage en parties égales des deux métaux, et remonte à 78 pour l'or pur.

Expériences de M. Guillemin pour déterminer la structure moléculaire des cuivres. — M. Guillemin, le savant ingénieur auquel est due l'invention du *métal Roma*, vient de faire de nombreuses recherches pour déterminer la structure intime des divers alliages industriels fondus ; il a bien voulu nous communiquer les résultats de ses travaux que nous allons décrire sommairement :

Le but poursuivi par M. Guillemin est d'étudier dans les métaux, la nature, la forme, les dimensions, les proportions, la distribution locale et la répartition générale des éléments constituants, et de rechercher comment le métal change de structure sous l'influence de la température, du temps et de la pression, enfin de définir les propriétés mécaniques, qui correspondent à une structure déterminée.

M. Guillemin a constaté qu'en attaquant la surface polie d'un alliage par un réactif approprié, et en l'examinant au microscope, on obtient des images qui varient suivant la nature de l'alliage, mais qui sont toujours invariablement les mêmes pour un alliage déterminé. L'examen micrographique des surfaces polies et dérochées permet de classer immédiatement les alliages usuels en un petit nombre de catégories ; pour en faciliter l'étude, il suffit de fixer les images par la photographie.

La méthode opératoire adoptée par M. Guillemin est la suivante :

On commence par polir l'échantillon à soumettre à l'analyse micrographique. Ce polissage s'exécute en dégrossissant la surface à la lime, puis en se servant de papiers d'émeri de plus en plus fins et en terminant avec du rouge d'Angleterre. Le polissage terminé, on fait apparaître la structure en attaquant la surface par une immersion dans un bain d'acide sulfurique au dixième, traversé par le courant d'une pile de Daniell. On se sert à cet effet de deux petits paniers en toile de platine superposés à 20 millimètres de distance l'un de l'autre ; dans le panier inférieur qui correspond au pôle positif, on dispose l'échantillon à attaquer, la surface polie en dessus, tourné du côté du deuxième panier qui est lui-même relié au pôle négatif de la pile. La durée de l'attaque est d'1 à 2 minutes pour les laitons et de 3 à 4 minutes pour les bronzes. De temps en temps, on interrompt le courant et on regarde si l'attaque est suffisante. Lorsque le dérochage est au point voulu, on lave l'échantillon à l'eau chaude, puis à l'alcool et on le fait sécher à une douce chaleur. Une fois sec, on le frotte avec précaution sur une peau de chamois, enduite de rouge d'Angleterre, pour enlever l'acide stannique, l'oxyde d'antimoine, l'oxyde de manganèse, qui masquent les dessins produits par l'acide, puis on le porte au microscope.

L'appareil dont on se sert est un microscope Nachet, avec platine munie de deux mouvements de translation perpendiculaires et d'un mouvement de rotation. Ces deux mouvements sont nécessaires pour explorer toute la surface de l'échantillon et choisir le point le plus intéressant dont l'image sera fixée par la photographie. Le microscope est surmonté d'une chambre noire pour la microphotographie.

Au moyen de cire à modeler, l'échantillon est collé sur une lamelle de verre et assujetti par des valets sur la platine du microscope. On éclaire et on met au point, en examinant, au moyen d'une loupe, l'image qui se forme sur le verre dépoli de la chambre noire.

Les alliages à base de cuivre possédant une couleur qui varie du jaune au rouge, quelquefois verdâtre, il est indispensable de faire usage de plaques orthochromatiques sensibles à l'une et à l'autre de ces couleurs.

La seule difficulté consiste dans l'éclairage de la surface à examiner ; il est nécessaire de disposer d'une source lumineuse très intense et absolument constante.

M. Guillemin se sert d'une lanterne spéciale construite sur ses indications par la maison Nachet ; elle se compose essentiellement d'une petite lampe à incandescence de 4 bougies (12 volts et 1 ampère) disposée au foyer d'une première lentille intérieure, qui fait l'office de condensateur.

Les rayons parallèles sortant de cette première lentille tombent sur une seconde lentille antérieure biconvexe qui fournit à son foyer une ligne d'une grande intensité lumineuse.

Cet appareil est monté sur un pied à crémaillère qui permet de le déplacer à volonté suivant un axe vertical ; de plus, il est articulé dans tous les sens et on peut ainsi donner au faisceau lumineux l'inclinaison convenable. Pour faire de l'éclairage oblique, on incline l'appareil à 45 degrés environ sur l'horizon et on le rapproche du microscope, de façon que l'objet à examiner soit au foyer de la lentille convergente extérieure.

Pour faire de l'éclairage vertical, on se sert d'un prisme à réflexion totale enchâssé dans l'objectif et

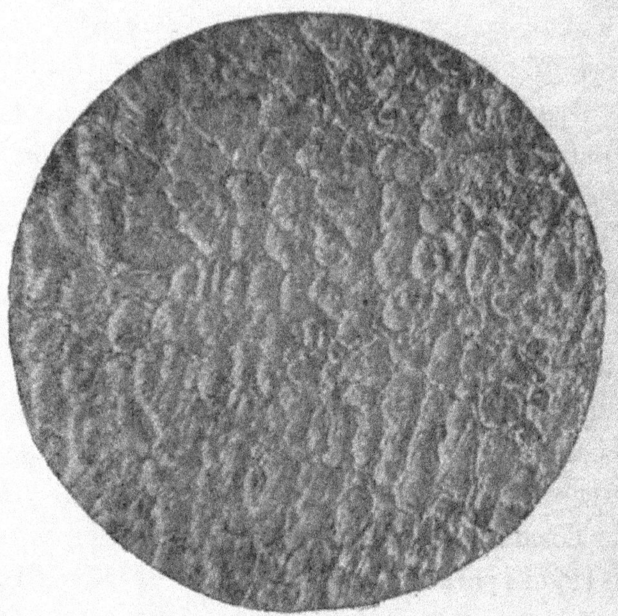

Fig. 28. — Cuivre parfaitement affiné.

disposé le plus près possible de l'objet à éclairer, soit au-dessous, soit au-dessus de la première lentille dans l'objectif.

Dans ces conditions les temps de pose varient, suivant les grossissements, de 5 secondes pour un grossissement de 35 diamètres à 5 minutes pour un grossissement de

350 diamètres, et 10 minutes pour un grossissement de 80 diamètres.

Les photographies, ou *photogrammes*, obtenues par les procédés de M. Guillemin, permettent de détermi-

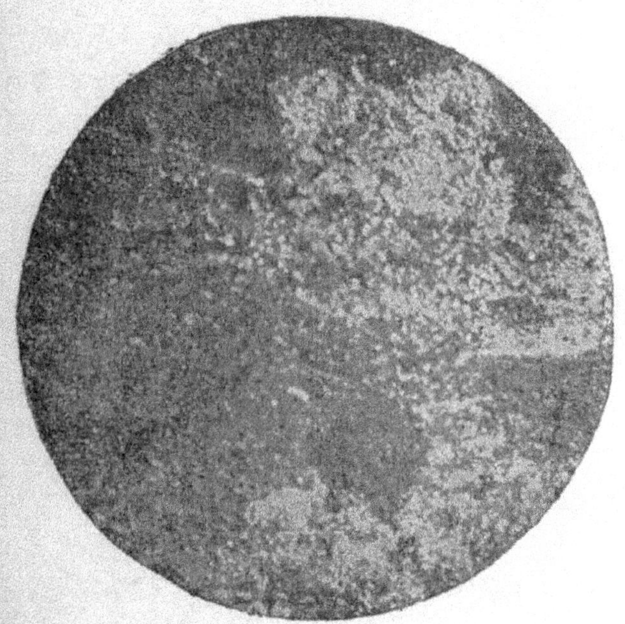

Fig. 29. — Cuivre imparfaitement affiné.

ner sommairement et rapidement la nature d'un bronze ou d'un alliage industriel, par la simple inspection d'une surface polie et dérochée, de reconnaître s'il a été coulé à une température convenable, et, par comparaison, s'il possède les qualités d'homogénéité, d'étanchéité, de résistance et d'allongement voulues.

Parmi les lingots de cuivre rouge provenant d'une
même fusion de minerai, on reconnaît ceux dont l'affinage est parfait, et on peut classer les autres suivant le
degré plus ou moins avancé d'affinage qu'ils ont subi ;

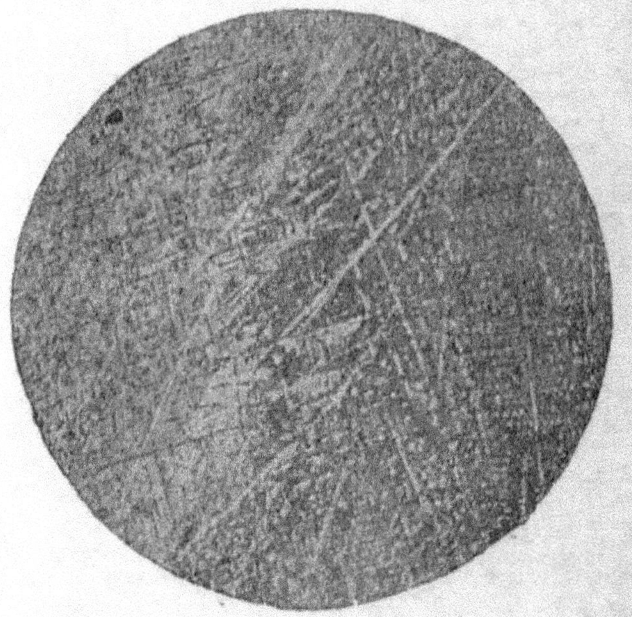

Fig. 36. — Cuivre phosphoreux (8 pour 100 Ph).

on peut même, avec un peu d'habitude, déterminer la
nature des impuretés qu'ils contiennent.

Comme exemples, les figures 28 et 29 (p. 94-95)
représentent l'une, l'image d'un lingot de cuivre rouge
parfaitement affiné, l'autre, l'image d'un lingot imparfaitement affiné. On reconnaît dans la première une

agglomération régulière de grains de cuivre soudés les uns aux autres; dans la seconde au contraire, un métal rempli de piqûres dues à la présence d'éléments étrangers. La figure 31 représente un bronze ordinaire pré -

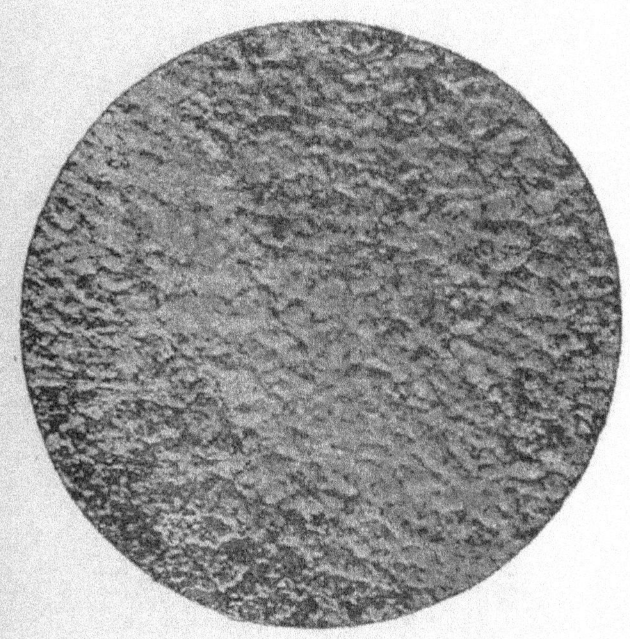

Fig. 31. — Bronze ordinaire. Titre 89Cu + 9Zn + 2Sn + Pb.
Résistance à la rupture 28 kilogrammes par millimètre carré.
Allongement 24 pour 100.

paré avec des métaux neufs très purs ; son photogramme est analogue à celui du cuivre pur.

Lorsqu'on ajoute au cuivre ou aux bronzes de faibles quantités d'un réducteur, tel que le phosphore, l'aluminium ou le silicium, l'examen micrographique permet de déterminer à coup sûr le réducteur employé.

Le phosphore produit un quadrillage absolument caractéristique et souvent même une sorte de feuille de

Fig. 32. — Bronze phosphoreux pour coussinets.
Titre 83,5 Cu + 16 Sn + 0,51 Ph.
Résistance à la rupture 24 kilogrammes par millimètre carré.
Allongement 8 pour 100.

fougère ou de branche de sapin qu'on ne peut confondre avec une autre figure. Les figures 30 et 32 représentent les photogrammes d'un cuivre phosphoreux à 8 pour 100 de phosphore, et d'un bronze pour cous-

sinets de voitures et de wagons ayant pour titre
$83,4Cu + 16Zn + 0,51Ph$.

Les images s'observent plus nettement à la périphérie
qu'au centre des pièces coulées. La solidification com—

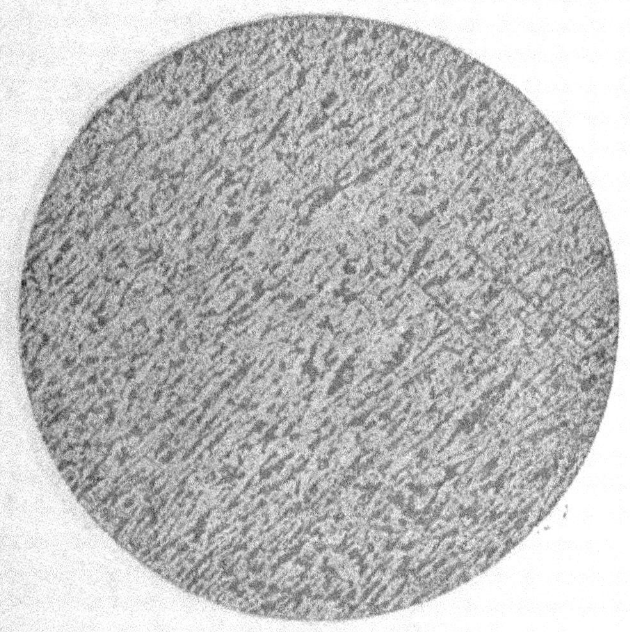

Fig. 33. — Laiton d'aluminium. Titre $66Cu + 32Zn + 2Al$.
Résistance à la rupture 40 kilogrammes par millimétre carré.
Allongement 35 pour 100.

mence en effet par la périphérie et la zone centrale, qui,
restant plus longtemps liquide, sert en quelque sorte de
masselotte au centre. La présence, dans les bronzes
phosphoreux, d'une proportion de zinc supérieure à
4 pour 100, rend moins nette et moins lisible la réaction

micrographique du phosphore, mais il suffit de refondre la prise d'essai pour vaporiser une partie du zinc et faire réapparaître le quadrillage caractéristique du phosphore.

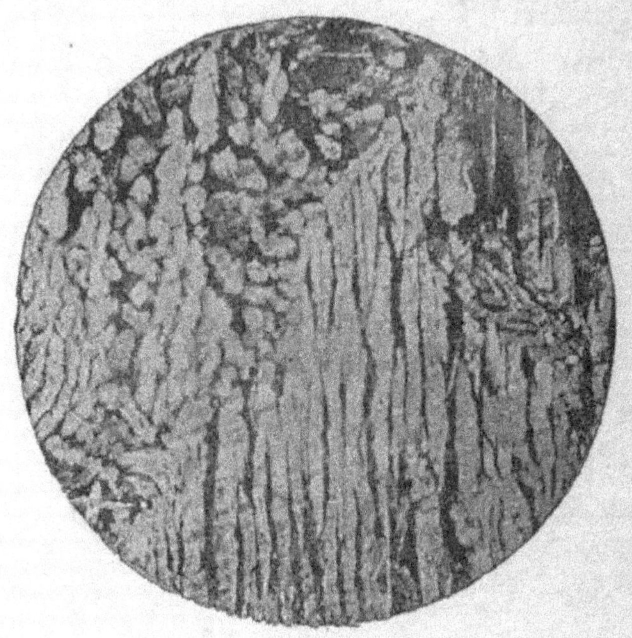

Fig. 34. — Bronze manganèse tendre.
Résistance à la rupture 36 kilogrammes par millimètre carré.
Allongement 30 pour 100.

Lorsque les cuivres ou les bronzes renferment de l'aluminium, la surface du métal, après l'action de l'acide est couverte de sillons affectant constamment la forme de veines de marbre ou de conglomérats, même lorsque la proportion d'aluminium est tellement minime que sa présence serait difficilement décelée par les procédés de la chimie analytique. La figure 33 représente le photogramme d'un laiton d'aluminium ayant pour titre $66Cu + 32Zn + 2Al$, laminé à chaud et recuit.

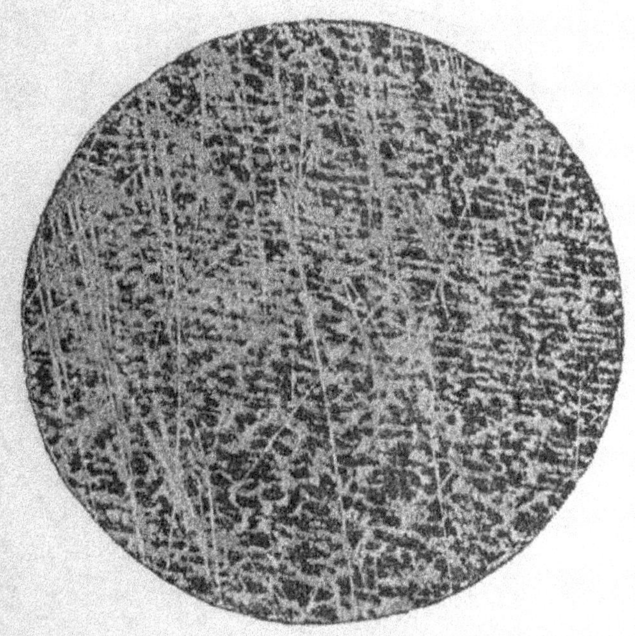

FIG. 35.— Bronze au manganèse mi-dur (bronze Roma) laminé à chaud. Résistance à la rupture 45 k grammes par millimètre carré. Allongement 30 pour 100.

Les bronzes au manganèse donnent également des photogrammes très caractéristiques, comme le montrent les trois figures 34, 36 et 37, qui représentent les photogrammes d'un bronze au manganèse tendre fondu au réverbère et coulé en sable à basse température, d'un bronze au manganèse mi-dur (métal Roma), et d'un bronze au manganèse très dur (métal Roma), coulés dans les mêmes conditions.

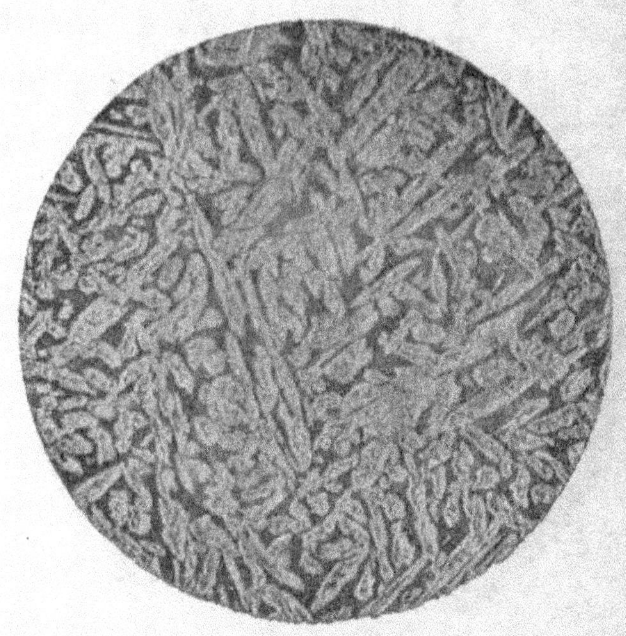

Fig. 36. — Bronze manganèse mi-dur (bronze Roma).
Résistance à la rupture 37 kilogrammes par millimètre carré.
Allongement 25 pour 100.

Dans les alliages blancs à base d'étain, plomb, antimoine et cuivre, appelés *antifriction*, on reconnaît facilement la présence des différents métaux et on peut en quelque sorte en déterminer approximativement la proportion.

La figure 38 représente le photogramme d'un métal antifriction, plombeux à base d'étain, ayant pour titre $2Cu + 52Sn + 10Sb + 30Pb$. Le plomb manifeste sa

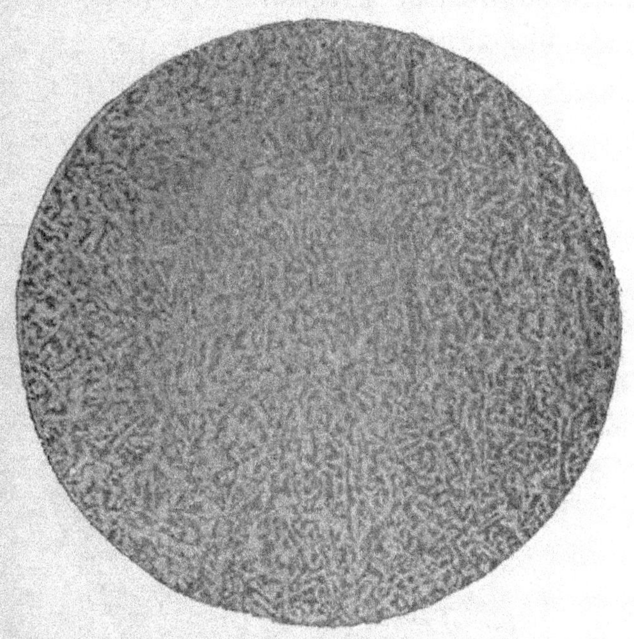

Fig. 37. — Bronze manganèse très dur (métal Roma).
Résistance à la rupture 45 kilogrammes par millimètre carré.
Allongement 15 pour 100.

présence par l'apparition, sur la surface du métal, de petits îlots de forme carrée.

Le zinc dans les laitons produit une large cristallisation analogue à celle des granits à gros grains. La figure 39 montre le photogramme d'un échantillon de laiton

ordinaire, laminé à froid et recuit ayant pour titre
67Cu + 33Zn.

La figure 40 représente le photogramme d'un bronze
à canons légèrement phosphoreux, étiré à froid en
barres rondes et recuit.

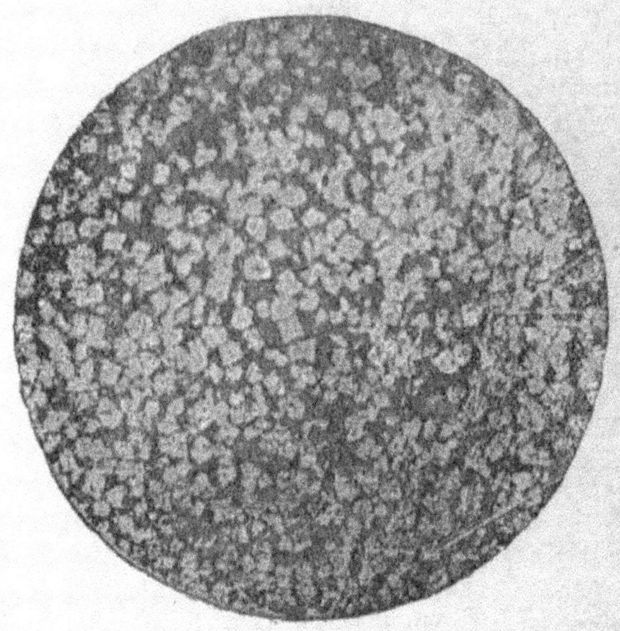

Fig. 38. — Métal antifriction plombeux à base d'étain.

Pour un alliage déterminé, les photogrammes indi-
quent encore les circonstances qui ont accompagné la
coulée ainsi que la nature du travail mécanique auquel
l'alliage a pu être soumis. On peut reconnaître si le
bronze a été coulé trop chaud ou trop froid, s'il a été

refroidi lentement ou brusquement. Lorsque le bronze a
été coulé trop chaud, il roche au moment de la solidification ; on voit sortir des têtes de jets et des parties
à jour des masselottes, des filaments vermiculaires

Fig. 39. — Laiton ordinaire. Titre 67Cu + 33Zn.
Résistance à la rupture 37 kilogrammes par millimétre carré.
Allongement 62 pour 100.

liquides, qui s'amassent en forme de champignon. La
composition de ces filaments est bien différente de
celle de la pièce coulée. L'étain et le phosphore s'y
trouvent en proportion beaucoup plus considérable. Les

photogrammes montrent les canaux par lesquels les filaments se sont écoulés au dehors et qui constituent les piqûres.

L'image indique également si le métal a été estampé

Fig. 40. — Bronze à canons légèrement phosphoreux.
Résistance à la rupture 40 kilogrammes par millimètre carré.
Allongement 67 pour 100.

ou laminé à chaud, et dans quel sens le laminage a été effectué. Le laminage à froid des métaux très malléables possédant un allongement considérable, mais ne prenant pas facilement l'écrouissement, produit les mêmes caractères micrographiques que le laminage à chaud. Au contraire, s'il s'agit d'alliages qui s'écrouissent facilement, le laminage, le martelage et l'étirage à froid produisent des arrangements moléculaires nouveaux — une sorte de trempe — et les photogrammes obtenus sont absolument différents de ceux qui correspondent au travail à chaud. La figure 35 (page 101) montre le photogramme d'un bronze au manganèse laminé à chaud.

Ce court résumé des travaux de M. Guillemin montre bien toute leur importance pratique ; il apprendra aux consommateurs quelle structure ils doivent exiger d'un métal pour répondre à des besoins connus, aux producteurs quels procédés ils doivent employer pour l'obtenir.

DEUXIÈME PARTIE

MÉTALLURGIE DU CUIVRE

CHAPITRE PREMIER

PRINCIPES DE LA MÉTALLURGIE DU CUIVRE

Composition des minerais de cuivre. Méthodes générales
de la métallurgie.

1. Composition des minerais de cuivre.

Les minerais de cuivre oxydés et sulfurés sont généralement combinés au sulfure de fer et plus rarement à d'autres sulfures métalliques. On dit que les minerais sont purs lorsqu'ils ne contiennent comme métaux étrangers que du fer et du zinc ; ils sont impurs lorsqu'ils renferment des combinaisons chimiques plus ou moins complexes de soufre, de plomb, d'arsenic et d'antimoine. Leur richesse est très variable : elle dépend de la proportion de gangue stérile, qui accompagne les sels métalliques dans les gisements. Les minerais les plus pauvres, qui, dans l'état actuel de la métallurgie, peuvent être soumis à la fusion avec profit, doivent contenir au moins 3 pour 100 de métal; les procédés d'extraction du cuivre par voie humide permettent même de traiter dans certains cas des minerais plus pauvres, dont la teneur en cuivre ne dépasse pas 1 1/2 pour 100.

La teneur moyenne des minerais traités dans les différentes parties du monde varie entre 6 et 8 pour 100. Certains gisements produisent cependant des minerais à 15 pour 100 de cuivre; mais c'est là une richesse exceptionnelle, qu'on ne rencontre que dans quelques régions très favorisées.

COMPOSITION DE DIVERS MINERAIS DE CUIVRE

Minerais oxydés purs.

	Minerais oxydés du Boléo	Minerais oxydés de Taguil (Oural)	
		Minerai siliceux	Minerai ferrugineux
Oxyde de cuivre . .	18,45	5,1	2,2
Silice	22 »	46,6	12,2
Alumine	10,50	12,4	2,4
Oxyde de fer . . .	8,65	18,9	73,7
Chaux	2,15	11,2	0,5
Magnésie	»	2,3	0,7
Oxyde de plomb . .	traces	traces	»
— de zinc . . .	0,60	»	»
— de manganèse.	14,75	2,6	0,4
Chlorure de sodium .	2,20	»	»
Pertes par calcination.	19,55	»	»

Minerais sulfurés purs.

| | Minerais de Rio-Tinto | | Minerais de | Minerais du |
	Minerais exportés	Minerais traités sur place	Bogoslowsk (Oural)	Mansfeld (schistes bitumineux)
Soufre . .	50,70	49 »	10 »	3,18
Fer. . .	41,30	43,55	55,42 (Oxyde de fer)	1,81
Cuivre. .	3,50	3,20	4,48	2,01
Plomb . .	traces	0,90	traces	traces
Zinc . .	traces	0,35	»	traces
Chaux . .	non dosé	0,30	5,68	10,93
Magnésie .	non dosé	»	traces	3,53
Silice . .	4,50	0,72	14,93	38,42
Alumine .	»	»	1,84	15,93
Arsenic .	»	0,47	traces	»
Divers . .	»	»	0,50	21,5 (Bitume et acide carbonique.)

Minerais impurs.

	Echantillons de cuivre gris Clausthal (Harz)	Echantillons de cuivre gris de la Caroline du Nord
Cuivre. . . .	34,48	30,73
Antimoine . .	28,24	17,76
Argent . . .	4,97	10,53
Fer.	2,27	1,42
Zinc	5,55	2,53
Plomb. . . .	»	»
Soufre. . . .	24,73	25,48
Arsenic . . .	»	11,55

II. **Méthodes générales de la métallurgie.**

Le problème à résoudre dans la fabrication du cuivre
consiste à isoler le cuivre de sa gangue et des métaux

étrangers qui l'accompagnent. Cette opération se fait le plus souvent par des procédés métallurgiques ; lorsqu'on veut traiter des minerais pauvres en cuivre, ou riches en métaux précieux, on emploie des procédés chimiques qui nécessitent une dissolution complète des minerais. Le traitement métallurgique doit séparer 5 à 10 pour 100 de cuivre, de 90 à 95 pour 100 de fer, de zinc, de soufre, d'arsenic, d'antimoine, de silice et d'argile. On n'a pas réussi jusqu'à présent à enlever toutes ces matières étrangères en une seule opération. On pourrait à la rigueur éliminer tout le soufre par un grillage soigné, en chauffant les minerais en présence d'un grand excès d'air ; mais alors, on transformerait tous les métaux en oxydes, et, en les réduisant par le charbon, on obtiendrait du cuivre très chargé de métaux étrangers, qu'on ne pourrait purifier ensuite ; en même temps une forte proportion de cuivre se perdrait dans les scories.

Pour séparer le cuivre de sa gangue, on utilise son affinité pour le soufre ; cette affinité est si grande, qu'en présence du soufre le cuivre ne subsiste pas à l'état d'oxyde ou de silicate, mais se transforme en sulfure. On commence donc par soumettre les minerais à un grillage partiel, de manière à éliminer le soufre en excès, qui empêcherait les métaux étrangers de passer dans les scories, puis on soumet le minerai incomplètement grillé à une fonte réductive, qui produit : d'une part, des scories silicatées, contenant, outre la totalité des gangues terreuses, une partie notable du fer et du zinc à l'état de silicates ; et, d'autre part, des sulfures renfermant, outre le cuivre, une partie du fer, du zinc, et d'autres métaux. — On obtient ainsi une sorte de minerai sulfuré enrichi, dépouillé de gangue terreuse, qu'on appelle la matte bronze, et qui contient de 15 à 25 pour 100 de cuivre sous forme de Cu^2S.

Le soufre joue le principal rôle dans cette fusion ; c'est lui qui empêche la scorification du cuivre ; il se fait un partage des métaux entre les mattes et la scorie, selon l'abondance relative du soufre et le degré d'affinité des métaux pour l'oxygène. Si le soufre est en trop faible quantité dans le lit de fusion, une partie du cuivre se perd dans les scories ; si le soufre est en excès, la matte contient trop de sulfures étrangers.

Les scories de la première fusion doivent être assez pauvres en cuivre pour pouvoir être rejetées.

La matte bronze une fois obtenue, il s'agit d'en tirer le cuivre. A cet effet, on la grille pour en éliminer tout le soufre, et on soumet la matte grillée à une nouvelle fusion réductive, qui a pour but de réduire l'oxyde de cuivre formé par le grillage des sulfures, et de scorifier les oxydes des métaux étrangers. Le produit de cette deuxième fusion est un cuivre très impur, de couleur noirâtre, qu'on appelle cuivre noir.

Pour enlever au cuivre noir le reste des métaux étrangers qu'il contient, on le soumet soit à une fusion oxydante, soit à une purification électrolytique, qui le transforme en cuivre marchand.

Lorsque les minerais sont impurs, c'est-à-dire contiennent outre le fer, le zinc et le soufre, de l'arsenic, de l'antimoine ou divers métaux, on ne peut passer directement par une seule fusion au cuivre noir, car tout le plomb, l'étain, le nickel se retrouveraient dans le cuivre brut avec une partie de l'arsenic et de l'antimoine.

On est obligé, dans ce cas, de pratiquer une série de grillages et de fontes réductives, appelées *fontes de concentration*. A chaque grillage, on élimine du soufre, de l'arsenic et de l'antimoine ; à chaque fusion on scorifie une partie des métaux oxydables. Pour arriver à la purification complète du métal, il est nécessaire d'intercaler, entre la fusion pour matte et la fusion pour cuivre noir, plusieurs opérations, à l'aide desquelles on se débarrasse peu à peu de la majeure partie des éléments nuisibles. Elles sont d'autant plus nombreuses que le minerai primitif est plus impur.

Ces fontes successives peuvent se faire au four à cuve ou au réverbère. En Angleterre, toutes les opérations tant oxydantes que réductives se font au réverbère. En Allemagne, au contraire, on emploie presque exclusivement les fours à cuve pour les fusions réductrices. De là deux méthodes, l'une dite anglaise, l'autre dite allemande ; elles reposent sur les mêmes principes chimiques et peuvent se compléter l'une l'autre.

Elles tendent d'ailleurs à être remplacées par le procédé Bessemer, qui a été appliqué récemment aux mattes bronzes par un métallurgiste français, M. Manhès, de Lyon, et qui permet de passer, en une seule opération, de la matte bronze au cuivre brut.

En résumé, la métallurgie du cuivre comprend les opérations suivantes :

1° *Grillage des minerais bruts*, pour éliminer l'excès de soufre qu'ils contiennent. Ce grillage n'est pas nécessaire dans le cas de minerais oxydés ;

2° *Fabrication de la matte bronze*, ayant pour but la séparation du métal et de la gangue, et la production d'un composé sulfuré contenant tout le cuivre. Cette fusion se fait généralement au four à cuve, et quelquefois au four à réverbère ;

3° *Fabrication du cuivre noir*, consistant dans l'élimination du soufre et des métaux étrangers de la matte, soit par une série de grillages oxydants et de fusions réductives au four à cuve ou au réverbère, soit par le procédé Bessemer ;

4° *Affinage du cuivre noir* par une fusion oxydante ou par des procédés électrolytiques.

CHAPITRE II

GRILLAGE DES MINERAIS

Grillage en tas et en stalles. — Grillage au four à cuve,
au four rotatoire et au réverbère.

Le grillage des minerais a pour but de leur enlever
une partie de leurs éléments volatils et de transformer
les combinaisons métalliques qu'ils contiennent, en
oxydes et en sulfates, qui seront réduits par le charbon
dans des opérations ultérieures. Le grillage s'effectue
en tas, en stalles, ou dans des fours à cuve et à réverbère ; on chauffe les minerais en présence d'un excès
d'air à une température inférieure à celle qui est nécessaire pour les fondre. Le soufre, l'arsenic, l'antimoine,
se volatilisent partiellement; le cuivre, le plomb, le
zinc, le fer se transforment en oxydes et en sulfates.

On termine le grillage avant que tout le soufre ait disparu et on en laisse une quantité suffisante pour former avec le cuivre le sulfure, Cu^2S, qui, dans les fusions suivantes doit le préserver de la scorification. Le grillage des minerais purs peut être mené très rapidement, et on peut pousser la température presque jusqu'au point de fusion du sulfure de cuivre ; mais lorsqu'on traite des minerais impurs, il faut les griller avec ménagement ; on ne peut enlever le soufre par une seule opération, car l'arsenic et l'antimoine ne s'éliminent que par une série de grillages et de fontes réductives.

Les gaz qui s'échappent des tas ou des fours de grillage contiennent de grandes quantités d'acide sulfureux, dont le dégagement occasionne de grosses difficultés aux propriétaires des usines à cuivre. L'acide sulfureux a en effet une action très délétère sur la végétation, et comme souvent il renferme de l'acide arsénieux, il agit également d'une façon désastreuse sur l'organisme humain.

Les environs des usines à cuivre sont transformés en vrais déserts ; à Swansea (fig. 41) par exemple, les diverses fonderies envoient chaque jour dans l'air plus de 100.000 mètres cubes d'acide sulfureux ; un nuage épais de fumée blanche s'étend perpétuellement sur la ville ; on l'aperçoit de Lynton, situé sur le côté sud du canal de Bristol, à une distance de 43 kilomètres ; pas un arbre, pas un brin d'herbe ne poussent à plusieurs kilomètres à la ronde. De nombreux procédés ont été essayés pour atténuer les dommages causés par les fumées ; des cheminées énormes furent construites sur les collines entourant la ville, et reliées aux fours par des canaux en maçonnerie pour diluer dans l'atmosphère

Fig. 41. — Vue de Swansea (pays de Galles).

les gaz délétères ; ce fut en vain. L'acide sulfureux, à cause de sa pesanteur, continua à séjourner dans les parties basses de la vallée. Bien des absorbants de l'acide sulfureux furent expérimentés ; ni l'eau ni les laits de chaux, dans lesquels on fit barboter les fumées, ne parvinrent à les rendre inoffensives. Le seul moyen pratique trouvé de se débarrasser de l'acide sulfureux fut de le transformer en acide sulfurique ; mais ce procédé demande des installations coûteuses, chambres de plomb et appareils de condensation, qui grèvent lourdement le prix de revient, lorsqu'on ne peut vendre l'acide sulfurique à des prix rémunérateurs.

Nous décrirons successivement les différents procédés de grillage qui varient suivant les pays et suivant la nature des minerais.

Dans les contrées où les réclamations des habitants contre les dégâts produits par l'acide sulfureux ne sont pas à craindre, on grille les minerais librement en tas ou en stalles ; dans les pays au contraire où l'on ne tolérerait pas la destruction de la végétation, on emploie des fours fermés et l'on recueille les fumées pour les transformer en acide sulfurique.

I. Grillage en tas.

Le procédé le plus primitif est le grillage en tas, qu'on emploie surtout avec des minerais en gros morceaux et très sulfureux.

Il ne saurait s'appliquer aux minerais menus, qui demandent à être grillés dans des fours spéciaux, où la circulation de l'air ne peut être empêchée par des agglomérations de poussières.

On peut citer comme type de ce procédé le grillage en tas des minerais à Rio–Tinto, en Espagne. Les minerais sont disposés sur une aire fortement damée en grands tas hémisphériques ou rectangulaires, d'une contenance de 2000 tonnes environ ; dans l'intérieur des tas, on ménage un certain nombre de canaux pour permettre la circulation des gaz ; à la base, on place des bûches de bois, qu'on allume pour commencer le grillage ; la combustion continue grâce au soufre que renferment les minerais. La vapeur d'eau, l'acide sulfureux et les autres produits de la combustion circulent à travers la masse et se dégagent dans l'atmosphère. Le grillage dure six mois et nécessite par conséquent de grands approvisionnements de minerais et un capital de roulement considérable.

Il est difficile, dans ce procédé, de diriger le feu. En cas de vent, la combustion est trop vive ; les parties externes des tas se grillent mal par défaut de chaleur, tandis que le centre s'agglutine ou fond, et ne peut s'oxyder par défaut d'air.

Au Mansfeld comme à Rio-Tinto, les minerais sont grillés en tas ; la forte proportion de bitume qu'ils contiennent active la combustion et produit même un commencement de fusion. Les tas sont établis sur des aires pavées ; on leur donne une forme rectangulaire très allongée et 4 à 5 mètres de hauteur. Ils perdent 10 à 15 pour 100 de leur poids par le grillage. La consommation de bois est insignifiante.

A Agordo en Vénitie, les tas de minerais pyriteux sont établis sur des cavités renfermant du minerai déjà grillé, qui subit, par le fait du grillage, une nouvelle oxydation, cette oxydation rend soluble une nouvelle quantité de cuivre.

La figure 42 montre la disposition usitée pour les tas.

Le même procédé de grillage en tas est appliqué, dans certains pays, aux mattes cuivreuses ; il est nécessaire de recommencer l'opération un certain nombre de fois pour augmenter l'efficacité du grillage. On dit alors qu'on *grille les mattes à plusieurs feux.*

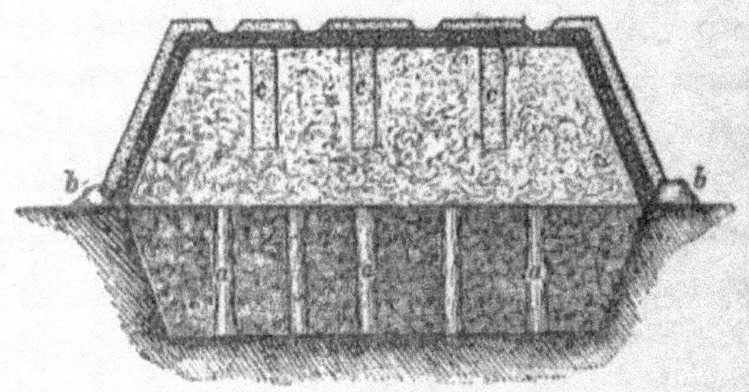

Fig. 42. — Grillage en tas.

L'expérience a montré que c'est surtout avec les minerais pauvres, contenant 2 à 4 pour 100 de cuivre, que le grillage en tas donne de bons résultats. Lorsque la teneur en métal est peu élevée, le cuivre se concentre en noyaux et se répartit inégalement dans la masse. A Agordo et dans certaines mines allemandes, on a basé sur ce phénomène un procédé d'enrichissement des minerais pyriteux ; on favorise cette inégale répartition du cuivre et on ne fond que les noyaux enrichis en se contentant de laver les parties oxydées appauvries.

La concentration du cuivre dans certaines parties du
tas de grillage se produit de la manière suivante : Après
la première période du grillage, chaque fragment de
minerai se compose d'un noyau central sulfuré, sensiblement intact, entouré d'une enveloppe déjà oxydée
et formée d'une substance brun rougeâtre, analogue à
du sesquioxyde de fer ; à mesure que le grillage avance,
l'oydation des morceaux augmente. L'air arrive par

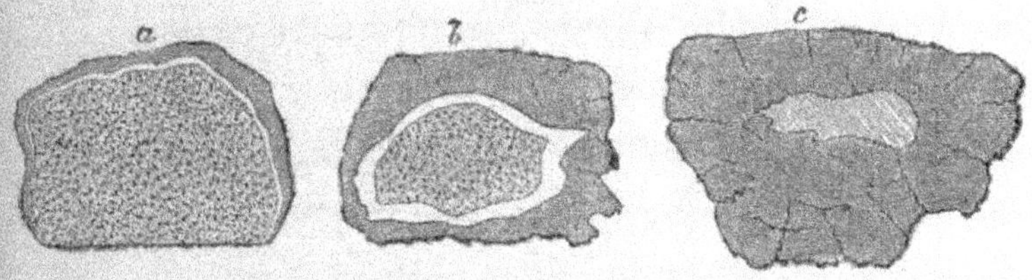

Fig. 43. — Noyaux de pyrite cuivreuse grillée (Agordo).

la croûte oxydée et y brûle le soufre et le fer ; en
même temps, le soufre du noyau intérieur distille et
produit du sulfure de cuivre au contact de l'oxyde de
cuivre et de la croûte grillée ; ce sulfure de cuivre
très fusible se combine au sulfure de fer et donne de la
pyrite cuivreuse qui se concentre peu à peu au milieu
du noyau. Le cuivre, grâce à son affinité pour le soufre, est sans cesse ramené de l'extérieur vers l'intérieur
de chaque fragment. Les figures ci-jointes montrent la
coupe d'un morceau de minerai, au début, au milieu et
à la fin du grillage. Au début, le fragment est simplement entouré d'une couche d'oxyde de fer ; lorsque le

grillage est à moitié terminé, on observe plusieurs couches concentriques. Au centre, se trouve un rognon de minerai non modifié, entouré d'abord d'une couche de pyrite de cuivre, puis d'une couche rougeâtre de philipsite, et d'une couche à aspect métallique de chalcosine et enfin d'une croûte épaisse d'oxyde de fer. En cassant un noyau, après la fin du grillage, on le trouve composé seulement d'une noix centrale de sulfure de cuivre, et d'une enveloppe extérieure rougebrun, n'offrant aucun indice d'arrangements concentriques.

Le grillage dure quatre à cinq mois; avec un minerai contenant 3 à 4 pour 100 de cuivre, on obtient des noyaux à 15 et 20 pour 100. La perte de cuivre ne dépasse pas 1/10.

Le grillage en tas est un procédé très économique; il ne coûte, à Rio-Tinto, pas plus de 1 franc par tonne, mais il ne permet pas de recueillir le soufre qui est contenu dans les minerais et qui se perd inutilement dans l'atmosphère.

II. Grillage en stalles.

Au lieu de laisser les tas complètement découverts et exposés aux intempéries atmosphériques, on les entoure quelquefois de petits murs en briques formant des stalles (fig. 44). Ces stalles régularisent le grillage et

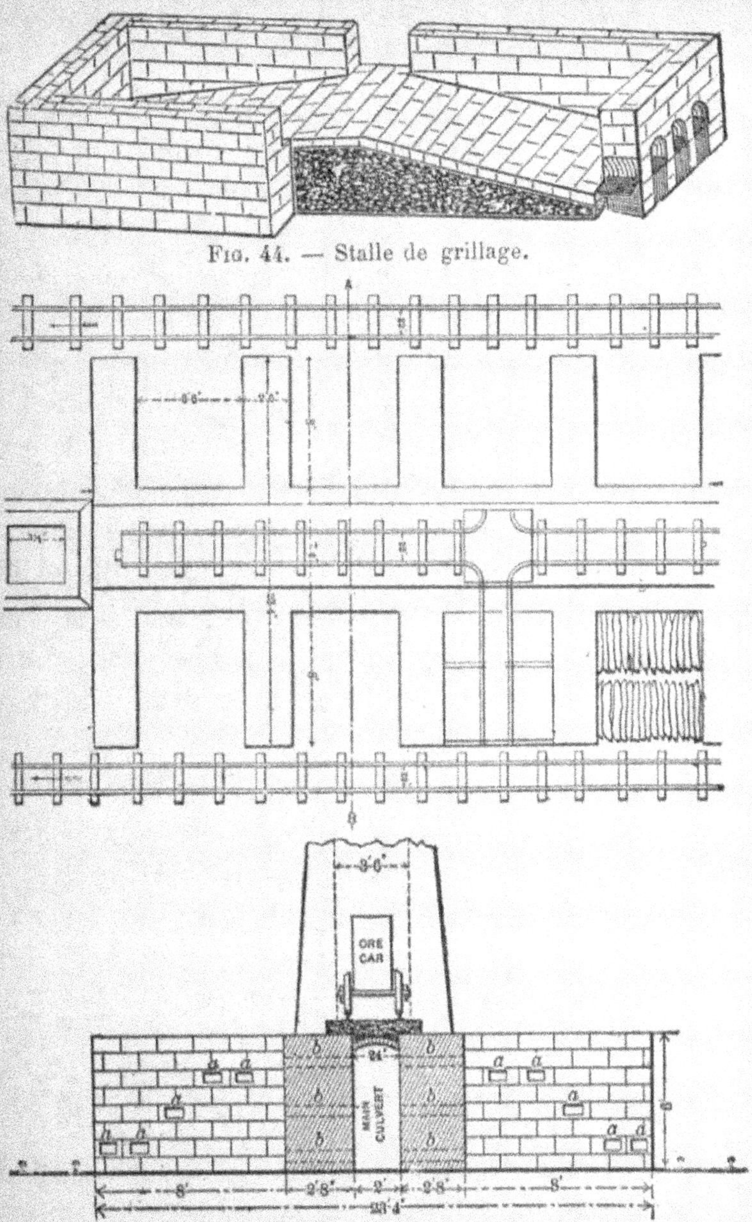

Fig. 44. — Stalle de grillage.

Fig. 45. — Grillage des minerais de cuivre en stalles. Install. améric.
Ore Car = Vagonnet chargé de minerais. *Main Culvert* = Canal central.
Cotes inscrites en pieds anglais.

permettent même, lorsqu'on les couvre, de recueillir les gaz dans une cheminée unique ; elles forment alors de véritables fours, où le minerai lui-même sert de combustible.

Dans les installations récentes, surtout en Amérique, on les dispose en batteries pour faciliter les manipulations des minerais. A la *Parrot Silver and Copper Company* les stalles sont au nombre de cinquante-six (fig. 45) ; elles sont couvertes et disposées sur deux rangées adossées dos à dos ; le mur central commun contient un canal qui recueille toutes les fumées sulfureuses et les évacue par une cheminée unique (fig. 45). Des voies ferrées, comme le montrent les figures, sont disposées pour permettre un rapide chargement des stalles. La production de chaque stalle est de 2 tonnes environ par vingt-quatre heures.

Ces stalles se prêtent très bien au grillage des mattes cuivreuses ; d'après des estimations récentes, le prix du grillage des mattes à deux feux ne dépasserait pas 2 francs et se décomposerait de la manière suivante :

Bois	0,75
Main-d'œuvre, 1er feu.	0,50
Main-d'œuvre, 2e feu.	0,60
Consommation	0,15

A Agordo, les stalles sont disposées pour recueillir le soufre ; elles ont 17^m,50 de longueur sur 4^m,30 de largeur et 2^m,50 de hauteur.

Les figures 46 montrent le mode de construction de ces stalles. Les murs ont une épaisseur de 1^m,60 et contiennent des chambres *c* destinées à la condensation du soufre. La sole est construite avec une couche de

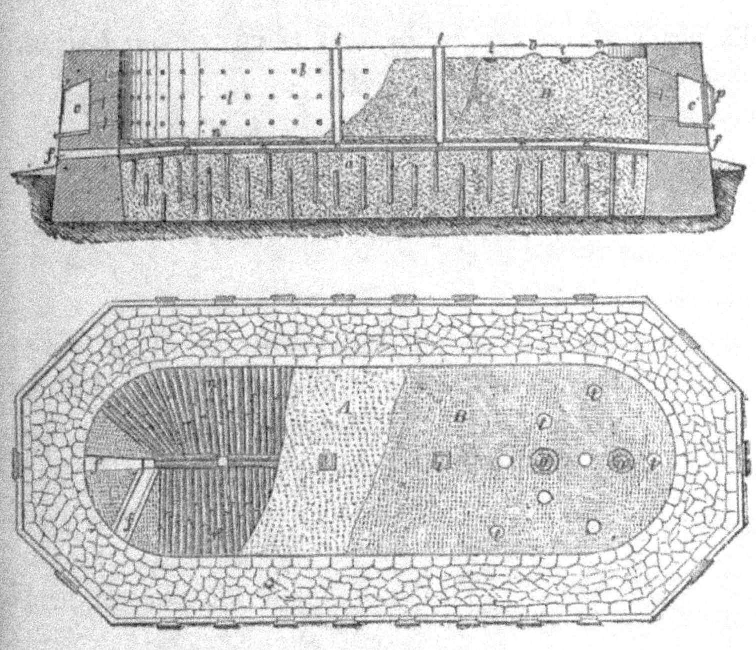

Fig. 46. — Grillage en stalles à Agordo.

minerais déjà lessivés après grillage ; elle présente des rigoles, qui conduisent le soufré dans des réservoirs centraux, d'où il s'écoule par des canaux *f* dans les chambres de condensation. L'air pénètre par des orifices placés à la base des tas de minerais ; le rendement en soufre varie de 20 à 30 pour 100.

Le procédé de grillage en stalles se recommande, comme le grillage en tas, par sa simplicité, le peu de frais de premier établissement et l'économie de combustible ; mais il ne peut s'appliquer aux minerais menus, et il a de plus l'inconvénient de fournir de l'acide sulfureux extrêmement dilué, qu'on ne peut employer à aucun usage industriel.

Grillage au four à cuve.

Les fours à cuve employés pour le grillage des minerais portent le nom de *kilns* et se prêtent admirablement à la fabrication de l'acide sulfurique ; ils sont construits de manière différente, suivant qu'ils sont destinés aux minerais gros ou aux menus. Tantôt ce sont de simples fours à cuve, évasés vers le haut, tantôt ce sont des appareils plus compliqués, où les minerais sont exposés à l'action oxydante sur de grandes surfaces de briques.

Le type le plus simple est le *kiln* employé au Mansfeld pour le grillage des mattes (fig. 47). C'est un petit four à section rectangulaire de $1^m,25$ sur $1^m,50$, ayant une hauteur de 3 mètres et contenant environ 10 tonnes de minerai. Ses parois en briques sont percées d'un certain nombre d'ouvertures, destinées à permettre le nettoyage du four et le piquage de la matte ;

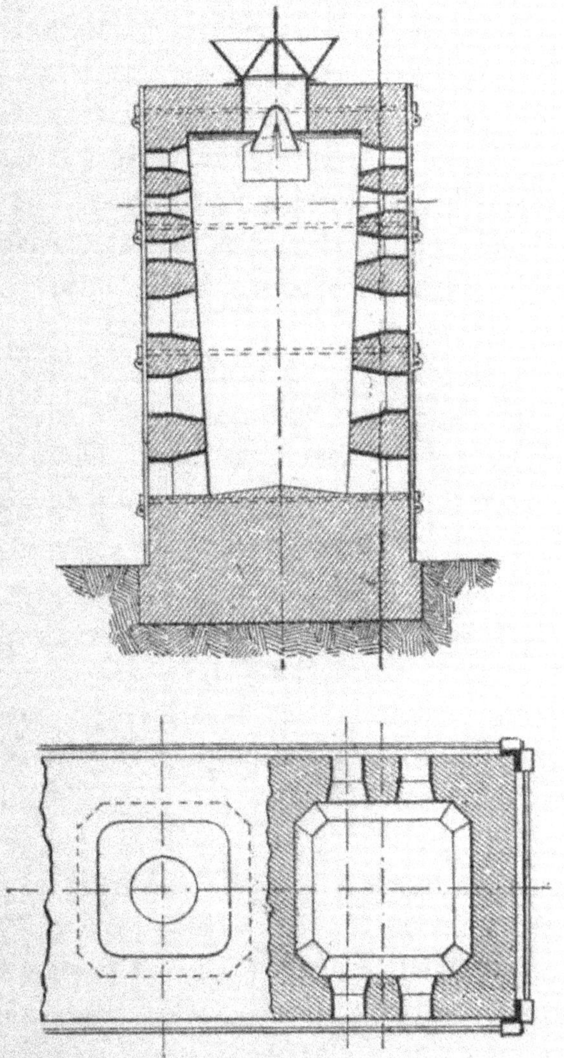

Fig. 47. — Kiln pour le grillage des minerais de cuivre
au Mansfeld.

le chargement se fait par une trémie placée à la partie supérieure de la cuve. A la partie inférieure se trouvent deux grandes ouvertures qui servent à décharger, toutes les douze heures, une tonne environ de matte grillée. Il faut éviter avant tout la fusion de la matte, qui empêcherait la désulfuration ; on reconnaît la bonne marche du four en examinant la partie inférieure de la charge à 1 mètre environ au-dessus de la sole ; elle doit être bien agglomérée.

Vingt kilns de ce genre sont accolés sur deux rangées et envoient leur acide sulfureux à des chambres de plomb, pour la production de l'acide sulfurique. Le même appareil peut servir pour le grillage des minerais en gros morceaux. La plupart des kilns employés dans les petites mines d'Allemagne sont construits sur le même type.

Pour le grillage des menus, on emploie fréquemment des fours à tablettes qui sont tous des reproductions ou des modifications des fours que MM. Ollivier et Perret ont construits à Sain-Bel (Rhône), pour le grillage des pyrites (fig. 48). Ces fours sont formés par une cuve rectangulaire, munie à la base d'une grille à barreaux de fer, qu'on charge de pyrite en morceaux, et contenant une série de tablettes placées à 20 centimètres les unes au-dessus des autres, et sur lesquelles on étale le menu à griller. La chaleur produite par l'oydation de la pyrite en morceaux porte au rouge le minerai menu, qui se grille également. Après avoir circulé le long des

tablettes, les gaz chauds se rendent aux chambres de
plomb. Pour renouveler les faces des grains à griller,
on fait descendre le menu 6 à 8 fois par vingt-quatre

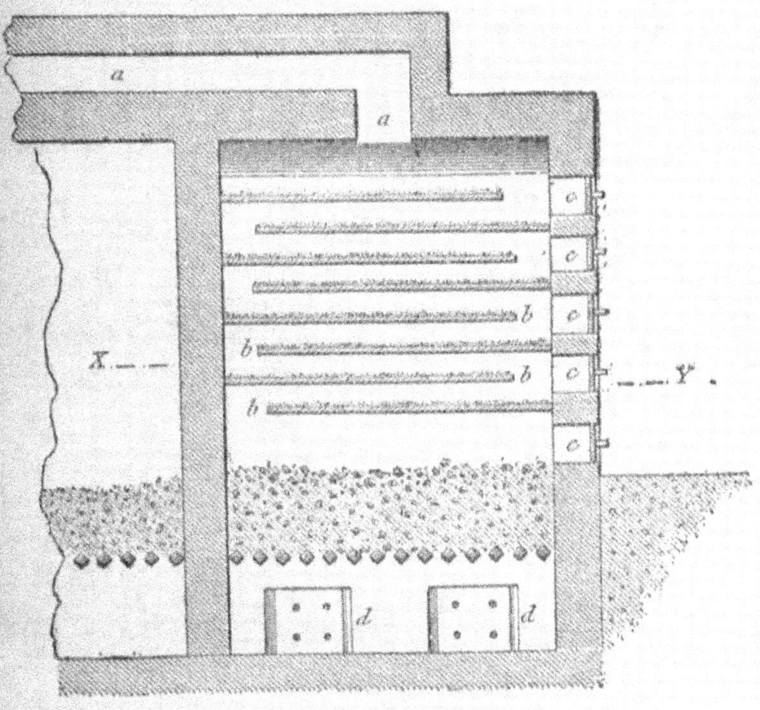

FIG. 48.— Four à tablettes pour le grillage des minerais de cuivre.
a, Carneau collecteur; b, tablettes; c, ouvertures par le râblage;
d, ouvertures de la chauffe.

heures d'une tablette à l'autre, en se servant de râbles
en fer qu'on introduit par les orifices c, après avoir
enlevé les tampons qui les ferment normalement.

Les kilns que nous venons de décrire donnent d'excel-

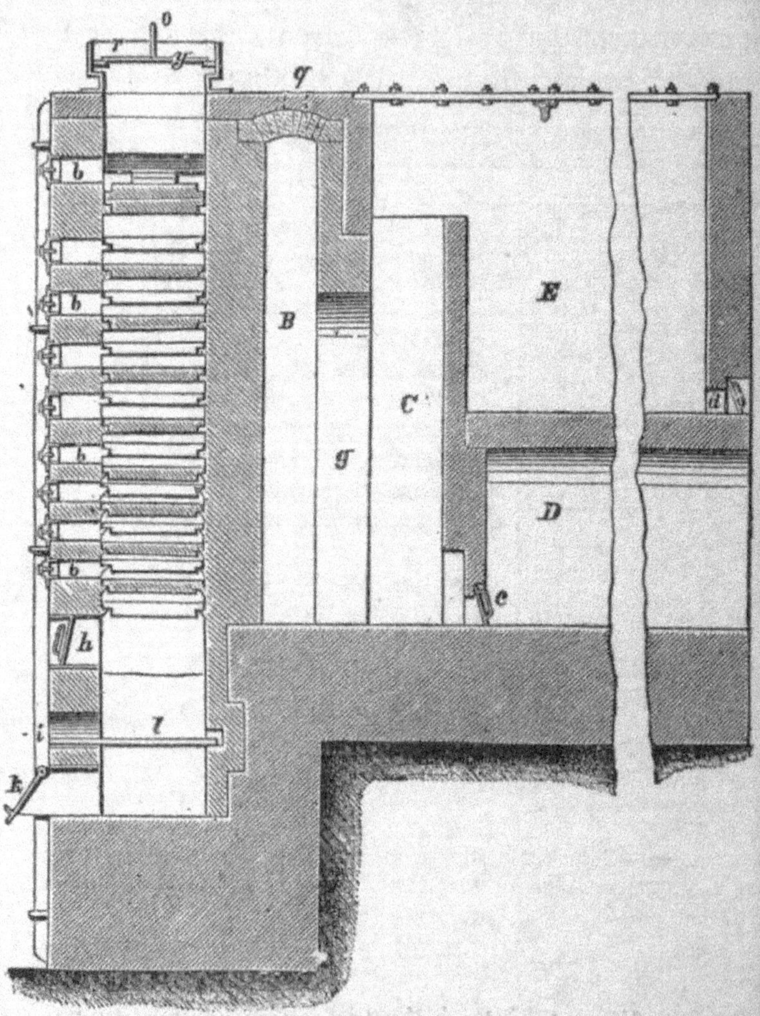

Fig. 49. — Four Gerstenhöfer pour le grillage des minerais
de cuivre.
Coupe longitudinale.

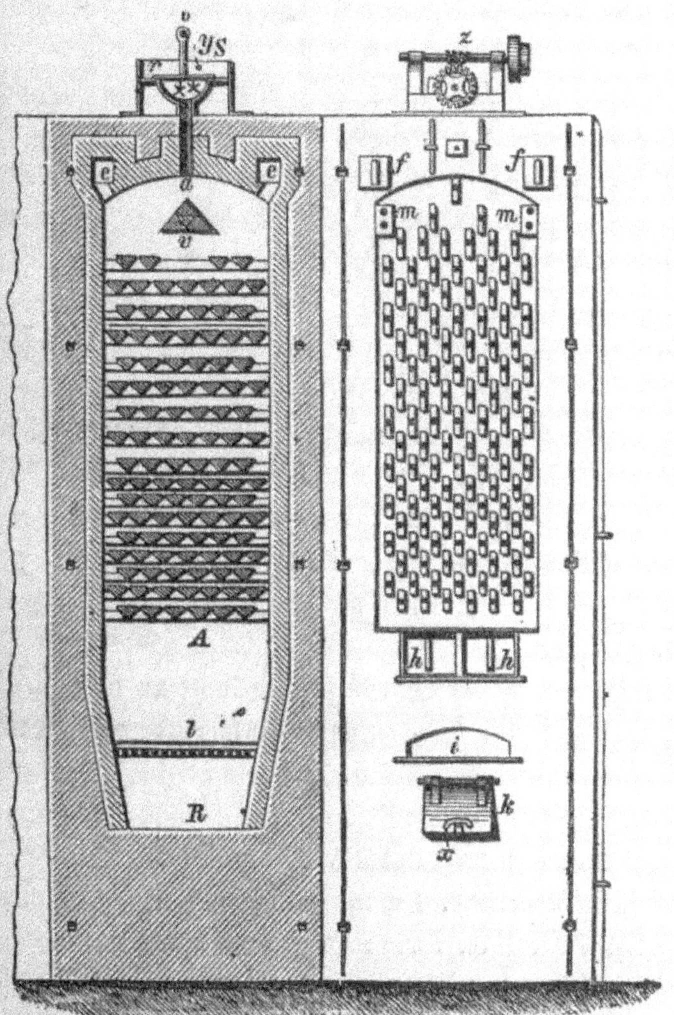

Fig. 10. — Four Gerstenhöfer pour le grillage des minerais
de cuivre.
Vue de face et coupe transversale.

lents résultats, lorsqu'on traite des minerais en gros morceaux mêlés de menus ; mais lorsqu'il s'agit de griller des poussières fines de pyrites, on se heurte à de nombreuses difficultés : les poussières se répandent en effet facilement en dehors de l'appareil ; elles ont une influence funeste sur la santé des ouvriers et sont une cause fréquente d'incendie. Les fours le plus souvent employés pour le grillage des menus sont les fours à cascade et à chicanes de Gerstenhöfer, qu'on rencontre dans de nombreuses mines, tant en Amérique que sur le continent (fig. 49 et 50).

Ils se composent essentiellement d'une tour verticale A où sont installées de nombreuses chicanes, en forme de poutres horizontales à deux pans faiblement inclinés, le long desquels le minerai glisse par son propre poids, tandis que le courant d'air se meut en sens inverse de bas en haut.

Le minerai est chargé par le haut au moyen d'une trémie S, terminée à sa partie inférieure par un mince orifice de chargement a, au-dessus duquel tournent deux roues dentées, qui sont mises en mouvement par un pignon z, et introduisent le minerai dans le four d'une manière continue. Le minerai tombe d'abord sur un distributeur v en forme de prisme triangulaire, qui le répartit sur les chicanes incandescentes, où il se grille peu à peu en descendant ; il est complètement oxydé en arrivant à l'orifice inférieur par où on le décharge. Les gaz produits par le grillage s'échappent par des canaux e, se rendent par le conduit B et l'ouverture g dans le collecteur C et de là dans les chambres de condensation E, où ils laissent déposer leurs poussières avant d'être envoyés dans les chambres de plomb.

Pour mettre le four en marche, on introduit par les orifices i un certain nombre de barreaux l, sur lesquels on jette de la houille par les ouvertures h. La combustion de la houille suffit pour commencer le grillage, qui se continue par l'oxydation même des sulfures métalliques.

IV. Grillage au four rotatoire.

Les fours que nous venons de décrire permettent difficilement de griller complètement les minerais, de manière à ne leur laisser que des quantités insignifiantes de soufre ; les grains de sulfure sont protégés contre une oxydation complète, par la couche d'oxyde qui les entoure. Pour faire pénétrer l'oxydation jusqu'à leur centre, il est nécessaire de les remuer et de les briser par un râblage à la main, qui augmente beaucoup le prix de revient du grillage. Aussi, afin de diminuer la dépense de main-d'œuvre, pour les oxydations métallurgiques qui exigent un grillage parfait, on emploie les fours rotatoires, qui font le râblage mécaniquement et évitent de la sorte le travail irrégulier et intermittent des ouvriers. De nombreux types de fours rotatoires à foyers horizontaux ou inclinés ont été inventés dans ces dernières années.

Un des plus répandus est le four Smith (fig. 51), qui se compose d'un cylindre horizontal en tôle d, doublé de briques réfractaires, et destiné à recevoir la charge de minerai. Ce cylindre qui a une longueur de 8 mètres et un diamètre de $1^m,20$, est porté par des anneaux en

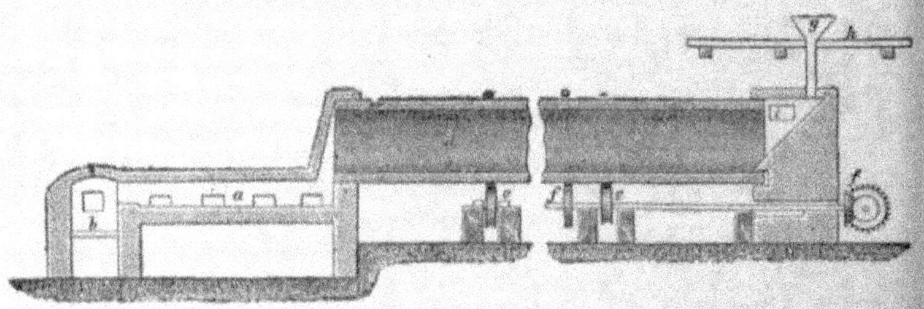

Fig. 51. — Four rotatoire à matte pour le grillage des minerais de cuivre.

acier f, roulant sur des galets e, et reçoit un mouvement de rotation d'un pignon moteur, qui engrène avec un cercle denté, calé sur la surface de l'appareil. Le cylindre tourne lentement autour de l'orifice d'un foyer fixe a, dont les gaz passent sur les minerais et les grillent complètement. Ce four permet de traiter 8 à 10 tonnes de minerai en vingt-quatre heures, avec une dépense de 12 à 15 pour 100 de combustible.

Le four Brückner, très employé au Colorado et dans les environs de Chicago, a une grande analogie avec le four Smith (fig. 52 et 53) : il se compose d'un cylindre horizontal de tôle d, doublé de briques réfractaires, ayant

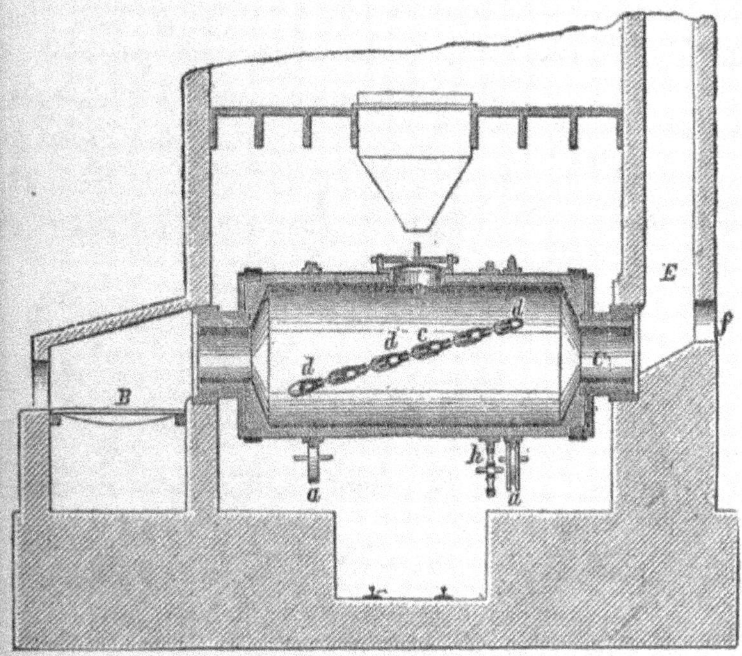

Fig. 52. — Four rotatoire Bruckner pour le grillage des minerais
de cuivre.

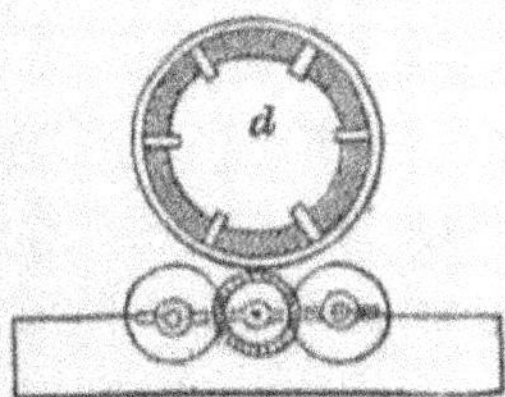

Fig. 53. — Four rotatoire Bruckner (coupe).

une longueur de 4 mètres et un diamètre de 2 mètres.
Ce cylindre est mis en rotation par une roue dentée h,

qui lui donne un mouvement de deux ou trois tours par minute et tourne devant un foyer B, dont les gaz passent sur le minerai et s'échappent par la cheminée E. Le minerai est remué automatiquement par des plaques de tôle *c*, placées à l'intérieur, ayant une inclinaison d'environ 15 degrés, percées de trous et revêtues d'argile réfractaire. Le rendement de ce four est à peu près le même que celui du four Smith.

V. Grillage au réverbère.

Les fours à réverbère sont utilisés assez rarement pour le grillage des minerais, parce qu'ils consomment une grande quantité de combustible ; ils se composent de deux enceintes distinctes séparées par un simple mur de faible hauteur appelé *pont*; l'une d'elles forme la chauffe, qui reçoit le combustible, l'autre le *laboratoire*, qui reçoit la matière minérale (fig. 54). Les gaz chauds produits dans la chauffe passent dans le laboratoire, puis s'échappent par une cheminée disposée en vue du tirage. Le chargement des minerais se fait soit par des pertes de travail ménagées dans les parois, soit par des trémies placées sur la voûte du four.

D'une manière générale les fours à réverbère utilisent mal la chaleur produite, parce qu'il n'y a pas contact entre le combustible et la chauffe ; aussi a-t-on imaginé des dispositions variées pour utiliser la chaleur emportée

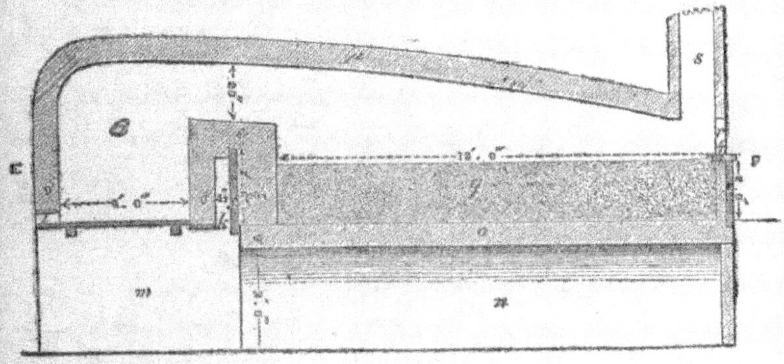

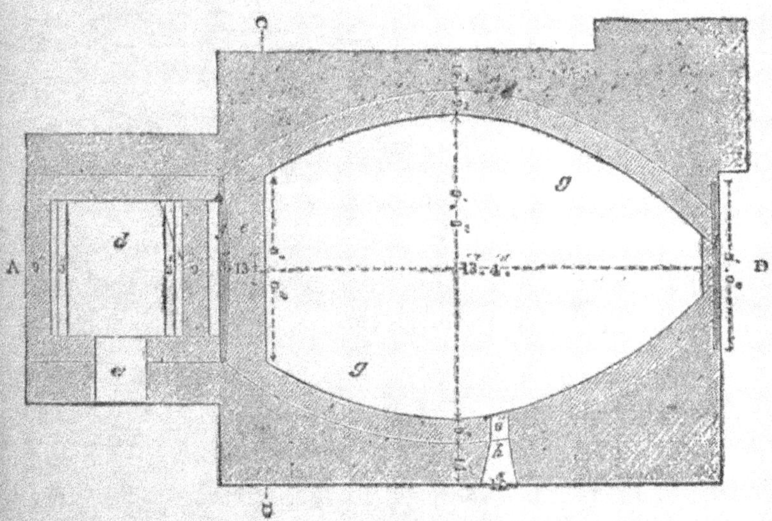

Fig. 54. — Four à réverbère pour le grillage des minerais de cuivre.
(Cotes inscrites en pieds.)

par les gaz chauds qui sortent du four (fig. 55). La disposition la plus habituelle consiste à surmonter le laboratoire d'une sole qui est léchée par les gaz sortants et

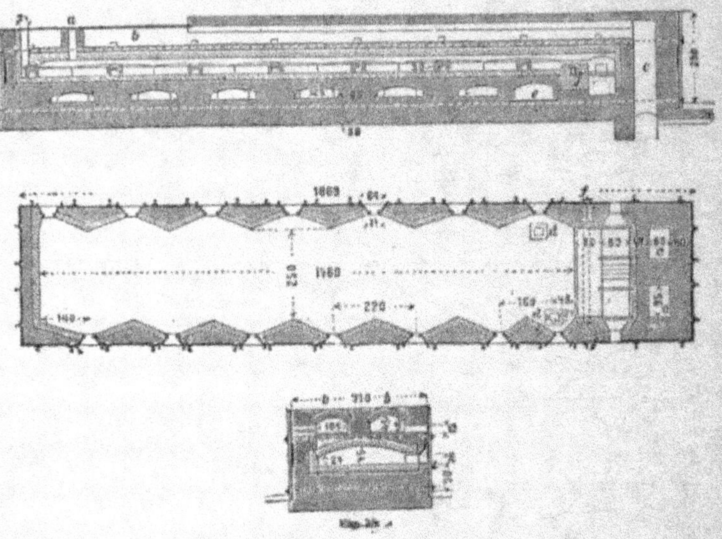

Fig. 55. — Four à réverbère pour le grillage des minerais de cuivre.

sur laquelle on étend les minerais à griller avant de les faire tomber dans le four ; on obtient ainsi un échauffement progressif des minerais, qui permet un grillage très parfait, mais exige une grande dépense de main-d'œuvre. On multiplie quelquefois les soles, et on substitue au travail à la main un râblage mécanique ; mais, quels que soient les perfectionnements apportés à la construction des fours à réverbères, ils ne donnent pas un grillage aussi économique que les stalles ou les kilns.

CHAPITRE III

FABRICATION DE LA MATTE BRONZE

Fabrication de la matte bronze au four à cuve.
Fabrication au four à réverbère.

La seconde opération que l'on rencontre dans la métallurgie du cuivre est la fabrication de la matte bronze : nous avons vu qu'elle consiste à soumettre les minerais grillés à une fonte réductive, qui produit d'une part des scories silicatées, et d'autre part la matte bronze renfermant tout le cuivre et une partie du fer et du zinc contenus dans les minerais. Cette fonte réductive peut se faire, soit au four à cuve, soit au four à réverbère, suivant qu'on emploie la méthode dite allemande, ou la méthode dite anglaise. Chacune d'elles a ses partisans acharnés, et il est difficile de comparer leurs résultats économiques, attendu que les métallurgistes se gardent de divulguer le prix de revient de leurs

opérations. Cependant, dans la plupart des usines nou-
vellement construites, on donne la préférence au four à
cuve, pour la première fusion des minerais.

I. Fabrication de la matte bronze au four à cuve.

Les fours à cuve sont des fours où le combustible et la
matière minérale sont réunis dans une même enceinte et
réagissent directement l'un sur l'autre ; ils présentent
les conditions les plus favorables pour une bonne utilisation de la chaleur, mais ne se prêtent qu'aux réactions
réductives, qui sont d'autant plus prononcées, que la
proportion de combustible est plus forte, par rapport à
celle de l'élément minéral. Les réactions chimiques qui
se produisent pendant la fabrication de la matte bronze
sont donc essentiellement réductives ; elles résultent
principalement de l'action du carbone sur les sulfates et
les oxydes formés pendant le grillage des minerais. Elles
peuvent se résumer par les formules suivantes :

$$2CuSO^4 + 3C = Cu^2S + SO^2 + 3CO^2.$$
$$2CuO + 2FeS + SiO^2 + C = Cu^2S + FeS + FeSiO^3 + CO.$$
$$2CuO + 2Fe\,S + SiO^2 = Cu^2S + Fe^2SiO^4.$$

La première altération qu'éprouve le lit de fusion en
partant du sommet du four est la transformation des
sulfates en oxydes libres et en acide sulfureux, et la
réduction des arséniates et antimoniates en acide arsénieux et oxyde d'antimoine. Plus bas, là où la tempéra-

ture atteint le rouge, le calcaire perd son acide carbonique, et les oxydes réagissent sur les sulfures incomplètement grillés. Le sulfure de fer, en présence de l'oxyde
de cuivre et de la silice, se transforme en sulfure de
cuivre et en oxyde de fer formé pur qui s'unit à la silice
des gangues, tandis que le sulfure de cuivre se combine
avec le sulfure de fer non décomposé ; il se produit une
matte sulfureuse dense, et une scorie ferrugineuse qui
s'en sépare d'autant mieux, qu'elle est plus légère. Cette
scorie doit être assez pauvre en cuivre pour être considérée comme stérile et être jetée. Comme c'est le soufre
qui est nécessaire pour préserver le cuivre de la
scorification, on ne grille qu'incomplètement les minerais, de manière qu'ils contiennent du soufre en quantité
suffisante pour transformer le cuivre et une partie du
fer en sulfures, qui constituent la matte. On cherche
généralement à obtenir une matte contenant de 20 à
30 pour 100 de cuivre ; ce n'est qu'avec des minerais
très purs, qu'on peut sans inconvénient l'enrichir davantage. L'action réductive que le carbone exerce sur les
minerais est d'autant plus énergique, que la température
est plus élevée. Comme l'oxyde de cuivre est facilement
réductible, on règle la composition du lit de fusion,
de manière que la masse tout entière puisse fondre
à une température relativement modérée : dans ces
conditions, les oxydes de fer, de manganèse, de nickel et
de cobalt, ne sont désoxydés que partiellement, et passent
en grande partie dans les scories. Il y aurait inconvé-

nient à élever davantage la température du four, car le carbone réduirait du fer métallique, qui, en s'agglomérant, produirait des masses difficilement fusibles, connues sous le nom de *loups* et qui arrêteraient la marche du four.

Les oxydes d'arsenic, d'antimoine et de bismuth, contenus dans les minerais, sont réduits avec autant de facilité que le cuivre; ils se retrouvent en totalité dans la matte sous forme de sulfures, et, lorsque les minerais ne contiennent pas une quantité suffisante de soufre, ils se séparent de la matte, en entraînant de fortes quantités de cuivre, qu'il est très difficile de purifier ultérieurement.

L'oxyde de zinc, qui se trouve souvent dans les minerais de cuivre, est en partie réduit par le charbon dans les régions chaudes, mais le zinc volatilisé prend du soufre et de l'oxygène dans les parties hautes du four et s'y dépose le long des parois, sous forme de poussières agglomérées, appelées *cadmies*, qu'on recueille pour en extraire le zinc.

La fusion de la matte bronze a été faite pendant de longues années dans de petits fours à manche de 2 mètres de hauteur, n'ayant qu'une seule tuyère dans la paroi du fond. Avec de pareilles dimensions et un seul jet d'air, la température était loin d'être régulière; en face de la tuyère, il y avait excès de chaleur, tandis que, le long des parois, la chaleur était insuffisante pour décomposer le minerai. Depuis trente ans, les fours pour la fusion de la matte bronze ont été complètement transformés ; on emploie maintenant de grands hauts fourneaux analogues à ceux dont on se sert pour la fabrication de la fonte ; ce sont surtout les Américains, dont l'industrie était entravée par la cherté du combustible et de la main-d'œuvre dans leur pays, qui ont perfectionné les méthodes anciennement employées en Suède et Allemagne.

FABRICATION DE LA MATTE BRONZE AUX USINES DU MANSFELD (SAXE PRUSIENNE)

Les usines du Mansfeld sont les plus importantes mines de cuivre du continent ; sous la direction intelligente de l'*Oberbergrath Leuchtner*, on y a appliqué tous les perfectionnements récents qui ont été apportés à la fabrication du cuivre. Les fours qui y sont en usage pour la fusion de la matte bronze (fig. 56) sont chauffés au coke ; ils se composent d'une cuve cylindrique, en briques réfractaires légèrement évasée vers le haut. A la partie inférieure, elle se termine par un creuset où se rassemble la matte fondue, tandis que la scorie plus légère s'écoule d'une manière continue par une ouverture placée au-dessus du creuset. La cuve est entourée d'une enveloppe en maçonnerie, qui repose sur des colonnes en fonte, et qui est destinée à protéger les parois réfractaires contre les intempéries des saisons, et à supporter les appareils de chargement du *gueulard* ou orifice supérieur. L'air nécessaire à la combustion est insufflé par quatre tuyères placées à 80 centimètres au-dessus de la sole du creuset ; il est produit par de grandes machines soufflantes à vapeur, qui le compriment à une pression variant entre 1 mètre et 1^m,50 de hauteur d'eau. Le vent sort à la partie supérieure du four, par des conduits en tôle doublés de briques, passe par des chambres de condensation, où il laisse déposer les poussières qu'il renferme, puis circule autour de tuyaux en fonte, qui amènent l'air frais aux tuyères et s'échappe enfin dans l'atmosphère par de grandes cheminées. Cette disposition permet d'échauffer l'air nécessaire à la combustion, qui arrive ainsi aux tuyères à une température de 150 degrés environ. On récupère de cette façon une partie de la chaleur qu'emportent les gaz à leur sortie du four. Le chargement se fait par le gueulard ; les minerais et le coke sont élevés à la hauteur de la plate-forme supérieure par un monte-charge, puis versés dans le four par une trémie en forme de double cône, qui les répartit régulièrement dans l'intérieur de la cuve.

Les minerais traités au Mansfeld sont, comme nous l'avons dit, des schistes bitumineux cuprifères ; au sortir de la mine, on les dispose en tas rectangulaires de 3 à 5 mètres de haut, qu'on allume avec un peu de bois. La combustion, une fois commencée, se continue grâce au bitume que contiennent les minerais.

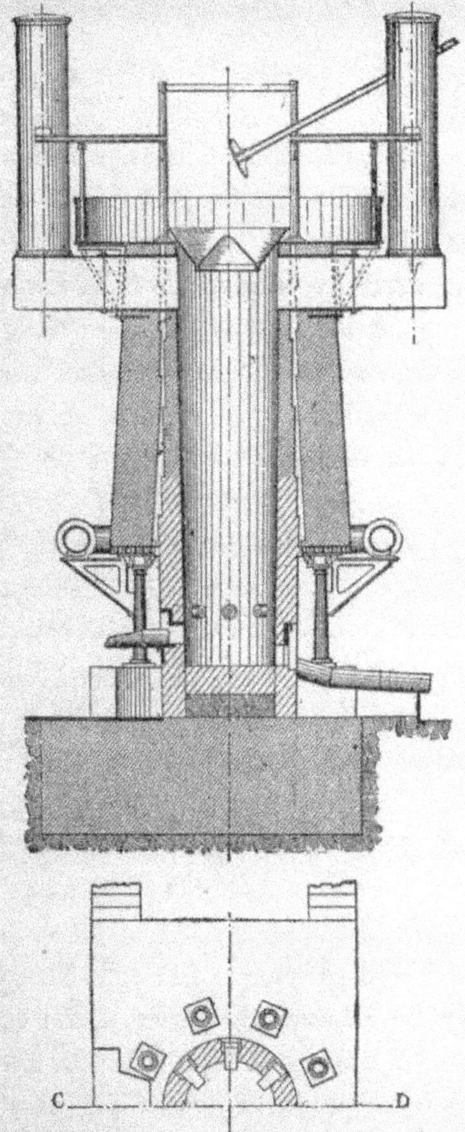

Fig. 56. — Four à cuve pour la fusion des minerais de cuivre,
type du Mansfeld.

Ce grillage leur fait perdre 10 à 12 pour 100 de leur poids.

Les minerais grillés sont chargés dans les fours sans aucune addition de fondant ; leur gangue renferme de la silice et des bases en proportions convenables pour produire une scorie facilement fluide. La matte obtenue par leur fusion est assez riche ; son poids est environ les 6 centièmes du poids des minerais traités. Sa composition varie un peu, suivant la région dont proviennent les minerais.

Analyse des différentes mattes.

	N° 1	N° 2	N° 3
Cuivre	30,500	36,400	44,815
Argent	0,152	0,180	0,255
Plomb	1,210	1,046	0,643
Fer	26,600	25,900	23,778
Nickel	0,590	0,485	0,486
Cobalt	0,180	0,055	0,146
Zinc	9,149	5,550	3,012
Manganèse	4,601	4,701	3,011
Soufre	27,123	25,302	23,540

Les scories sont pauvres ; elles sont formées principalement par des silicates de chaux, de fer et d'alumine et contiennent 2 millièmes de cuivre. On n'a pas réussi jusqu'à présent à produire des scories complètement dépourvues de cuivre ; toutes les additions de minerais sulfurés faites dans ce but sont restées inutiles. Refroidies lentement, les scories prennent une structure cristalline et deviennent très dures, on les emploie avantageusement comme matériaux d'empierrement.

Analyse des scories correspondant aux mattes n°ˢ 1, 2 et 3.

	N° 1	N° 2	N° 3
Silice	48,38	53,83	57,43
Alumine	18,17	4,43	7,83
Chaux	19,50	32,10	23,40
Magnésie	3,02	1,67	0,87
Protoxyde de fer . . .	5,89	4,37	7,47
Oxyde de cuivre . . .	0,23	0,25	0,30
Oxyde de zinc	3,57	1,00	»
Fluor	0,99	2,09	1,97

Les gaz qui s'échappent du gueulard ont une température d'environ 300 degrés ; ils ne renferment pas d'acide sulfureux, à cause de la perfection du grillage des minerais. Leur composition, d'après des analyses récentes, est la suivante :

	N° 1	N° 2
Acide carbonique	10,8	15,0
Oxygène	0,4	0,1
Oxyde de carbone	16,8	14,0
Azote	72,0	70,9

Dans une partie des usines appartenant à la Compagnie des mines du Mansfeld, on emploie des fours d'une construction un peu différente ; au lieu d'avoir des creusets intérieurs, ces fours sont munis d'avant-creusets, dans lesquels la matte et les scories s'écoulent d'une manière continue ; elles s'y séparent par ordre de densité (fig. 57).

Les fours à creuset intérieur ont une production considérable ; on y traite 160 tonnes de minerai par jour, en ne consommant pas plus de 180 kilogrammes de coke par tonne ; ils sont exposés à la formation fréquente de corps ferrugineux, qui empêchent la fusion. Les fours à avant-creusets au contraire traitent au maximum 100 tonnes de minerai, mais ils présentent l'avantage que les masses ferrugineuses s'écoulent dans l'avant-creuset et n'ont aucune influence fâcheuse sur la marche des fours.

FOURS A CUVE AMÉRICAINS

La construction des fours à cuve allemands, dont les fours du Mansfeld présentent le type le plus perfectionné, exige de grandes quantités de matières réfractaires de bonne qualité ; il est rare qu'aux environs des mines de cuivre on puisse s'en procurer à des prix suffisamment bas ; aussi les métallurgistes américains, dont les mines sont souvent installées dans des déserts, se sont-ils préoccupés de réduire autant que possible la consommation des matières réfractaires et d'augmenter la production journalière des fours, pour en diminuer le nombre. Dans cet ordre d'idées, ils ont

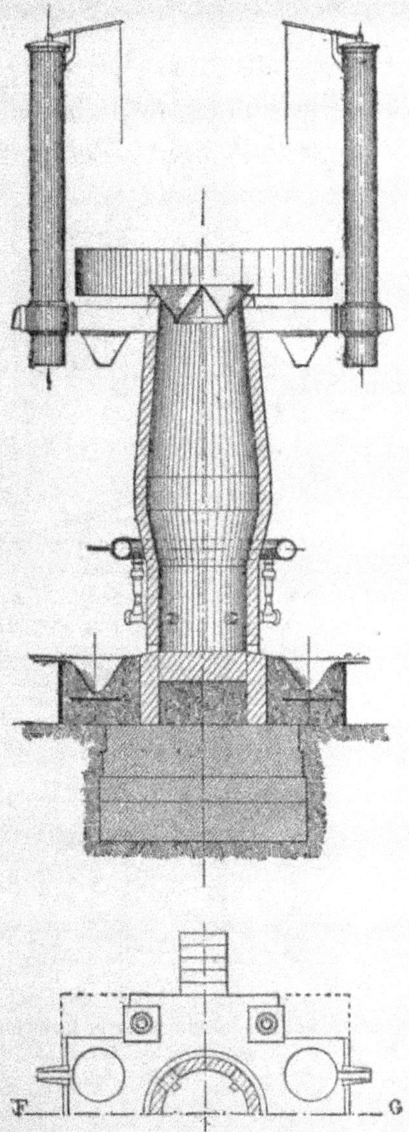

IG. 57. — Four à cuve à avant-creuset pour la fusion des minerais
de cuivre, type du Mansfeld.

imaginé deux types de fours : les *water-jackets* ou fours à enveloppe métallique refroidie par l'eau, et les grands *fours rectangulaires en briques*.

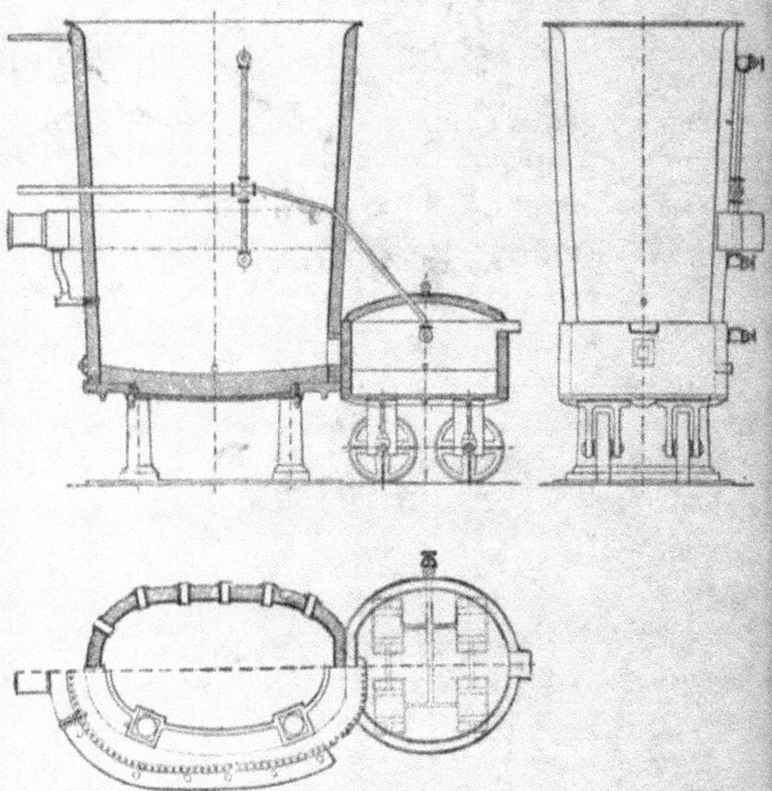

Fig. 58. — Water-jacket américain pour le traitement des pyrites de cuivre.

a) *Fours water-jackets*. — Depuis longtemps, on se servait de l'eau pour refroidir les parties des fourneaux soumises à de trop hautes températures ; on eut l'idée,

en Amérique, de construire des fours dont l'enveloppe est formée par deux surfaces métalliques entre
lesquelles circule un courant d'eau froide. On créa
ainsi le *water-jacket* qui a permis l'exploitation d'un
grand nombre de mines, dont les minerais n'auraient
pu être traités par les méthodes ordinaires.

Les water-jackets (fig. 58), qu'on rencontre le plus
fréquemment, se composent d'une cuve métallique de
3 à 5 mètres de haut, où se fait la réduction des minerais,
et d'un avant-creuset également métallique, qui est
mobile sur roues, et qui est destiné à recevoir les scories et la matte.

La cuve a une forme elliptique ou rectangulaire ;
l'expérience a montré que cette forme est préférable à
la forme circulaire, parce que le vent, qui n'est soufflé,
qu'à une faible pression pour la fabrication des mattes
ne peut pénétrer jusqu'au centre d'un cercle de grand
diamètre. Les deux parois sont en tôle de fer ou d'acier
doux ; elles sont espacées de 10 centimètres environ et
sont supportées par des colonnes en fonte.

L'introduction de l'eau se fait par la partie inférieure
de l'enveloppe ; au fur et à mesure qu'elle s'échauffe,
l'eau monte et s'échappe à la partie supérieure par un
tuyau de diamètre un peu supérieur au tuyau d'arrivée.
Pour un four de $1^m,20$ de diamètre minimum, la consommation d'eau est de 6 mètres cubes par heure.

Le fond de la cuve est formé par une sole d'argile ou de minerais sulfurés agglomérés par un coup

de feu énergique. Les tuyères, au nombre de 10 en moyenne, sont placées à 25 ou 30 centimètres au-dessus du fond. Tout au bas de l'appareil, s'ouvre un conduit qui permet aux matières fondues de s'écouler dans un bassin, de forme elliptique ou rectangulaire, à parois métalliques, refroidies par une circulation d'eau, dont le fond est formé par des briques réfractaires, réunies par une armature métallique supportée par des roues.

La scorie et la matte s'écoulent d'une manière continue dans ce bassin ; elles s'y séparent par ordre de densité.

Ce procédé a l'avantage de ne pas laisser trop longtemps les matières fondues soumises à l'action réductive des gaz de la cuve ; on évite ainsi la formation des *loups* ferrugineux qui bouchent si souvent les creusets et obligent de vider les fours au prix d'opérations longues et pénibles.

La hauteur des water-jackets dépend essentiellement des minerais qu'on y traite ; les minerais siliceux et réfractaires exigent des hauteurs plus grandes que les minerais sulfurés et facilement fusibles.

Pour le traitement des pyrites, la hauteur varie de $3^m,50$ à 5 mètres. Les gaz s'échappent à la partie supérieure ; selon les cas, on les laisse s'échapper dans l'atmosphère ou on les fait passer par des chambres de condensation.

La figure 59 représente un water-jacket construit par MM. Fraser et Chalmers, de Chicago ; l'avant-

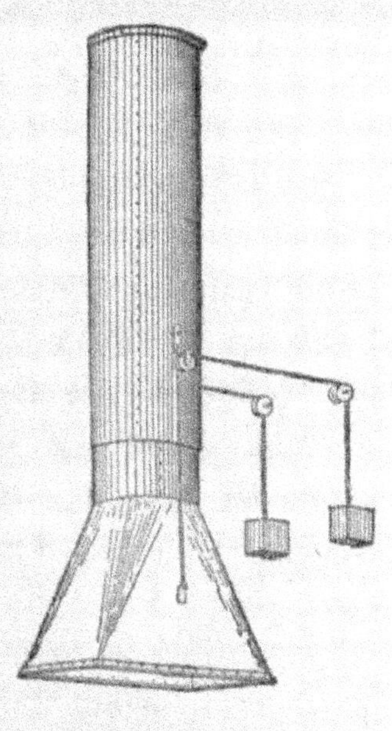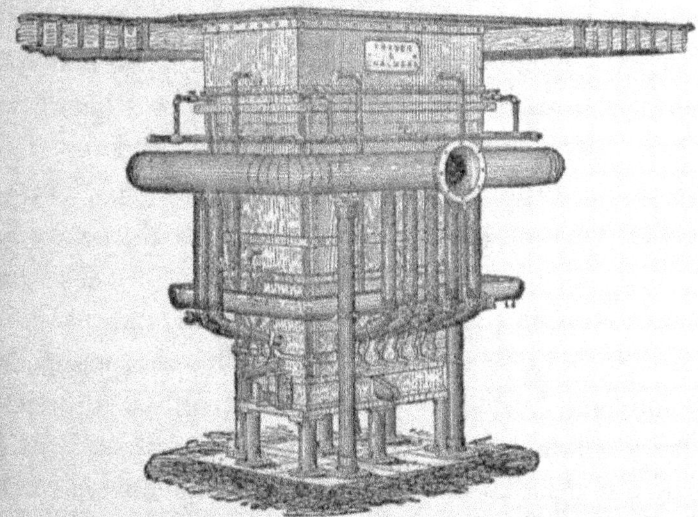

Fig. 59. — Water-jacket pour la fusion des minerais de cuivre
(constructeurs : Fraser et Chalmers, de Chicago).

9.

creuset est supprimé et remplacé par un creuset à parois métalliques refroidies par une circulation d'eau. Ce four donne d'excellents résultats.

Les water-jackets permettent de traiter des quantités considérables de minerais ; ainsi, dans le Montana, on cite un four de $1^m,20$ de diamètre dans lequel on passe, en vingt-quatre heures, de 60 à 65 tonnes de pyrite grillée avec une consommation de 20 pour 100 de coke.

A la mine de Copperqueen on vient même de construire un four devant traiter 115 tonnes par vingt-quatre heures.

b) *Fours rectangulaires en briques.* — Les fours water-jackets présentent surtout de grands avantages pour le traitement de minerais sulfurés facilement réductibles et de composition régulière ; il est plus difficile d'y traiter des minerais fortement siliceux ou oxydés, parce qu'on ne peut trop élever la température sous peine de détruire les parois métalliques. Aussi, dans les pays où l'on trouve des matières réfractaires à bon marché, on s'est préoccupé de construire des fours en briques permettant de traiter de grandes quantités de minerais de toute provenance. De nombreux essais ont été faits en Amérique pour modifier les fours à cuve employés dans l'ancienne méthode continentale. Les meilleurs résultats paraissent avoir été obtenus à la Compagnie d'Orford, à Borgenport, New-Jersey, dont les fours représentent le type le plus parfait des grands fours rectangulaires usités en Amérique.

Dans les fours *Orford* (fig. 60), la cuve, dont la
largeur extérieure est de 3 mètres et la longueur de
de 5^m,80 environ, repose sur des fondations de 2 mètres

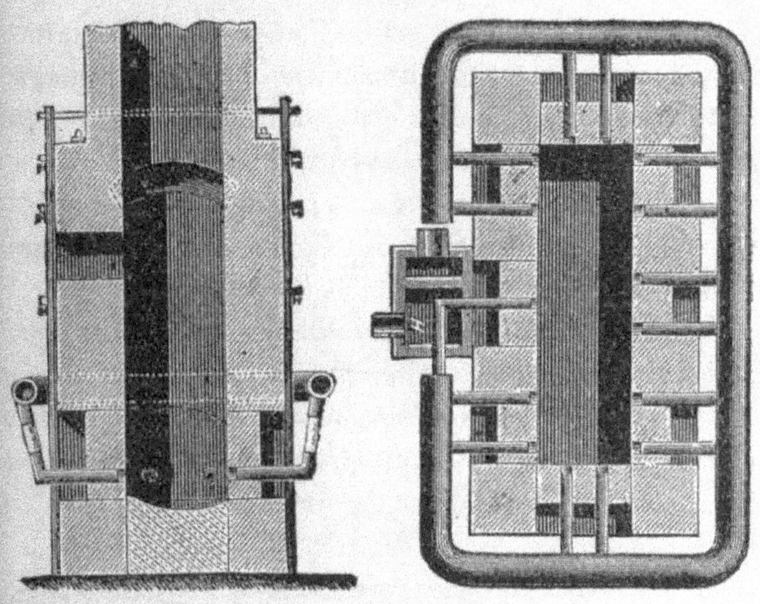

Fig. 60. — Grand four rectangulaire en briques pour le traitement
des minerais de cuivre.

de profondeur; les parois du four s'appuient directement sur ces fondations, elles sont construites uniquement en briques réfractaires et présentent une épaisseur de 50 centimètres. Elles sont maintenues par une
forte armature en fer qui s'enfonce dans les fondations.
Les tuyères, au nombre de 14, ont une base de 5 centi-

mètres carrés; elles sont placées symétriquement à une vingtaine de centimètres au-dessus de la base de la cuve; au centre de l'un des grands côtés se trouve la tuyère d'écoulement pour les scories et la matte.

Le four est surmonté par une haute cheminée verticale; le chargement se fait par trois portes de grandes dimensions placées sur une des faces du four, à 3 mètres au-dessus du niveau des tuyères.

Le fond de la cuve est formé par une masse de pisé réfractaire, dont la surface est légèrement inclinée vers l'orifice d'écoulement.

L'avant-creuset se compose d'une boîte rectangulaire ou carrée de $1^m,30$ de côté, construite en tôle d'acier, doublée par des briques réfractaires de bonne qualité; elle est divisée par une paroi en briques réfractaires en deux compartiments, dont les dimensions sont dans le rapport de 2 à 5.

Le plus grand des deux est muni à la partie supérieure d'un conduit d'écoulement pour les scories, et communique avec le deuxième par un trou pratiqué à la partie inférieure de la cloison de séparation, qu'on peut fermer par un tampon d'argile au début de la campagne. Les matières fondues s'écoulent par la tuyère centrale dans le plus grand des deux compartiments, qu'elles remplissent rapidement. La matte se rassemble au fond et se sépare par son poids des scories, qui s'écoulent par la partie supérieure. Lorsque la proportion de matte est suffisante, on perce le tampon d'argile à l'aide d'une barre de fer, et la matte passe rapidement dans le deuxième compartiment.

Le premier compartiment, est alimenté sans interruption par les matières fondues, sortant du four, la séparation de la matte et des scories s'y fait continuellement. La matte passe peu à peu dans le deuxième compartiment ; lorsqu'elle est arrivée à un certain niveau, elle s'écoule par un canal latéral dans des fosses destinées à la recevoir. On obtient ainsi une séparation mécanique des scories et de la matte ; il suffit pour régulariser l'opération, de nettoyer de temps en temps, le trou de la cloison de séparation, à l'aide d'une barre de fer rouge.

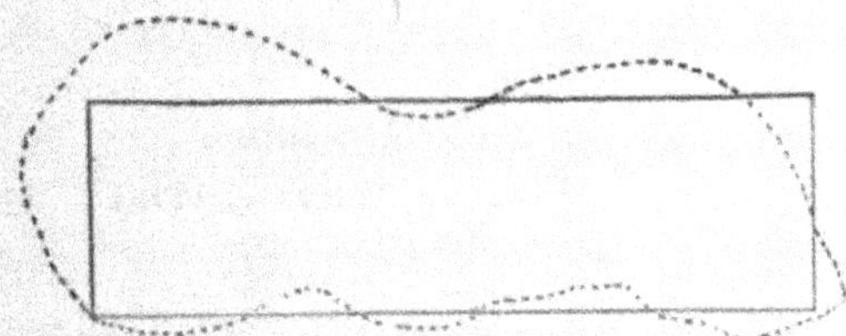

Fig. 61. — Profil d'un four à cuve. Forme que les corrosions donnent au bout de quelques mois au rectangle constituant le profil primitif.

La conduite de ces fours nécessite un personnel expérimenté ; lorsque les chargements ne se font pas avec une grande régularité, il peut se produire des solidifications dans l'intérieur du four, ou les parois peuvent être percées par des scories trop corrodantes. Un four mené avec soin peut fournir des campagnes de neuf mois à un an. La figure 61 montre la forme que les corrosions donnent, au bout de quelques mois, au rectangle constituant le profil primitif.

Les fours d'Orford permettent de traiter en vingt-quatre heures 100 tonnes de minerais pyriteux avec une consommation de 15 pour 100 de coke.

Les résultats économiques donnés par les water-jackets et les fours rectangulaires en briques sont très différents, suivant le prix des combustibles et des différentes matières employées.

Les dépenses pour un water-jacket elliptique de 1 mètre 20 de diamètre, traitant par vingt-quatre heures 56 tonnes de minerais facilement fusibles, s'élèvent en Amérique, aux chiffres suivants, dans l'Arizona et dans les États de l'Est :

Dépenses en 24 heures.

	États de l'Est fr.	Arizona fr.
8 tonnes coke	200 »	1.000 »
Combustible pour la production de la vapeur nécessaire à la soufflerie et autres appareils .	27 »	80 »
Addition d'argile	27 »	75 »
Consommation d'eau	24 »	55 »
Réparations du four et des machines	10 »	25 »
Réparations des creusets et des fosses	12 »	23 »
Divers (frais généraux, etc.). .	50 »	80 »
	350 »	1.338 »
Mains-d'œuvre	150 »	325 »
	500 »	1.663 »
Par tonne	9 »	29 60

Pour un grand four rectangulaire traitant 100 tonnes par jour, les dépenses dans les États de l'Est s'élèvent aux chiffres suivants :

	fr.	
13 tonnes de coke à 25 francs.	295	»
4 tonnes de charbon à vapeur à 17 fr. 50 . .	70	»
Additions d'argile	12	»
Réparations des creusets et des formes . . .	19	»
Réparations des autres outils	85	50
Réparations journalières des fours	13	»
Réparations de la fin de la campagne · . .	14	50
Machines	13	»
Divers	45	»
	487	»
Main-d'œuvre	205	»
Direction	40	»
	732	»
Par tonne.	7	32

II. Fabrication de la matte bronze au four à réverbère.

Les mines du continent et les mines américaines emploient exclusivement les fours à cuve pour la fabrication de la matte bronze ; en Angleterre, au contraire, les fondeurs se servent depuis de très longues années de fours à réverbère.

La fonte du minerai au réverbère, comme celle au four à cuve, a pour but de séparer le cuivre de sa gangue par la formation d'une matte, qui concentre tout le cuivre à l'état de sulfure. A cet effet, le minerai grillé est fortement chauffé : l'oxyde de fer s'unit à la silice de la gangue pour donner de la scorie, et l'oxyde de cuivre décompose une partie du sulfure de fer pour produire la matte. L'action réductrice est beaucoup moins énergique dans le réverbère que dans le four à cuve ; le sesquioxyde de fer n'y est pas réduit ; il en résulte que les scories contenant du sesquioxyde de fer sont peu fluides et entraînent mécaniquement des grenailles de matte, qui les rendent beaucoup plus riches en cuivre que les scories du four à cuve.

FABRICATION DE LA MATTE BRONZE A SWANSEA

Dans les usines de Swansea, on emploie exclusivement le réverbère tant pour la fusion de la matte bronze que pour toutes les autres fusions. On y traite des minerais venant de toutes les parties du monde : pyrites de cuivre et de fer, cuivres gris, oxydes, silicates, et carbonates. Tous ces minerais sont mélangés de manière à former une masse facilement fusible, renfermant 8 à 10 pour 100 de cuivre. On commence par les griller dans de petits fours à réverbère, puis on y ajoute des scories riches obtenues précédemment dans les fontes de concentration et l'on traite le tout dans des fours à réverbère (fig. 62).

La sole de ces fours doit être faite avec soin, elle est

supportée par une masse fortement damée de sable
quartzeux, reposant sur une solide fondation en maçonnerie. Sur la couche de sable, on met la sole proprement
dite, qui est construite en forme de bassin, avec du

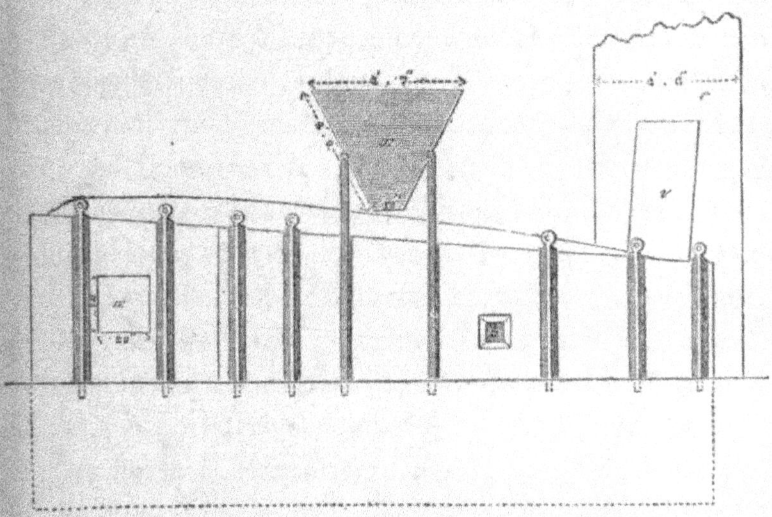

Fig. 62. — Four à réverbère pour la fusion des minerais de cuivre.
(Cotes inscrites en pieds.)|

sable siliceux légèrement calcaire qu'on agglomère par
un coup de feu avant la fusion des mattes.

On fait tomber le minerai dans le four par la trémie,
placée à la partie supérieure ; on l'étale rapidement sur
la sole, en couche uniforme, avec un râble, puis on
ferme les portes de travail et on active le feu. Quand
la charge est fondue, ce qui demande à peu près
cinq heures, on brasse bien la masse en fusion, compo-

sée de mattes et de scories, puis on écume les scories qu'on extrait par l'embrasure du fond. Le fourneau est de nouveau chargé avec du minerai et des scories et l'opération se répète comme précédemment. Quand la sole du four est recouverte par la matte bronze ou *coarse-metal* en fusion, on débouche le trou de coulée, et la matte se granule en coulant en petit filet dans un bassin rempli d'eau, placé à proximité du fourneau. Les scories sont recueillies dans des canaux longs et étroits, creusés dans le sable et placés en face de la porte de travail du four. Il est très important qu'elles aient un degré de consistance convenable ; si elles sont trop fluides, il y a un grand déchet de cuivre, parce que la séparation de la matte et de la scorie n'est pas assez apparente pour l'ouvrier ; lorsqu'elles sont trop épaisses, il devient difficile de les écumer sans retirer en même temps un peu de matte.

Chaque charge comprend environ 1300 kilogrammes de matières et donne 300 kilogrammes de mattes.

Les mattes produites sont assez riches ; elles renferment 30 à 35 pour 100 de soufre. D'après des analyses de M. Le Play, elles ont la composition suivante :

Cuivre	33,7
Fer	33,6
Nickel, cobalt, manganèse	1,0
Etain	0,7
Arsenic	0,3
Soufre	29,2
Scorie mélangée mécaniquement	1,1

Fig. 63. — Four à réverbère pour la fusion des minerais de cuivre, type récent.

Les scories sont formées par une croûte dure, compacte, opaque et noire, dans laquelle sont incrustés des fragments de quartz blanc à angles aigus, elles contiennent fréquemment des grenailles de matte, qui se distinguent facilement à l'œil nu. Leur composition moyenne est la suivante :

Quartz mélangé	30,5
Silice combinée	30,0
Alumine	2,9
Protoxyde de fer	28,5
Chaux	2,0
Magnésie	0,6
Oxydes divers (cobalt, nickel, manganèse)	1,4
Fluorure de calcium	2,1
Cuivre	0,5
Soufre	0,6

Les réverbères se prêtent bien à la fusion de minerais dont la composition varie chaque jour; les charges sont faciles à modifier, et, avec des lits de fusion très différents, on obtient des mattes de composition régulière; mais ces fours utilisent très mal la chaleur. La consommation de combustible est de 800 kilogrammes de houille de bonne qualité, par tonne de minerai, tandis qu'au four à cuve elle varie entre 150 et 200 kilogrammes; de plus ce travail est très pénible pour les ouvriers et une forte proportion de cuivre est perdue dans les scories. Aussi la suprématie du four à cuve pour la fusion des minerais s'affirme-t-elle de jour en jour; les

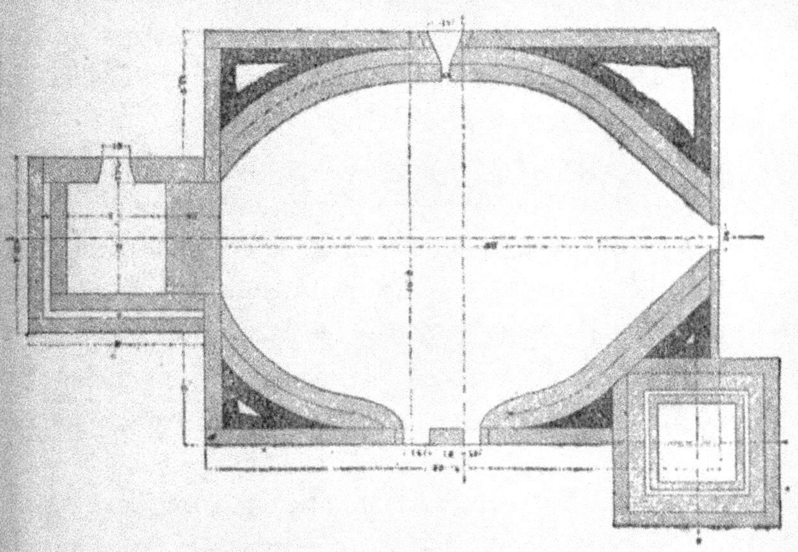
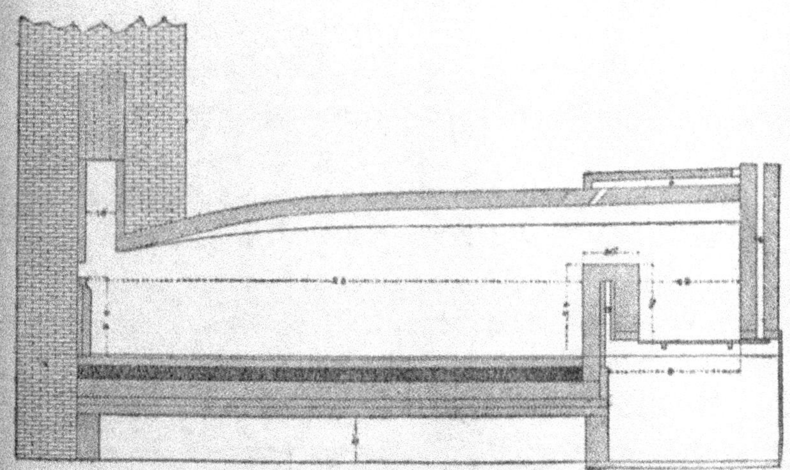

Fig. 64. — Four à réverbère pour la fusion des minerais de cuivre,
type américain de grandes dimensions. (Cotes inscrites en pieds.)

fours à réverbère n'ont été conservés à Swansea qu'en raison des conditions particulièrement favorables qu'y rencontre l'industrie du cuivre.

Les fondeurs de Swansea ont en effet le charbon et les matières réfractaires à des prix exceptionnellement bas, leur personnel est très expérimenté et habitué au travail du réverbère depuis de longues années ; enfin le marché de Swansea permet d'écouler aux prix les plus rémunérateurs toutes les variétés de cuivre que produit nécessairement la fusion de minerais aussi divers.

Les réverbères sont cependant plus avantageux que les fours à cuve pour le traitement des minerais contenant beaucoup d'arsenic et d'antimoine ; ces métalloïdes s'éliminent pendant la fusion sous forme de sulfures volatils, s'échappant avec les gaz produits par la combustion, tandis qu'ils passent presque entièrement dans la matte pendant la fusion réductive au four à cuve. Cette raison a fait conserver le procédé de Swansea pour le traitement des cuivres gris dans certains pays, où le charbon est loin d'avoir aussi peu de valeur que dans le pays de Galles. Mais alors les fours sont construits en vue d'un emploi plus économique des combustibles.

Au Colorado, on a construit récemment des fours à réverbère de grandes dimensions, pouvant recevoir une charge de 7 à 8 tonnes et traiter 30 tonnes de minerai par vingt-quatre heures (fig. 64). La consommation ne dépasse pas 300 kilogrammes de houille par tonne de mi-

nerai ; le prix de revient de la fusion est d'environ
16 francs.

TRAITEMENT DES MINERAIS DE CUIVRE DANS LES FOURS A NAPHTE

Dans les pays où le naphte abonde, on l'utilise avantageusement pour la fabrication du cuivre. A Kedabek,
près d'Elisabethpol, dans le Caucase, les frères Siemens,
de Berlin, ont installé une grande usine à cuivre, dont
tous les fours sont chauffés au naphte. Les minerais
traités sont des pyrites cuivreuses très pures tenant
environ 10 pour 100 de cuivre. On les grille soit en tas,
soit en kilns, et on les fond en partie dans des fours à
cuve marchant au charbon de bois, en partie dans de
grands fours ronds alimentés par du naphte (fig. 65
et 66).

Ces fours se composent d'un foyer circulaire couvert par une voûte légèrement surélevée ; les flammes
s'échappent par un conduit incliné à section rectangulaire, qui aboutit à une cheminée. Ce naphte, appelé
mazout dans le pays, est injecté au moyen de vapeur
par deux injecteurs (fig. 65), placés symétriquement
par rapport au canal d'écoulement des gaz ; les tuyères
à air sont immédiatement au-dessous des injecteurs.
Le jet de naphte enflammé est lancé un peu obliquement
dans le fond, et suit le trajet indiqué par les flèches dans

la figure 65. Il faut éviter que les flammes ne viennent buter directement contre les parois, qui risqueraient d'être immédiatement brûlées.

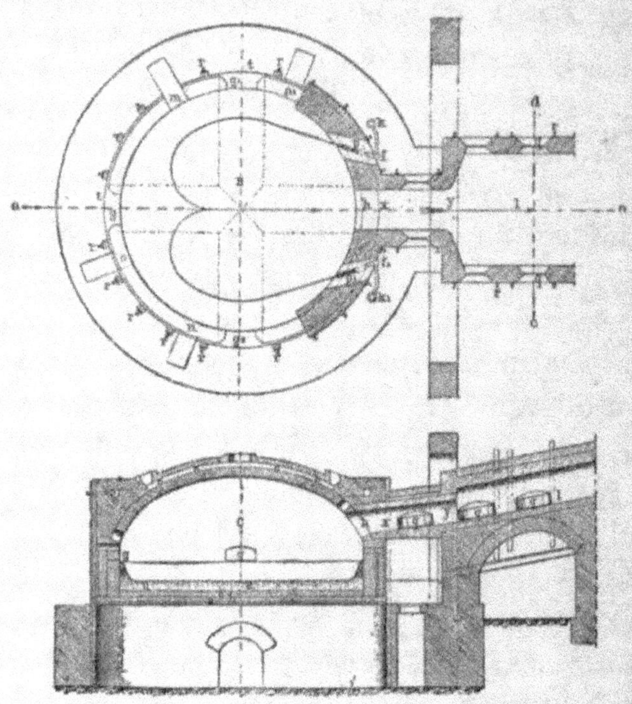

Fig. 65. — Four au naphte pour la fusion des minerais de cuivre à Kedabek (Caucase).

Les gaz qui sortent du four à une température élevée sont employés à griller une partie des minerais; on place les menus dans le canal incliné (fig. 66), qui conduit à la cheminée, et on les fait descendre peu à peu

avec des râbles ; le grillage se fait très bien. Primitivement on avait essayé de les faire tomber directement
dans le four, mais la température vers l'orifice du

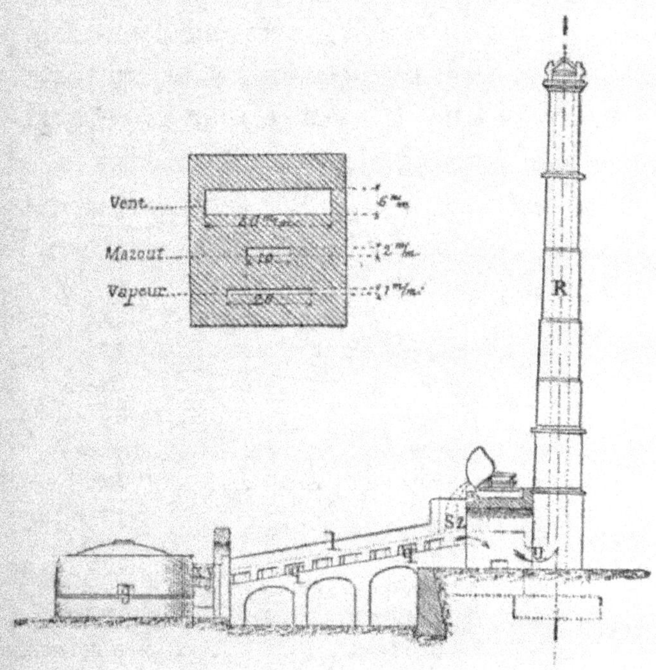

Fig. 66. — Four au naphte pour la fabrication du cuivre à
Kédabek (Caucase). — 1, Vue d'ensemble; 2, détail de l'in-
jecteur de naphte.

canal est trop élevée, et le minerai fondait avant d'y
arriver. On est donc obligé de retirer le minerai par les
orifices pratiqués dans la paroi du canal et de le rechar-
ger sur la sole du four.

On traite surtout aux fours à naphte les minerais menus, que les mines produisent en abondance. Par vingt-quatre heures, on charge 38 tonnes de minerai, plus 2 tonnes de minerai de fer, pour faciliter la scorification. La coulée se fait généralement une fois par vingt-quatre heures. Le personnel pour un poste de douze heures est de 4 hommes pour le grillage, de 1 maître et de 3 manœuvres pour la conduite du four. Avec des minerais à 7 pour 100 de cuivre, on obtient des mattes tenant de 22 à 25 pour 100 de cuivre ; leur composition moyenne est la suivante :

Matte	Cuivre	23
	Fer	30
	Soufre	31
	Zinc	traces
Scories	Silice	50
	Fer	25
	Zinc	2,3
	Cuivre	0,25
	Alumine	3,00
	Chaux, etc.	non déterminés.

Le travail aux fours à naphte est facile et économique ; le prix de revient de la matte est de 125 francs par tonne, y compris la valeur du minerai qui est d'environ 30 francs.

CHAPITRE IV

TRANSFORMATION DES MATTES BRONZES EN CUIVRE NOIR

Fabrication du cuivre noir par la méthode continentale. — Fabrication du cuivre noir au réverbère. — Traitement des mattes bronzes par le procédé Bessemer.

I. Fabrication du cuivre noir par la méthode continentale.

Les mattes bronzes obtenues par les divers procédés que nous venons de décrire ont des teneurs en cuivre variant de 20 à 35 pour 100, selon la pureté et la richesse des minerais employés. Pour en extraire le cuivre, on les soumet à un certain nombre de grillages oxydants et de fusions réductives, destinés à éliminer les métaux étrangers sous forme de scories. Ces opérations peuvent se faire comme la fusion des minerais, soit dans les fours à cuve, soit dans les fours à réverbère ; mais tandis que, pour la fabrication des mattes bronzes, les fours à cuve ont une supériorité incontestable sur les fours à réverbère, ils perdent une partie de leurs avantages pour la fabrication du cuivre noir, surtout lorsque les mattes que l'on doit traiter sont impures, c'est-à-dire contiennent de l'arsenic et de l'antimoine.

En effet, ces corps s'éliminent surtout à l'état de sulfures pendant les fusions légèrement réductives ; le réverbère se prête admirablement, par la facilité de sa conduite, aux périodes successives d'oxydation et de réduction, qui sont nécessaires pour la purification des mattes. Aussi ne traite-t-on au four à cuve que les mattes provenant de pyrites très pures.

C'est surtout dans les vieilles usines qui n'ont pas renouvelé leur matériel depuis de longues années (dans le Harz, en Hongrie et en Russie), que l'on a conservé ce mode de traitement. Nous prendrons comme type la fabrication de cuivre noir à Bogoslovsk, dans l'Oural.

Les minerais de Bogoslovsk ne contiennent que des quantités insignifiantes de métaux étrangers ; les fours à cuve y fonctionnent parallèlement au procédé Bessemer.

Les mattes bronzes obtenues contiennent en moyenne 20 pour 100 de cuivre ; on les grille dans des stalles à deux ou trois feux. Ce grillage étant insuffisant pour éliminer tout leur soufre, elles contiennent encore des sulfates, et même une certaine proportion de sulfures non oxydés ; on les soumet à une fusion réductive dans de petits fours rectangulaires (fig. 67) ; les produits de la fusion sont du cuivre noir et un composé

Fig. 67. — Four à cuve pour la fusion des mattes cuivreuses. *f*, Sole du creuset; *g*, maçonnerie ordinaire; *k*, poitrine du four; *l*, garniture réfractaire; *m*, avant-creuset; *t*, tuyères; *u*, cuve; *v*, orifice de chargement.

sulfuré contenant environ 60 pour 100 de cuivre, que l'on appelle la matte blanche.

On ne peut transformer d'un seul coup toute la matte bronze grillée, en cuivre noir; car elle contient encore du soufre, et, si elle était soumise à une action réductrice trop énergique, ses oxydes seraient réduits à l'état métallique ; il se formerait dans le four des *loups* ferrugineux, qui entraveraient complètement la marche de l'opération.

L'action réductrice du charbon doit être modérée ; dans ces conditions, l'acide sulfurique des sulfates est ramené à l'état d'acide sulfureux qui se dégage. Le soufre retenu dans les mattes imparfaitement grillées s'élimine en partie sous forme de gaz ; une autre partie se porte sur les métaux mis en liberté, pour former les mattes blanches, qui s'écoulent en même temps que le cuivre noir dû à la réduction de l'oxyde de cuivre. Les mattes blanches sont grillées de nouveau et transformées en cuivre noir par le même procédé.

La composition du lit de fusion doit être réglée de manière à scorifier les oxydes de fer et de zinc; on ajoute à cet effet, à la matte grillée de la silice en quantité suffisante pour former un silicate acide de fer.

Composition du cuivre brut :

	de Bogoslovk	de Falun (Suède)
Cuivre	92,74	94,39
Fer	5,28	2,04
Zinc	»	1,55
Cobalt et nickel	1,42	0,63
Plomb	»	0,15
Argent	traces	0,11
Etain.	»	0,07
Soufre	traces	0,80
Arsenic et antimoine	0,65	traces

Les scories contiennent 2 à 4 pour 100 de cuivre et repassent à la première fusion. A Bogoslovsk, par tonne de matte traitée, la consommation de charbon de bois est de 400 kilogrammes ; les frais de fusion sont d'environ 125 francs par tonne.

II. Fabrication du cuivre noir au réverbère.

La fabrication du cuivre noir au réverbère a été portée par les fondeurs de Swansea à un très haut degré de perfection ; d'Angleterre, elle a passé sur le continent et en Amérique, où elle a pris une rapide extension. Elle comprend, comme nous l'avons dit, une série de grillages et de fusions réductives, qui produisent des mattes de plus en plus riches et permettent l'élimination de tous les éléments étrangers, soit sous forme de scories, soit sous forme de composés volatils, entraînés par les flammes. Dans le cas très fréquent de minerais relativement purs, la marche du procédé est la suivante:

On grille partiellement la matte bronze en y laissant du soufre en quantité suffisante pour que le cuivre, et autant que possible le cuivre seul, puisse rester sulfuré ; puis on soumet la matte grillée à une fusion, dite *fonte de concentration*, qui a pour but la production d'une nouvelle matte, appelée *matte blanche* à cause de sa couleur et dont la composition se rapproche de celle du sulfure cuivreux, Cu^2S (cuivre 80, soufre 20). Lorsque le grillage de la matte bronze a été poussé trop loin, un peu de cuivre brut plus ou moins impur s'isole pendant la fonte. Pour éviter cet inconvénient, les fondeurs préfèrent garder dans la matte un léger excès de soufre, de manière à obtenir un produit tenant 72 à 75 pour 100 de cuivre et 8 à 10 pour 100 de fer. Le zinc, l'étain et le cobalt contenus dans la matte bronze passent en grande partie dans les scories ; le nickel et le plomb restent dans la matte blanche.

La matte blanche est grillée *à mort*, c'est-à-dire jusqu'à la complète disparition du soufre, puis on la fond pour réduire l'oxyde de cuivre formé par le grillage et scorifier le reste du fer. Le cuivre noir ainsi obtenu contient encore 2 à 3 centièmes d'éléments étrangers, principalement du soufre et du fer.

FABRICATION DU CUIVRE NOIR DANS LES USINES DE SWANSEA

Les cuivres de Swansea ont une réputation universelle ; leurs qualités sont dues à l'habileté des fondeurs, qui savent admirablement tirer parti de toutes les ressources que leur donne le travail au réverbère ; leur méthode est le type de la fabrication *anglaise* du cuivre.

a) *Grillage et fonte de concentration*. — Le grillage des mattes bronzes se fait dans des réverbères allongés dont la sole a une superficie de 15 à 20 mètres carrés et peut recevoir une charge de 4500 kilogrammes. La matte en grenailles est étalée sur la sole, en couche de 20 centimètres, et chauffée à la température

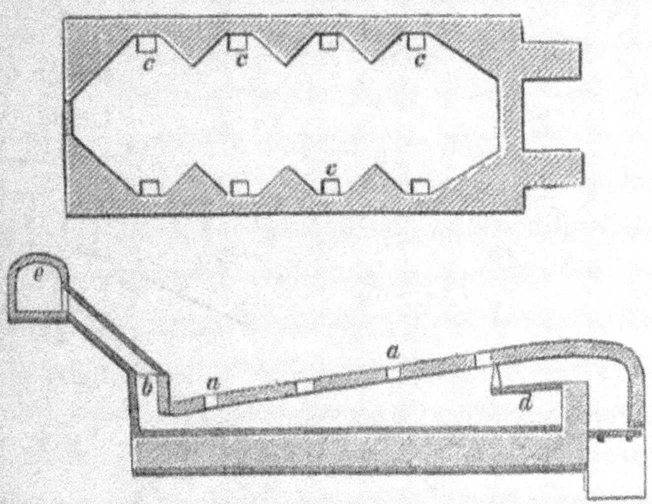

Fig. 68. — Grillage des mattes cuivreuses. *a*, Orifices de chargement; *b*, rampant; *c*, canaux pour le déchargement des minerais; *d*, paroi de protection destinée à empêcher les coups de feu; *e*, canal collecteur.

du rouge sombre; on la râble fréquemment, et, vers la fin du grillage, qui dure environ vingt-quatre heures, on hausse la température jusqu'au rouge pour mieux décomposer les sulfates formés. La consommation de houille est de 4 à 500 kilogrammes par tonne de matte soumise au grillage (fig. 68).

L'opération du grillage est très pénible pour les ouvriers qui en sont chargés ; ils sont obligés de remuer presque continuellement la masse, dans la crainte de la voir se solidifier.

La matte bronze grillée est ensuite soumise à la fonte de concentration, destinée à produire la matte blanche.

Cette fusion se fait dans des fours à réverbères, qui ne diffèrent que peu de ceux qui servent à la fusion des minerais. La sole, au lieu d'avoir la forme de bassin, est légèrement concave, avec une pente douce vers le trou de coulée, et la perte de travail est placée au bout de la sole, près de l'orifice de la cheminée. La figure 69 est la reproduction d'une photographie d'un grand four à réverbère du type américain, installé récemment dans une mine anglaise. La matte grillée est chargée dans le four par une trémie placée au centre de la voûte ; on lui ajoute des scories d'affinage, des minerais oxydés riches et au besoin des matières siliceuses, destinés à faciliter la scorification du fer. On ferme hermétiquement toutes les ouvertures du four et l'on pousse activement le feu ; les sulfures non décomposés réagissent sur les oxydes formés par le grillage et la masse entre en fusion. La matte se rassemble au fond, tandis que les scories, plus légères, surnagent ; au bout de trois heures à trois heures et demie, on ouvre la porte de travail et on remue la masse, encore pâteuse, avec de grands râbles en fer. On recommence le râblage plusieurs fois,

Fig. 69. — Four à réverbère pour la fusion des mattes cuivreuses, type américain de grandes dimensions.

jusqu'à ce que la fusion soit complète, puis on coule la matte et les scories dans des rigoles en sable; la matte se moule en pains ou en plaques. La scorie s'en sépare facilement à coups de marteau après complet refroidissement. La durée de l'opération est d'environ sept heures; la charge est de trois tonnes de matte, et la consommation de houille est d'environ 900 kilogrammes par tonne.

La matte blanche produite a une couleur gris d'acier, lorsqu'elle est pure; elle contient 75 à 80 pour 100 de cuivre, mais fréquemment elle renferme 8 à 10 pour 100 de fer; sa couleur passe alors au gris bleu et l'on trouve, à l'intérieur des morceaux de matte, des fils de cuivre, assemblés en forme de chevelure. Ce cuivre, résulte de l'action du sulfure de fer, Fe^2S, sur le sulfure cuivreux, Cu^2S, et s'isole au moment du refroidissement de la matte.

Composition de deux échantillons de matte blanche provenant :

	de Swansea	du Mansfeld
Cuivre	77,40	73,3
Argent	traces	0,42
Plomb	»	0,80
Fer	0,70	2,50
Nickel	traces	0,50
Cobalt	»	0,10
Zinc	»	1,30
Manganèse	»	0,01
Arsenic, étain	0,10	traces
Soufre	21,00	20,00
Scorie mélangée	0,30	0,20

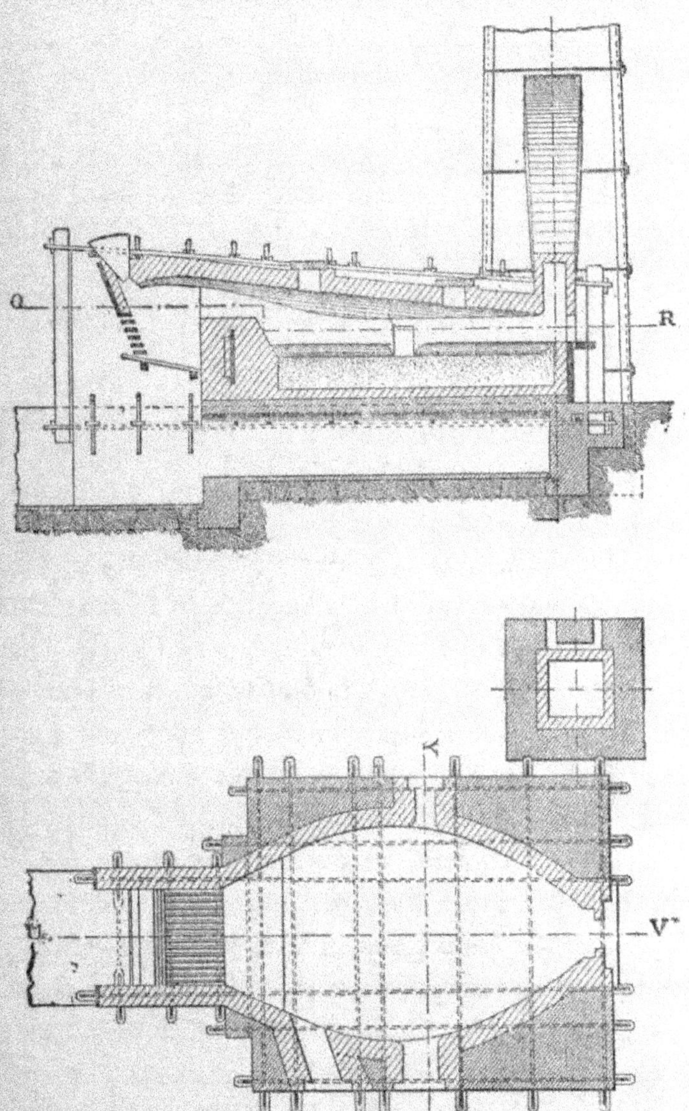

Fig. 70. — Fours à réverbère pour la fusion des mattes cuivreuses,
type du Mansfeld.

Composition des scories produites pendant la fabrication des mattes :

	de Swansea	du Mansfeld
Silice.	33,8	20,1
Alumine.	1,5	3,5
Oxyde de fer	56,0	50,3
Oxyde de cuivre	3,9	10,1
Oxyde de zinc	»	2,0
Chaux	1,4	4,7
Magnésie	0,3	0,9
Oxyde de manganèse . . .	»	5,1
Oxydes divers.	2,1	0,6
Argent	»	0,02
Soufre	1,1	1,5

Au Mansfeld, dans la province prussienne de Saxe, la fusion des mattes se fait à peu près de la même manière qu'à Swansea. Les fours employés sont des réverbères de forme anglaise, dont la capacité est assez forte (fig. 70). Les soles sont construites avec grand soin; à cause de la richesse des mattes en métaux précieux, elles s'imprègnent rapidement de cuivre, d'argent et d'or. Au bout de quelques années même, tout le massif de maçonnerie sur lequel repose le four est pénétré par les métaux fondus, qui se substituent au ciment entre les briques. Aussi, lorsqu'on met un four hors de service, les fondations sont-elles transformées en un bloc demi-métallique, extrêmement dur, qu'on est obligé de faire sauter à la dynamite, ou même de fondre sur place.

Dans un voyage récent, nous avons eu l'occasion de voir un massif de ce genre qui renfermait 15 kilogrammes d'or et plus de 200 kilogrammes d'argent ; comme il était placé au milieu de bâtiments, on n'osait pas l'attaquer à la dynamite et on cherchait à le fondre sur place.

b) *Grillage et fonte de la matte blanche.* — Pour transformer la matte blanche en cuivre, on élimine le soufre d'abord par un grillage oxydant direct, et ensuite par la réaction de l'oxyde de cuivre sur le sulfure restant. Cette double opération s'effectue dans des réverbères, différant très peu des réverbères usités pour les fontes de concentration ; comme le cuivre est moins fusible que la matte, il est nécessaire de donner une plus grande surface à la chauffe. Pour faciliter l'oxydation, on dispose dans la voûte du four, au-dessus du pont, deux canaux, qui sont destinés à amener l'air extérieur sur la sole, pendant le grillage, et qu'on bouche hermétiquement pendant la période de réduction.

On charge dans le réverbère 4000 kilogrammes environ de matte, coulée en pains de 150 kilogrammes, puis on commence le rôtissage, en réglant la température de manière à ce que les pains de matte fondent goutte à goutte ; la scorie qui se forme est écumée à plusieurs reprises. L'air, pendant cette période, entre librement par les portes de travail ; aussi la température s'abaisse-t-elle peu à peu, et, au bout de cinq à six heures, la masse commence à se solidifier ; la surface du bain se couvre de croûtes d'oxyde de cuivre et se soulève en petits cratères, dus à l'échappement continuel d'acide sulfureux. A ce moment le grillage oxydant est terminé, on commence la période de réduction en poussant activement le feu. L'oxyde de cuivre formé agit énergiquement sur le sulfure de cuivre, en dégageant de l'acide sulfureux, qui s'échappe en gros bouillons, et en produisant du cuivre brut, qui se rassemble peu à peu sous la matte. Au bout de dix-huit à vingt heures, on donne un dernier coup de feu pour réduire les oxydes métalliques restants, et on coule le cuivre dans des rigoles en sable. La consommation de houille est de 600 kilogrammes par tonne de matte riche.

Le cuivre brut, ou *cuivre noir*, ainsi obtenu est rempli de soufflures dues au dégagement de l'acide sulfureux pendant sa solidification. Il contient 98 à 99 pour 100 de cuivre, 1 à 2 centièmes de fer et d'autres métaux, et quelques millièmes de soufre.

Les scories sont vitreuses, rouges ou brunâtres, et renferment 15 à 20 pour 100 de cuivre.

COMPOSITION DE DIFFÉRENTS CUIVRES NOIRS

Obtenus par la méthode anglaise.

	N° 1	N° 2
Cuivre	98,4	97,5
Fer	0,7	0,7
Soufre	0,2	0,2
Nickel, cobalt, manganèse . .	0,3	»
Etain, arsenic, antimoine		1,0

Scories obtenues pendant la fabrication du cuivre noir.

Silice.	47,5	47,4
Alumine.	3,0	2,0
Oxyde cuivreux	16,9	36,2
Oxyde de fer	28,0	3,1
Oxyde d'étain	0,3	0,2
Oxyde de cobalt, de nickel, de manganèse	0,9	0,4
Chaux, magnésie	traces	1,2
Cuivre métallique	4,0	9,0

TRAITEMENT DES MATTES IMPURES

La méthode anglaise se prête très bien au traitement des mattes impures, on multiplie dans ce cas les fontes de concentration; au lieu de matte blanche à 80 pour 100 de cuivre, on cherche à obtenir de la matte bleue à 60 pour 100. En même temps on prolonge la durée des grillages, en ajoutant aux mattes des minerais sulfurés purs, dont le soufre volatilise l'arsenic et l'antimoine, contenus dans les mattes impures. La matte bleue, grillée partiellement, en présence de pyrite de fer, donne par la fusion une matte rouge ou *pimple metal*, renfermant 80 pour 100 de cuivre, et tenant en suspension des grenailles de cuivre. Le *pimple metal* est grillé à mort et transformé en cuivre noir.

Lorsqu'on se propose de produire du cuivre de qualité supérieure *(best selected copper)*, ou lorsqu'on traite des minerais très impurs, on pousse le grillage de la matte bleue assez loin pour que, pendant la fusion, il se produise, outre la matte blanche, une petite quantité de cuivre, qui absorbe toutes les impuretés, arsenic, antimoine, plomb, etc., tandis que la matte qui l'accompagne est très pure et donne du cuivre noir de bonne qualité.

Ce cuivre brut, appelé *bottom fond*, concentre tout l'or et l'argent contenus dans les mattes; on le coupelle avec du plomb ou on le vend aux usines de désargentation, où il est traité par des procédés électrolytiques.

FABRICATION DU CUIVRE A ATVIDABERG (SUÈDE)

Les fours à réverbère consomment de grandes quantités de houille; dans ces dernières années, on a cherché à réaliser une économie de combustible, en leur appliquant les procédés de récupération de chaleur qui sont universellement employés dans la métallurgie du fer. Ainsi, les mines d'Atvidaberg, en Suède, ont réussi à construire des fours chauffés par des gazogènes Siemens, et disposés de manière à permettre la récupération de la chaleur emportée par les gaz de la combustion (fig. 71 et 72). Les gazogènes diffèrent des foyers ordinaires par l'épaisseur plus grande de la masse combustible; le carbone, qui est l'élément principal du combustible, est transformé non en acide carbonique, mais en oxyde de carbone. Le mécanisme de cette transformation est le suivant : Au contact de l'air, la partie inférieure de la charge de combustible, entassée sur la grille du gazogène, brûle et se transforme en acide carbonique, qui, en traversant les charbons incandescents supérieurs, repasse à l'état d'oxyde de carbone. L'oxyde de carbone ainsi formé est amené dans le four, et y brûle en développant une haute température.

A la sortie du four, les gaz passent dans des enceintes remplies de briques réfractaires, et y abandonnent une partie de leur chaleur ; lorsque ces briques sont devenues incandescentes, on dirige le courant chaud dans deux autres enceintes, tandis que l'air frais et les gaz combustibles sont amenés dans les deux premières en sens inverse de la marche, que suivaient les gaz chauds ; à des intervalles réguliers, une ou deux fois par heure, on alterne la marche du gaz et du vent, de façon à refroidir à tour de rôle les deux enceintes.

Le laboratoire est formé, comme dans les réverbères, d'une sole concave, destinée à recevoir la charge de matte. La fusion est conduite de la même manière qu'à Swansea. Les résultats donnés par ces fours sont excellents ; ils réalisent une grande économie de combustible, et surtout permettent de brûler avantageusement des combustibles de très mauvaise qualité, tels que de la sciure, des déchets de bois, qu'on produit en grandes quantités dans les forêts environnant Atvidaberg.

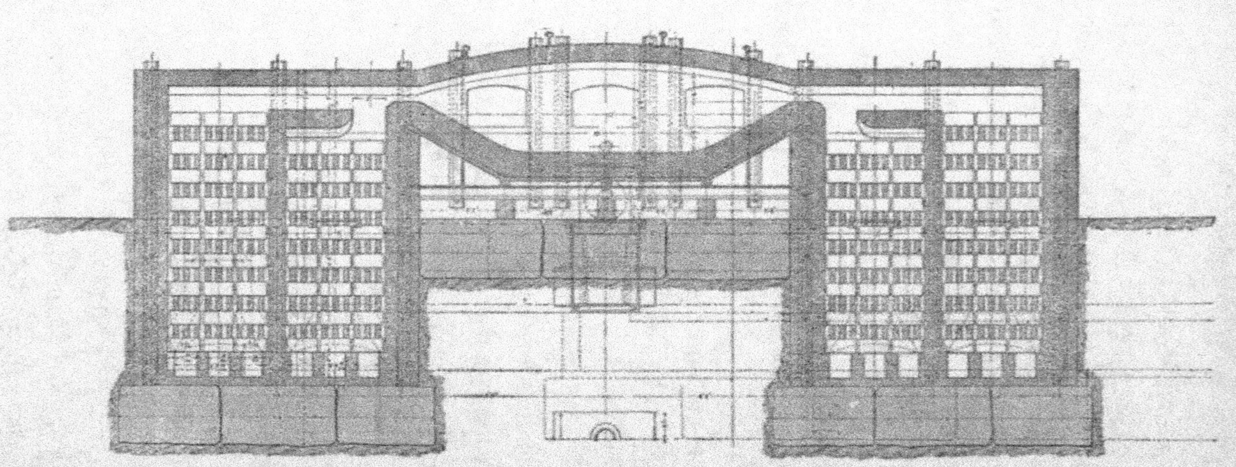

Fig. 71. — Four Siemens pour la fabrication du cuivre.
Coupe du four et des chambres de récupération.

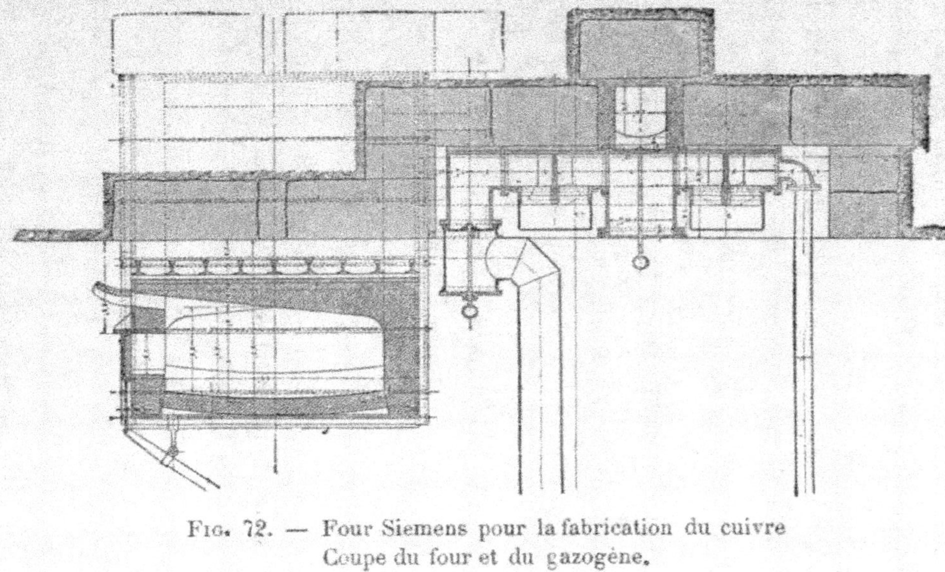

FIG. 72. — Four Siemens pour la fabrication du cuivre
Coupe du four et du gazogène.

III. Traitement des mattes bronzes par le procédé Bessemer.

Les procédés de fabrication du cuivre noir que nous venons de décrire exigent des opérations nombreuses et une dépense considérable de main-d'œuvre et de combustible. Aussi, jusque dans ces dernières années, la métallurgie du cuivre n'a-t-elle pu être pratiquée que dans les pays où la houille ou le bois sont à très bas prix.

De nombreux essais ont été tentés pour remédier à ces inconvénients; les fours ont été agrandis, on a généralisé l'utilisation des produits du grillage, mais la consommation de combustible a peu diminué, et atteint encore 15 à 18 tonnes par tonne de cuivre produit. Le seul très grand progrès réalisé dans la fabrication du cuivre a été dû à l'application de la cornue Bessemer au traitement des mattes cuivreuses.

Le procédé Bessemer consiste à souffler à travers la fonte en fusion, de l'air sous une forte pression; en traversant la masse liquide, l'oxygène de l'air en brûle les impuretés diverses et affine le métal. Un métallurgiste de Lyon, M. Pierre Manhès, a réussi, après de nombreux mécomptes, à employer la même méthode pour purifier les mattes.

Son invention est un très grand succès pour la métallurgie française et jouera, dans la fabrication du cuivre, un rôle aussi important que le procédé Bessemer dans celle de l'acier.

Les analogies entre ces deux fabrications sont en effet très grandes. De même qu'au haut fourneau, le minerai est réduit à l'état de fonte, combinaison de fer et de carbone, de même le minerai de cuivre est transformé par une simple fusion, la fonte crue, en un composé sulfuré, formé de cuivre, de fer et de soufre. Dans ces deux opérations, on sépare les métaux des gangues, et l'on obtient des produits principaux analogues; d'un côté, c'est un carbure et un siliciure de fer et de manganèse; de l'autre, un sulfure de fer et de cuivre. Par la simple action du vent, on élimine pendant l'opération Bessemer le silicium, le manganèse et le carbone; de la même manière, on enlève à la matte son soufre et son fer, qui sont tous deux plus oxydables que le cuivre. Mais les difficultés rencontrées dans le traitement des mattes sont bien plus grandes que celles du traitement de la fonte, où les éléments à oxyder ne dépassent pas 9 à 10 pour 100 du poids du métal; la matte, au contraire, ne contient en général que 20 pour 100 de cuivre. Il faut donc enlever par oxydation 80 pour 100 des matières traitées. Les éléments étrangers de la fonte, silicium et carbone, développent en brûlant une quantité considérable de chaleur, le premier 7800, le second 8000 calories, ce qui élève considérablement la température du bain métallique et empêche tout danger de refroidissement dû à l'action du vent. Le soufre

et le fer au contraire ne produisent que 2200 et 1500
calories ; aussi les premiers essais faits en Angleterre
par M. Holway, pour traiter les mattes au convertisseur

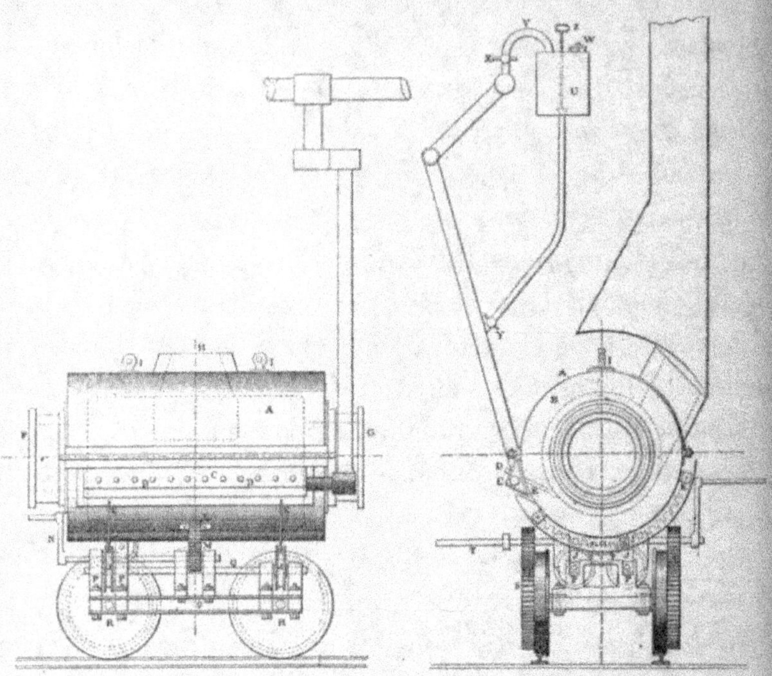

Fig. 73. — Fourneau convertisseur pour l'affinage du cuivre,
procédé P. Manhès.

Bessemer, aboutirent à un insuccès complet ; la matte se
solidifiait avant d'être affinée. M. Manhès ne fut pas
découragé par l'échec des métallurgistes anglais, et fit de
nombreux essais dans une usine à laminer le cuivre à
Védènes (Vaucluse), puis aux usines d'Eguilles, près

d'Avignon. Il se servit d'une petite cornue pouvant contenir une charge de 50 kilogrammes de matte, et disposée à la façon de l'appareil Bessemer ordinaire, avec boîte à vent à la base et tuyères verticales, injectant l'air de bas en haut dans le bain métallique.

La matte, contenant 25 à 30 pour 100 de cuivre, était fondue dans un petit four à cuve, et versée liquide dans la cornue. Le vent, soufflant à travers la matte, oxydait rapidement le soufre et le fer ; le soufre s'échappait à l'état d'acide sulfureux, le fer formait avec l'argile du garnissage de la cornue une scorie fluide. Au début, l'opération marchait très bien ; la combustion du fer et du soufre suffisait pour maintenir la fluidité du bain métallique et de la scorie ferrugineuse ; mais peu à peu la matte devenait moins liquide ; l'insufflation du vent produisait une ébullition tumultueuse avec projection de scories en dehors de l'appareil. Le cuivre formé se réunissait au fond de la cornue et se figeait dans les tuyères, qui s'obstruaient graduellement. L'opération s'arrêtait, avant que la matte fût complètement débarrassée de son fer et de son soufre.

M. Manhès substitua alors aux tuyères verticales des tuyères injectant le vent dans le bain à une certaine distance au-dessus du fond de la cornue. La boîte à vent de la base fut remplacée par une couronne circulaire creuse, enveloppant la cornue à quelques centimètres du fond, et pourvue d'orifices latéraux injectant le vent horizontalement dans le bain métallique.

Dans l'appareil ainsi modifié, le cuivre ne se fige plus ; au fur et à mesure qu'il se produit, il tombe en dessous de l'entrée de l'air et y reste à l'état liquide. Mais les scories sont encore très gênantes ; il est nécessaire de les couler partiellement avant la fin de l'opération, et même, lorsque les mattes sont pauvres, de faire l'opération en deux fois, car les mattes, en s'enrichissant, deviennent de plus en plus lourdes et gagnent le fond du convertisseur, où elles ne sont plus exposées à l'action oxydante du vent. Elles échappent ainsi au traitement, et il est impossible d'obtenir le cuivre ; il faut dans ce cas couler la matte enrichie à 60 pour 100, la séparer des scories, et achever l'opération dans une cornue regarnie à neuf. Le cuivre obtenu contient 1 1/2 à 2 pour 100 d'éléments étrangers.

M. Manhès a réussi à supprimer cet inconvénient, en se servant d'un convertisseur cylindrique à axe horizontal, qu'on peut faire tourner au moyen de manivelles, d'engrenages et d'un secteur denté (fig. 73). Le convertisseur est muni d'une boîte à vent longitudinale, placée suivant une génératrice du cylindre. On peut, à l'aide de cet appareil, traiter en une seule opération les mattes pauvres ; il suffit, en effet, d'incliner plus ou moins l'appareil pour faire arriver le vent à un point déterminé ; on souffle au niveau le plus utile pour la matière à traiter.

La cornue, préalablement chauffée au rouge, reçoit une charge de 1000 kilogrammes de matte liquide, à

travers laquelle on souffle le vent sous une pression de
25 à 30 centimètres de mercure, en plaçant les ouvertures de la boîte à vent un peu au-dessous du niveau
de la matte ; la température s'élève rapidement ; des
vapeurs sulfureuses jaunâtres et épaisses se dégagent.
On les reçoit dans une gaine, qui communique avec une
grande cheminée de 50 mètres de hauteur. A mesure
que l'opération avance, on tourne le cylindre, de manière
à toujours souffler le vent dans la matte et non dans la
scorie, qui surnage. Après quinze ou vingt minutes de
soufflage, les fumées diminuent et deviennent verdâtres,
puis disparaissent subitement. On coule alors rapidement les scories sur le sol de l'usine, puis le cuivre
dans des lingotières en fonte.

Les scories ont la composition suivante :

$$
\begin{aligned}
SiO^2 &\quad 35,90 \\
Al^2O^3 &\quad 1,76 \\
FeO &\quad 55,83 \\
MnO &\quad 0,22 \\
ZnO &\quad 0,86 \\
Cu &\quad 2,14 \\
S &\quad 1,03
\end{aligned}
$$

Elles renferment habituellement 2 à 3 pour 100 de
cuivre à l'état de grenailles ; ce n'est pas là un déchet
réel, car on les ajoute aux minerais crus et on les
repasse au four à cuve.

Le cuivre brut obtenu au convertisseur a une composition très constante.

$$
\begin{aligned}
\text{Cuivre} &\ldots\ldots\ldots\ldots 98,5 \text{ à } 98,8 \\
\text{Soufre} &\ldots\ldots\ldots\ldots 0,9 \text{ à } 0,8 \\
\text{Fer} &\ldots\ldots\ldots\ldots 0,6 \text{ à } 0,4
\end{aligned}
$$

Dans la même cornue, on peut faire à la suite les unes des autres environ vingt opérations, après lesquelles il est nécessaire de refaire entièrement le garnissage. Le procédé Manhès permet de traiter non seulement des mattes pures, mais aussi des mattes contenant de l'arsenic, de l'antimoine et du plomb, tous ces éléments étant volatilisés en même temps que le fer et le soufre; on peut même passer au convertisseur, soit seuls, soit mélangés aux mattes, de vieux bronzes, de vieux laitons ; le zinc, l'étain et le plomb s'oxydent facilement. Le nickel et le bismuth résistent à l'action du vent et se concentrent dans le cuivre. Jusqu'à présent le procédé Manhès s'est donc trouvé insuffisant vis-à-vis de ces deux corps, tandis que l'élimination de l'arsenic et de l'antimoine, qui crée tant de difficultés dans les fusions au réverbère et au four à cuve, se fait très facilement; ces deux métalloïdes disparaissent presque entièrement, ils sont probablement entraînés mécaniquement par le vent.

La consommation totale de houille est d'environ 5 tonnes par tonne de cuivre marchand, tandis que, pour des minerais de même valeur, traités par la méthode anglaise, elle serait d'environ 15 tonnes. Les frais de fabrication ne dépassent pas, aux usines d'Eguilles,

150 francs par tonne de cuivre, malgré l'élévation des frais généraux et du prix du coke, tandis que les frais de traitement du cuivre au réverbère à Swansea sont évalués à 350 francs.

En résumé, le procédé Manhès simplifie la métallurgie du cuivre et la rend plus économique ; au lieu de six ou huit opérations coûteuses, tour à tour oxydantes et réductives, faites au réverbère pour éliminer successivement le soufre, le fer et les autres éléments, le traitement se compose d'une fonte pour mattes, à laquelle succède directement le travail du convertisseur, qui donne un métal plus pur que le cuivre noir ordinaire.

Aussi le procédé Manhès s'est-il rapidement répandu à l'étranger ; des convertisseurs fonctionnent dans plusieurs usines aux États-Unis, au Chili et en Espagne, et y donnent les meilleurs résultats.

CHAPITRE V

Affinage métallurgique. — Affinage électrolytique
Traitement du cuivre natif au Lac Supérieur.

I. **Affinage métallurgique.**

Le cuivre brut obtenu, soit par une fusion au four à
cuve ou au réverbère, soit par le procédé Manhès,
renferme toujours quelques centièmes d'éléments étrangers, qu'il faut lui enlever avant de pouvoir le livrer
au commerce. Pour réaliser cette purification, on soumet le cuivre brut à une fusion oxydante, pendant laquelle le fer et l'étain disparaissent complètement, sous
forme de scories, tandis que le soufre, l'arsenic, l'antimoine, le nickel, le cobalt et le plomb restent en grande
partie combinés avec le cuivre; pour déterminer également leur élimination, on prolonge l'oxydation de ma-

nière à transformer une petite quantité de cuivre en
oxyde cuivreux, qui forme une scorie très basique et
réagit sur les métaux restants, en les faisant passer à
l'état d'oxydes, qui sont absorbés par les scories. En
même temps il se forme de l'acide sulfureux, qui
s'échappe en bouillonnant. Le métal ainsi obtenu porte

Fig. 74. — Petit foyer pour l'affinage du cuivre noir.

le nom de cuivre *rosette* ; il a une belle couleur rouge
due à la présence de l'oxyde cuivreux ; on le transforme
en cuivre marchand, en le soumettant à une fusion
réductive.

Ces deux opérations, appelées *affinage* et *raffinage*,
se faisaient autrefois dans deux fours distincts (fig. 74) ;
on employait, pour l'affinage, un *bas foyer* formé par
un bassin hémisphérique, installé sous une hotte, et
destiné à recevoir le cuivre noir et le combustible ; une
tuyère amenait l'air nécessaire à l'oxydation et à la
combustion. Pour affiner le cuivre dans un foyer de ce
genre, on remplit le bassin de charbons de bois enflammés

et on charge par dessus le cuivre, qui fond graduellement et se rassemble au fond du bassin, où il est exposé
à l'action oxydante de la tuyère. On le transforme ainsi
en cuivre rosette, qu'on raffine dans des fours du même
type, en le fondant au milieu de charbon de bois.

Depuis vingt ans, cette manière de procéder a complètement disparu, sauf dans quelques usines de peu
d'importance, qui ont gardé leurs anciennes installations. Actuellement, dans presque toutes les usines, on
effectue les deux opérations à la suite l'une de l'autre,
dans un même four à réverbère, analogue à ceux qui
sont employés pour les fontes de concentration. A la
place du trou de coulée latéral, on pratique dans la sole
un bassin hémisphérique, où se rassemble le cuivre
purifié. La charge du four est en moyenne de 10 tonnes
de cuivre brut; on dirige le feu de manière à fondre
lentement le métal ; la fusion n'est complète qu'au bout
de quinze à vingt heures. On remue fréquemment la
masse, et on enlève les scories, jusqu'au moment où
elles commencent à se colorer en rouge, par suite de la
formation d'oxyde cuivreux. On laisse agir cette scorie
pendant quelque temps sur la masse en fusion, elle
enlève au métal l'arsenic et l'antimoine. On termine la
période oxydante, lorsque des prises d'essai, faites dans
la masse, montrent que le métal rosette présente une
cassure à gros grains, d'une belle couleur. Après avoir
écumé une dernière fois la scorie, on ferme la porte
de la chauffe, de manière à obtenir dans le four une

atmosphère réductrice, et on y projette un peu de charbon de bois, pour réduire l'oxyde cuivreux formé. Pour

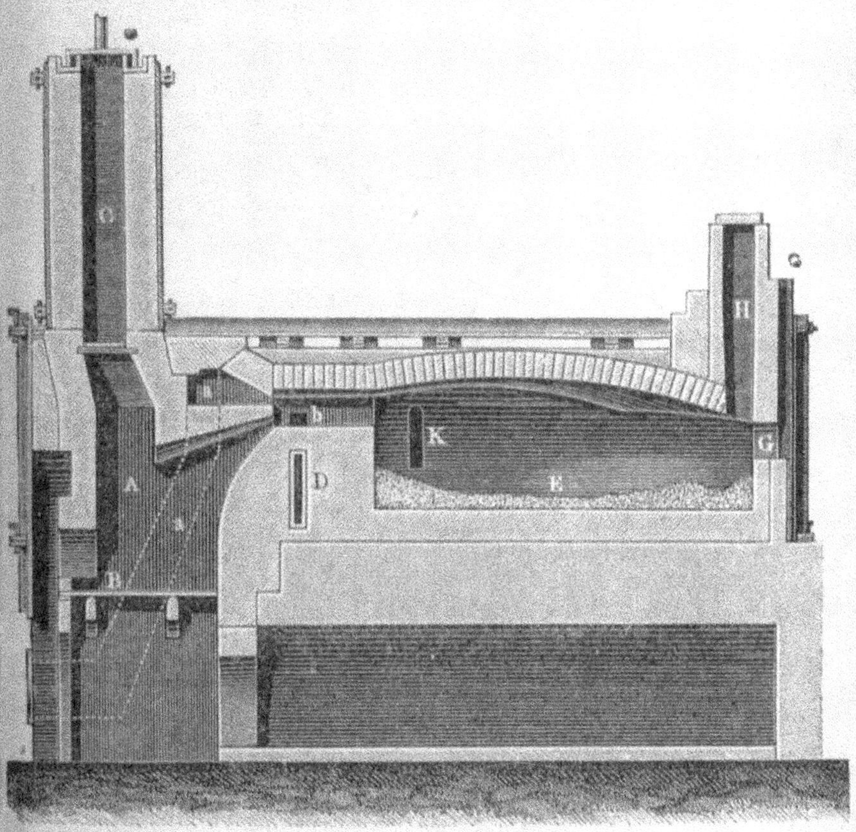

FIG. 75. — Four à réverbère pour l'affinage du cuivre.

activer la réduction, on introduit, par la porte de travail, une perche de bois vert, qu'on enfonce dans le bain
métallique jusqu'au fond.

Les gaz et la vapeur d'eau, qui s'échappent du bois, produisent un violent bouillonnement dans le métal en fusion, et favorisent le contact du charbon de bois et de l'oxyde cuivreux à réduire. Pendant toute cette opération, qui est connue en Angleterre sous le nom de *poling*, on fait des prises d'essai toutes les deux ou trois minutes, en coulant avec un cuiller un petit lingot de 4 ou 5 centimètres de longueur, qu'on éprouve au marteau après l'avoir serré dans un étau. Au début du *poling*, la surface du lingot est boursouflée et présente de petits cratères, dus au dégagement d'acide sulfureux ; peu à peu l'acide sulfureux cesse de se dégager, et, lorsque les pièces d'essai cessent d'être boursouflées, et qu'elles donnent un métal rosé, difficile à briser et à cassure d'un éclat soyeux, on procède à la coulée. On puise le cuivre avec des poches en fer doublées d'argile, et on le verse dans des moules en fer, enduits de brasque, ou mieux encore dans des moules en cuivre. Il est nécessaire de faire de temps en temps des prises d'essai pendant la coulée, pour se rendre compte si l'air qui entre par la porte de travail n'a pas de nouveau oxydé du cuivre. Lorsque cette réoxydation se produit, on renouvelle le *poling* avant la fin de la coulée. La consommation de houille, pendant l'affinage, est en moyenne de 400 kilogrammes par tonne ; les dépenses s'élèvent à 30 francs par tonne.

Le raffinage du cuivre est une opération très délicate, qui demande un personnel expérimenté ; il faut

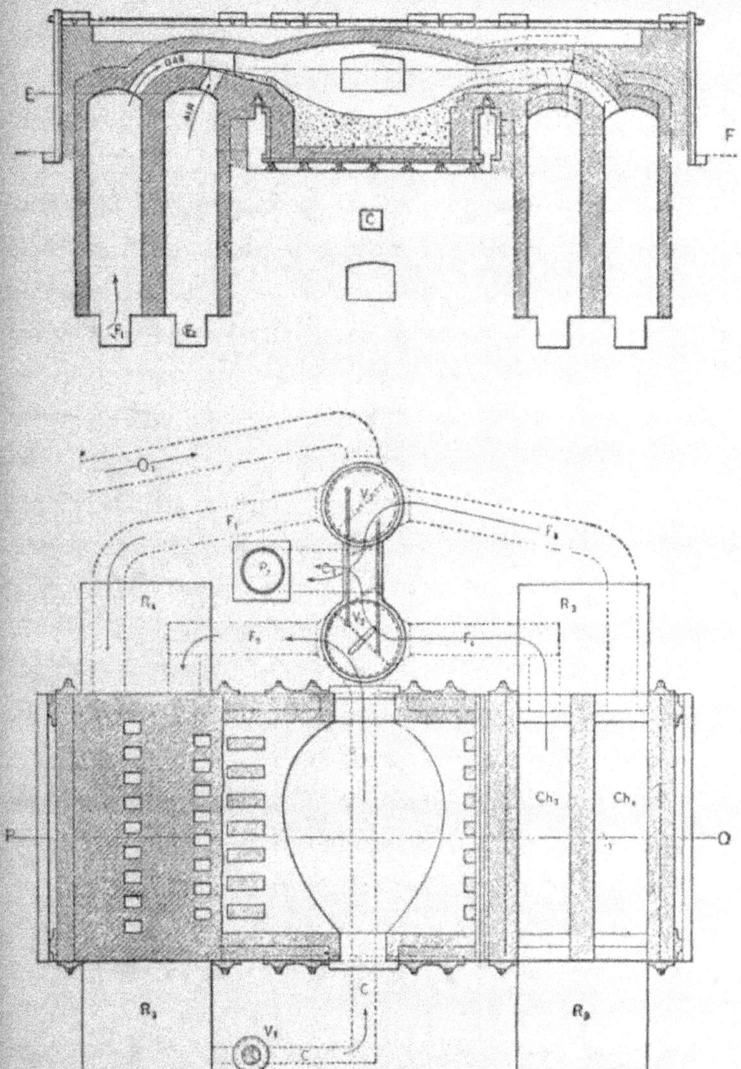

Fig. 76. — Four Siemens pour l'affinage du cuivre.

arrêter le *poling* au moment précis, où la réduction de l'oxyde cuivreux est terminée, sous peine d'obtenir un cuivre à grains moins fins, moins flexible et plus cassant que le métal convenablement raffiné.

On ne sait encore au juste à quelles raisons attribuer les défauts du métal trop raffiné ou *overpoled*; certains fondeurs prétendent que le métal *overpoled* a absorbé du carbone pendant le *poling*; mais cette opinion ne paraît pas soutenable, parce qu'en fondant, dans un creuset, du cuivre sous une couche de charbon, on obtient un métal de très bonne qualité. Il est plus probable que les éléments étrangers, qui restent toujours dans le cuivre raffiné, sont ramenés par un *poling* trop prolongé à l'état métallique, et que, sous cette forme, ils sont plus nuisibles qu'à l'état d'oxydes.

Lorsqu'on coule le cuivre dans des moules de grandes dimensions, il arrive fréquemment que le cuivre *monte* dans les moules. Ce phénomène est dû à un dégagement d'acide sulfureux, produit par la réaction des petites quantités d'oxygène et de soufre restées dans le cuivre; il suffit, pour éviter cet accident, de jeter dans le cuivre, une petite quantité de plomb ou de phosphure de cuivre, qui s'emparent de l'oxygène et empêchent sa réaction sur le soufre.

Dans ces dernières années, on a construit, dans quelques usines américaines, des fours de raffinage chauffés par des gazogènes Siemens (fig. 76), disposés pour permettre la récupération de la chaleur. La sole de ces fours, au lieu d'être en quartz, est construite en calcaire, comme la sole des fours Martin, pour la fabrication de l'acier. Les scories qui se forment pendant le raffinage ne sont pas siliceuses comme dans le procédé ordinaire ; elles sont au contraire très calcaires et absorbent facilement l'arsenic et l'antimoine. Il paraît certain que l'usage des fours à sole basique permet une élimination presque complète de l'arsenic et une grande diminution de la durée de la période de grillage.

II. Affinage électrolytique.

L'affinage du cuivre noir par une fusion oxydante donne un produit qui contient toujours quelques millièmes d'éléments étrangers ; pour obtenir un cuivre chimiquement pur et doué d'une haute conductibilité électrique, il est nécessaire de recourir à l'affinage électrolytique, qui permet en outre de retirer des cuivres bruts les quantités souvent notables d'or et d'argent qu'ils renferment.

Pour affiner par l'électolyse le cuivre noir, on fait usage de bains de sulfate de cuivre, traversés par un puissant courant électrique ; le pôle négatif ou *anode* est constitué par les plaques de cuivre noir, qu'il s'agit d'affiner ; le pôle positif ou *cathode* par des plaques très minces de cuivre chimiquement pur. Le courant électrique décompose le sulfate du bain en cuivre, qui se porte sur la cathode, et en acide sulfurique, qui attaque l'anode et régénère le sulfate décomposé. Les métaux précieux contenus dans le cuivre ne sont pas attaqués par l'acide sulfurique, et tombent au fond des bains sous forme de boues, qu'on recueille. Les procédés électrolytiques permettent donc d'extraire tout l'or et l'argent contenus dans les cuivres du commerce.

L'action de l'acide sulfurique sur le cuivre noir produit un travail chimique, équivalent au travail dépensé par le courant pour la décomposition du sulfate; aussi presque toute l'énergie du courant est-elle employée à vaincre la résistance qu'opposent les bains à son passage. Comme il est toujours possible de diminuer la résistance d'un bain, en augmentant la surface des anodes et des cathodes, il semblerait qu'on puisse réduire beaucoup la dépense d'électricité; mais la force dépensée n'est qu'un des éléments économiques de la question, car les dimensions des installations et surtout la quantité de métal en traitement immobilisent un capital considérable dont l'intérêt peut dépasser le bénéfice brut réalisé par l'opération. Pour marcher dans des conditions vraiment économiques, on doit garder une proportion, déterminée par l'expérience, entre la puissance des machines électriques et le nombre des bains.

Le raffinage électrolytique du cuivre est pratiqué depuis une vingtaine d'années dans de nombreuses usines, dont les plus importantes sont la *Norddeutsche*

Affinerie de Hambourg, l'usine d'Oker, dans le Harz,

Fig. 77. — Machine Siemens (de Berlin) verticale, à électro-aimants
doubles pour l'affinage électrolytique du cuivre.

l'usine de Biache-Saint-Waast, dans le Pas-de-Calais,
et l'usine de Selly Oak, près Birmingham.

Il n'existe malheureusement que très peu de données sur les procédés employés dans les usines traitant le cuivre électrolytiquement ; chaque fabricant a des tours de main spéciaux, qu'il se garde de divulguer à cause de la difficulté de maintenir ses droits contre les contre-facteurs. Cependant, nous pouvons affirmer qu'il n'y a pas de secret pour l'affinage électrolytique ; le grand mystère est la minutie des soins à donner aux diffé-rentes parties de l'opération, pour obtenir la régularité des courants et des dissolutions.

Toutes les usines ont adopté des dispositions analo-gues ; le courant électrique est fourni par des machines électromagnétiques du type Gramme ou Siemens, qui alimentent vingt à trente bains couplés en tension [1]. Les bains sont en bois doublé de plomb. Ils sont en général placés au même niveau et communiquent par le fond. Deux cadres en cuivre, isolés l'un de l'autre, les surmontent et servent à la transmission du courant, les deux pôles de la machine sont mis en contact avec les cadres des bains extrêmes et le cadre positif de chaque bain est en communication avec le cadre négatif du bain voisin, au moyen d'un conducteur en cuivre recourbé. Les bains contiennent une solution de sulfate de cuivre ; le cuivre à raffiner est coulé en plaques d'un centimètre d'épaisseur, qui forment les anodes ; on les

[1] Voy. J. Lefèvre, *Dictionnaire d'Electricité*, art. MACHINE D'INDUCTION, Paris, 1891, 1 vol. in-8, J.-B. Baillière et fils.

suspend par deux crochets en cuivre au châssis supérieur. Les cathodes sont faites en plaques de cuivre très
pur d'un millimètre d'épaisseur ; elles sont repliées à
leur partie supérieure et accrochées aux traverses du
châssis inférieur. Chaque bain contient environ cent
anodes et cathodes, séparées les unes des autres par
une distance de quelques centimètres, et présentant des
surfaces totales égales.

Le cuivre se dépose sur les cathodes en couche
épaisse, assez unie pour être directement portée au
laminage ; l'or et l'argent tombent au fond du bain sous
forme de boue, avec les autres impuretés du cuivre et
les débris d'anodes ou de cathodes, qui se détachent
quelquefois.

On décante les bains au moyen de siphons en plomb ;
on lave les boues sur un crible, sur lequel restent les
débris de cuivre, puis on les fond avec de la litharge et
on les coupelle avec du plomb argentifère pour en
extraire l'or et l'argent.

Les solutions de sulfate de cuivre des bains se char-
gent peu à peu de sulfate ferrique, qui provient du fer
contenu dans les anodes ; il est nécessaire de les purifier de temps en temps par cristallisation, en les éva-
porant partiellement.

L'épaisseur du cuivre formé sur les cathodes est
d'environ 8 millimètres par heure ; dans ces conditions
le dépôt est régulier, fin et tenace. S'il était fait trop
précipitamment, le cuivre entraînerait avec lui des

corps étrangers, qui diminueraient sa conductibilité.

Les procédés d'affinage électrolytique ont l'inconvénient d'immobiliser une grande quantité de cuivre ; ainsi, à la *Norddeutsche Affinerie* de Hambourg, la valeur du cuivre constamment dans les cuves est d'environ 600 francs par tonne traitée ; en comptant à 5 pour 100 l'intérêt du capital engagé, les frais d'affinage s'évaluent approximativement de la manière suivante :

Intérêt du capital	65 fr.
Force motrice	40 —
Entretien	15 —
Main-d'œuvre	40 —
Frais généraux	40 —
	200 fr.

L'affinage est donc fort cher ; mais les cuivres bruts contiennent généralement une petite proportion d'or et d'argent, qui compense, et au delà, les dépenses de fabrication. La valeur des métaux précieux n'entre en effet dans le calcul du prix des cuivres, que lorsque la proportion d'argent dépasse 1 kilogramme à la tonne.

D'autre part, le cuivre électrolytique a sur le marché une plus-value très importante à cause de sa haute conductibilité. Aussi l'électrolyse tend-elle à remplacer partout les opérations métallurgiques pour l'affinage des cuivres destinés aux usages électriques.

III. Traitement des minerais de cuivre natif du Lac Supérieur.

Les procédés que nous venons de décrire s'appliquent aux minerais contenant le cuivre à l'état de

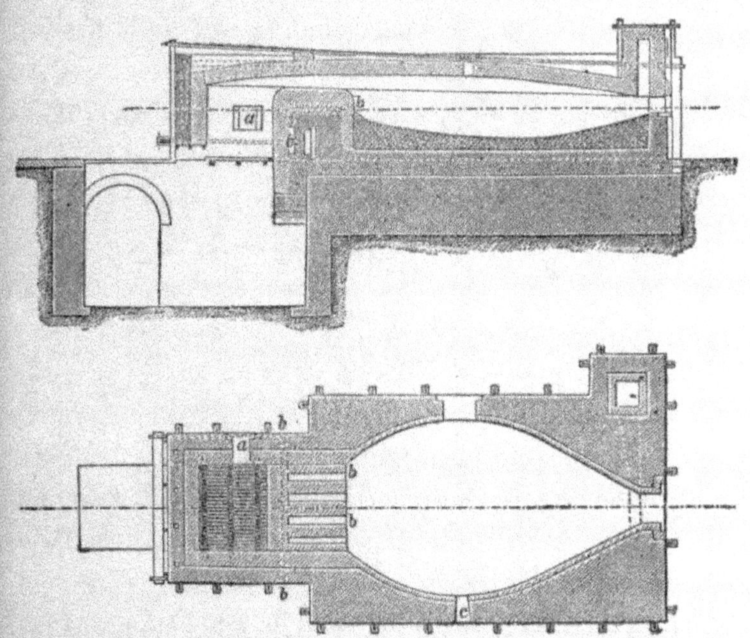

Fig. 78. — Four à réverbère pour le traitement des minerais de cuivre au Lac Supérieur.

combinaisons sulfatées ou oxydées ; lorsqu'on doit traiter des minerais de cuivre natif, toutes les fusions de concentration deviennent inutiles ; une seule opération suffit pour donner du cuivre marchand. Au Lac Supérieur on exploite d'énormes gisements de cuivre natif. La fusion de minerais se fait dans de grands fours à réverbère (fig. 78), pouvant recevoir des charges de 10 tonnes, et chauffés à l'anthracite. L'air nécessaire à la combustion est soufflé à forte pression sous la grille de la chauffe, et se chauffe préalablement en circulant dans des canaux en briques b, ménagés dans la maçonnerie du pont. On charge d'abord des minerais menus qu'on étale sur la sole, puis des minerais en gros morceaux, et enfin des scories riches destinées à faciliter l'affinage. La masse fond peu à peu ; au bout de cinq à six heures, on retire les scories qui se forment, puis on laisse arriver l'air par deux conduits aménagés dans la voûte au-dessus du pont. Les métaux contenus dans le cuivre s'oxydent et passent dans la scorie. Comme dans l'affinage du cuivre brut, l'oxydation est poussée très loin ; on suit la marche par des prises d'essai successives. Lorsqu'une prise d'essai montre une cassure à gros grains brillants, on arrête l'arrivée de l'air, on enlève toute la scorie, et on commence le raffinage, en jetant dans le four du charbon de bois, et en produisant le brassage de la masse par l'introduction d'une perche de bois vert. On coule le cuivre, en le puisant à l'aide de poches en fer, enduites d'argile. Le cuivre qu'on obtient ainsi est très pur et a une grande vogue commerciale. Des analyses récentes de divers échantillons de cuivre ont donné les résultats suivants :

	N° 1	N° 2	N° 3
Fer	»	0,03	0,005
Nickel	»	»	0,003
Cobalt	»	traces	traces
Argent	0,03	0,070	0,03
Oxygène	0,28	0,370	0,190
Cuivre	99,60	99,500	99,700

CHAPITRE VI

Voie humide : procédés employés à Rio-Tinto, procédé Doetsch, procédé Hunt et Douglass. — Grillage chlorurant. — Traitement électrolytique des minerais de cuivre : procédé Siemens.

I. Traitement des minerais de cuivre par la voie humide.

PRINCIPES GÉNÉRAUX

Les procédés métallurgiques ne permettent pas de traiter avec économie des minerais tenant moins de 3 ou 3,5 pour 100 de cuivre ; pour extraire le cuivre de minerais pauvres, on a recours au procédé de la *voie humide*, qui consiste à dissoudre le cuivre dans une solution acide ou saline, pour le séparer des matières stériles qui l'accompagnent, puis à le précipiter à l'état métallique par des réactions chimiques. La voie humide s'applique également au traitement de produits cuivreux divers, mattes, crasses, etc., qui renferment des métaux précieux, qu'on pourrait difficilement isoler par une fusion.

Ces procédés ont pris une grande extension dans ces dernières années; ils ont permis de traiter des minerais, qu'on négligeait autrefois à cause de leur pauvreté, et produisent actuellement environ 40 pour 100 du cuivre extrait dans le monde entier.

Comme le cuivre ne forme qu'une faible partie des minerais, il est nécessaire que les procédés puissent s'appliquer sans grands frais à de grandes quantités de matières ; on ne peut donc songer à transporter les minerais au loin, il faut les traiter sur place avec des réactifs à bon marché. Les minerais à gangue quart-zeuse se prêtent très bien au traitement par la voie humide, parce que les acides n'ont aucune action sur la gangue; les minerais calcaires sont au contraire très difficiles à traiter, car la chaux se dissout en même temps que le cuivre et exige par conséquent des quan-tités considérables de réactifs.

Le cuivre est généralement contenu dans les mine-rais à l'état de sulfure, plus rarement à l'état de car-bonate, d'arséniate ou de silicate.

Les combinaisons oxydées sont solubles dans les acides dilués, tels que l'acide sulfurique ou l'acide chlorhydrique. Les sulfures au contraire ne sont que peu solubles, et doivent être transformés soit en sulfates, soit en chlorures avant d'être soumis à l'action des dissolvants.

La sulfatisation peut se faire lentement à froid sous l'action de l'air; ainsi les eaux qui sortent des anciennes galeries de mines sont chargées de sulfates métalliques. Plus généralement, on détermine la transformation des sulfures en sulfates par un grillage oxydant, effectué soit en tas, soit dans un des fours que nous avons décrits à propos du grillage des minerais, traités par les opérations métallurgiques.

La transformation des sulfures en chlorures s'obtient également par un grillage; mais au lieu de laisser agir l'oxygène seul sur les minerais, on les mélange de chloru e de sodium, qui détermine la chloruration.

Les minerais sulfatés ou chlorurés sont soumis à un lessivage méthodique, qui leur enlève tous les sels de cuivre qu'ils contiennent; la dissolution obtenue est traitée par de vieilles ferrailles, dont le fer se substitue au cuivre dans ses sels et produit un précipité de cuivre métallique, appelé *cément*, qu'on raffine ensuite dans des fours à réverbère.

Telle est, dans ses grandes lignes, la méthode de traitement des minerais de cuivre par la voie humide. Pour bien la faire comprendre dans ses détails, nous décrirons quelques-unes des installations les plus importantes qu'on rencontre en Europe ou en Amérique.

PROCÉDÉS EMPLOYÉS A RIO-TINTO

Les minerais de Rio-Tinto, formés de pyrite de fer contenant 2,5 pour 100 de cuivre, sont, comme nous l'avons dit plus haut, grillés en tas à l'air libre. Les minerais grillés sont placés dans de grands bassins de lessivage, bâtis en maçonnerie. — Ces bassins, de 30 mètres de longueur, 10 mètres de largeur, 1ᵐ,50 de profondeur, sont munis d'un faux fond en planches légèrement incliné; des fentes pratiquées dans ce plancher permettent au liquide qui a filtré à travers la masse de s'écouler dans le sous-sol, et de là, par des écluses de vidange, dans des bassins de cémentation. Le lessivage se fait par l'eau, qu'on renouvelle plusieurs fois jusqu'à ce qu'elle ne contienne plus trace de cuivre. Les résidus de lavage sont mélangés avec des minerais menus et mis en tas de 3 à 4 mètres de haut, dans lesquels sont ménagés des canaux pour la circulation de l'air. Sous l'influence des agents atmosphériques, la masse s'échauffe, les sulfures qui n'avaient pas été oxydés pendant le premier grillage se transforment en sulfates, et, au bout de six à huit semaines, on soumet le minerai à un second lessivage ; on expose de nouveau le résidu à l'air, on le lessive encore et ainsi de suite pendant environ deux ans; au bout de cette période, les minerais sont épuisés et ne contiennent plus que quelques millièmes de cuivre. A Rio-Tinto et à Tharsis, 500.000 tonnes de minerais sont constamment en traitement ; les tas de grillage et les bassins sont régulièrement disposés et reliés par des voies ferrées.

La liqueur chargée de sulfate de cuivre s'écoule dans une série de canaux maçonnés de 600 mètres de longueur, au fond desquels on a placé des saumons de fonte et de vieilles ferrailles, qui précipitent le cuivre à l'état de cément. Au sortir de ces canaux, la liqueur, qui ne contient plus que quelques grammes de cuivre par mètre cube, est renvoyée à l'aide de pompes dans les bassins de lessivage, où elle sert de nouveau comme dissolvant.

Le cuivre de cément obtenu est très impur ; sa composition moyenne est la suivante :

Cuivre	51,90	Soufre.	5,10
Argent	2,35	Chaux.	0,60
Plomb.	1,45	Chlorure de sodium.	0,40
Bismuth	4,95	Sulfate de soude.	1,40
Fer	7 »	Sable	5 »
Antimoine	0,50	Perte au feu et divers	16 »
Arsenic	2,25		

On commence par le griller au four à réverbère pour éliminer l'arsenic, puis on l'expédie à des usines anglaises et allemandes, qui extraient par des procédés spéciaux l'argent qu'il contient.

La consommation de fonte est de 1700 kilogrammes environ par tonne de cuivre ; pour éviter la dépense qui en résulte, on a essayé à Rio-Tinto, de précipiter le cuivre par de l'hydrogène sulfuré produit en faisant passer un mélange d'eau et d'acide sulfureux sur du coke porté au rouge ; ce procédé n'a pas donné des résultats satisfaisants. Le sulfure de cuivre obtenu était trop impur.

D'après M. Cumenge, les frais de traitement par tonne de minerai s'élèveraient aux chiffres suivants :

Grillage.	0,90
Cémentation	2,80
Valeur du minerai	4 »
Total	7,70

PROCÉDÉ DOETSCH

Le procédé de sulfatation des minerais a été partiellement remplacé par le procédé Doetsch, qui substitue au grillage oxydant une réaction chlorurante, basée sur l'action du chlorure ferrique sur les sulfures de cuivre. Au contact du chlorure ferrique les sulfures de cuivre se transforment en chlorures, tandis que les sulfures de fer ne sont pas attaqués.

$$CuS + Fe^2Cl^6 = 2FeCl^2 + CuCl + S$$
$$Cu^2S + Fe^2Cl^6 = 2FeCl^2 + CuCl^2 + S$$

Le chlorure ferrique sépare donc le cuivre de sa

gangue sans dissoudre le fer. La liqueur contenant le chlorure de cuivre est ensuite traitée par le fer, qui précipite du cuivre de cément.

$$2CuCl + Fe = 2Cu + FeCl^2$$
$$CuCl^2 + Fe = Cu + FeCl^2$$

La solution de chlorure ferrique s'obtient en dissolvant du sel marin dans du sulfate ferrique ; il se forme du sulfate de soude et du chlorure ferrique.

Pour appliquer le procédé Doetsch, on commence par concasser le minerai en fragments de moins de 1 centimètre, puis on le mélange de 2 pour 100 de sel marin et ferrique, et on l'empile en tas de 4 mètres de hauteur de sulfate sur 15 mètres de longueur et de largeur ; des canaux horizontaux et des cheminées verticales y sont ménagés, pour la circulation de l'air et de l'eau. Sur le faîte du tas, on dispose des plates-formes, qui servent à distribuer de l'eau uniformément dans la masse. L'eau, en s'infiltrant à travers le minerai, dissout le sel et le sulfate de fer, qui réagissent l'un sur l'autre en donnant du chlorure ; la solution chlorurée attaque les sulfures de cuivre, et s'écoule par les canaux horizontaux dans les bassins, où elle est cémentée au moyen de fontes et de vieilles ferrailles. La consommation de fonte est d'environ 1100 kilogrammes par tonne de cuivre ; le cément tient 80 à 85 pour 100 de cuivre.

Les eaux cémentées contiennent du chlorure ferreux ; pour qu'elles puissent servir de nouveau au lessivage,

il est nécessaire de régénérer le chlorure ferrique. A cet
effet, on les élève au moyen de pompes à revêtement
intérieur en caoutchouc durci, et on les fait tomber
dans une tour remplie de fragments de coke, au travers
desquels monte un courant de chlore, produit par l'action, dans un four à réverbère, de chlorure de sodium
sur du sulfate de fer en présence d'un excès d'oxygène.

$$2FeSO^4 + 4NCl + 3O = Fe^2O^3 + 2Na^2SO^4 + 4Cl$$
$$Fe^2SO^6 + 2NCl + O = 2Fe^2O^3 + Na^2SO^4 + 2Cl$$

Le chlore transforme le chlorure ferreux en chlorure
ferrique, qu'on fait servir de nouveau au lessivage.

L'opération du lessivage dure environ deux ans ; au
bout de ce temps, il ne reste plus que 0,50 pour 100 de
cuivre dans les minerais.

Le procédé Doetsch a le grand avantage de supprimer
les fumées d'acide sulfureux, qui ont dénudé anciennement les campagnes de Rio-Tinto ; il diminue beaucoup
la dépense de fonte nécessaire pour la cémentation et ne
consomme que du sel marin et du sulfate de fer, qu'on
se procure facilement à bas prix.

D'après M. Cumenge, par tonne de cuivre de cément,
les frais de fabrication sont les suivants :

Dissolution	83 fr.
Cémentation	181 —
Frais généraux	28 —
	292 fr.

PROCÉDÉ HUNT ET DOUGLASS

Le procédé Hunt et Douglass, qui a été appliqué récemment dans diverses usines, consiste à traiter les minerais grillés par une solution de chlorure ferreux, qui agit sur l'oxyde de cuivre contenu en donnant de l'oxyde ferrique et des chlorures de cuivre.

$$3CuO + 2FeCl^2 = Fe^2O^3 + CuCl^2 + 2CuCl$$

La dissolution, chargée de cuivre, passe d'abord sur des grenailles de cuivre, qui transforment le chlorure cuivreux en chlorure cuivrique, puis sur du fer, qui précipite le cuivre métallique en régénérant le chlorure ferrique primitif.

$$CuCl^2 + Cu = 2CuCl$$
$$2CuCl + Fe = 2Cu + FeCl^2$$

La méthode exige que le cuivre contenu dans les minerais soit à l'état d'oxyde ; il est donc nécessaire de griller les minerais sulfurés de manière à transformer les sulfures en oxydes. Ce grillage est très délicat. Si on élève trop la température, l'oxyde de cuivre formé n'est plus attaquable par le chlorure ferrique ; si, au contraire, le grillage est insuffisant, les minerais contiennent trop de sulfates et exigent de grandes quantités de fer pour la précipitation du cuivre.

On prépare la dissolution en mélangeant du sel marin et du sulfate ferreux, et en chauffant à 70 degrés environ ; par mètre cube d'eau on compte 120 kilogrammes de sel et 280 kilogrammes de sulfate.

Le minerai grillé est réduit en poudre, puis soumis à l'action de la solution de chlorure ferreux pendant trois à quatre jours dans de grands tonneaux en bois. La liqueur se charge de cuivre, et on la fait écouler dans des bassins où elle est mise en digestion avec des ferrailles. On n'attend pas que la précipitation du cuivre de cément soit complète, parce que la solution sert au lessivage de nouveaux minerais et que, au contact prolongé de l'air, elle se chargerait de sels basiques insolubles, qui se mêleraient au cuivre de cément. Il est impossible toutefois, d'empêcher complètement la formation d'un oxychlorure de fer, qui fait perdre à la solution environ 6 pour 100 de chlore ; pour remplacer cette perte de chlore, on ajoute à la solution un excès de sel marin.

Le grand avantage de cette méthode résulte de la quantité relativement faible de fer nécessaire à la précipitation du cuivre. Théoriquement un atome de fer (56) se substitue à deux atomes de cuivre ($2 \times 63,4$). La consommation de fer par tonne de cuivre serait donc de $440^{kg},16$. Pratiquement elle est de 700 kilogrammes environ.

Le procédé Hunt et Douglass se prête à l'extraction de l'argent contenu dans les minerais. Le chlorure cui-

vrique, formé par l'action du chlorure ferreux, attaque
l'argent et le sulfure d'argent, en donnant du chlorure
d'argent qui se dissout dans la liqueur renfermant du sel
marin. On isole l'argent en le précipitant par des grenailles de cuivre, avant de traiter la liqueur par le fer.

II. Traitement des minerais par un grillage chlorurant.

Le procédé Doetsch est combiné souvent avec un
grillage chlorurant, qui transforme directement les
sulfures contenus dans les minerais en chlorures solubles. Cette transformation s'effectue en broyant les
minerais avec 15 pour 100 de sel marin et en soumettant
le mélange à un grillage oxydant. Les fours les plus
employés pour ce grillage chlorurant sont les fours à
sole tournante inventés par M. Gibbs (fig. 79), ils se
composent d'une sole a, de 5 mètres de diamètre, en forme
d'assiette, construite en tôle et garnie de terre réfractaire. Elle est supportée par un axe vertical en fer e, et
est mise en mouvement à l'aide d'une chaîne sans fin.
Des bras en fer forgé p, recevant de l'abre moteur un
mouvement de va-et-vient servent à râcler la charge et
à produire le mélange intime du sel et du minerai. Le
four est chauffé par un foyer latéral ; les gaz brûlés,
après avoir passé sur la sole, s'échappent par un large
carreau et se rendent à une tour de condensation rem-

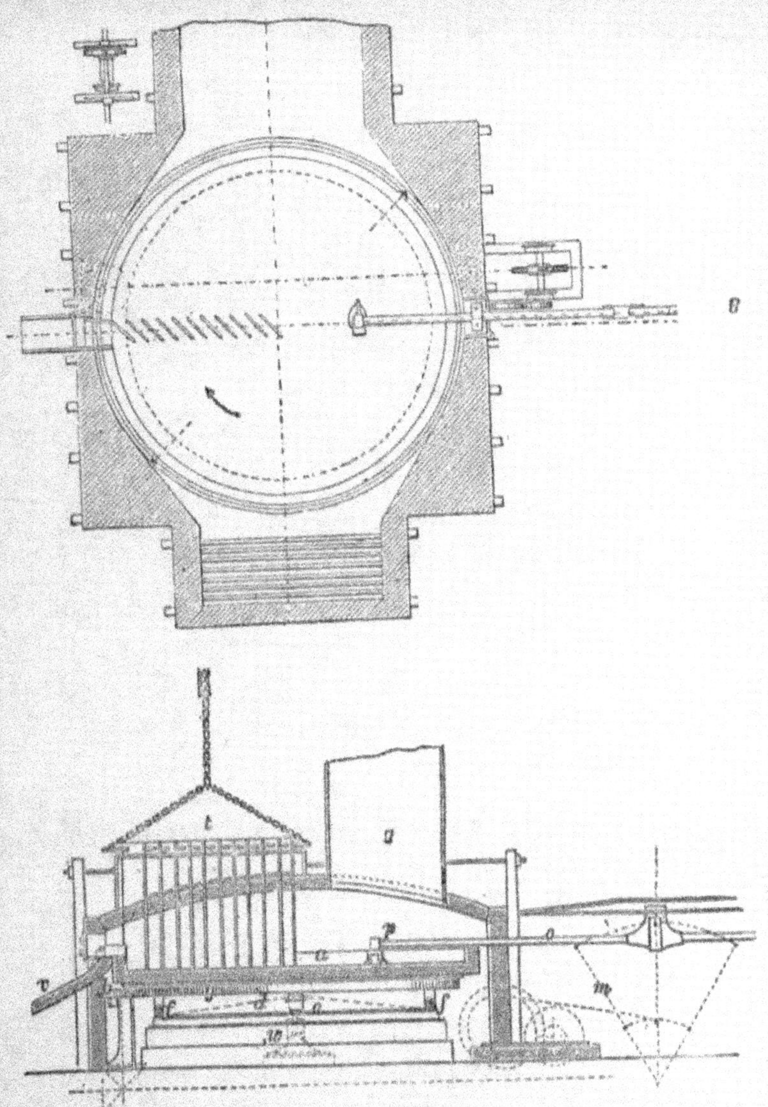

Fig. 79. — Four rotatoire Gibbs pour le grillage des minerais de cuivre. — *a*, Sole ; *e*, axe de rotation ; *f*, galets supportant la sole ; *g*, armature de la sole ; *o*, excentrique ; *p*, main de fer pour le râblage ; *t*, appareil de déchargement ; *v*, canal pour le déchargement ; *w*, coussinet de l'axe de rotation.

13.

plie de fragments de coke, sur lesquels coule une nappe d'eau, qui dissout les acides sulfureux et chlorhydrique formés par le grillage. Le déchargement du minerai s'effectue à l'aide d'une série de barreaux verticaux t, qu'on introduit dans le four, après la fin du grillage, et à l'aide desquels on pousse le minerai vers la rigole de déchargement v, sous laquelle se trouvent les vagonnets destinés à recevoir le minerai.

Au Colorado, on emploie souvent des fours Brückner de grandes dimensions, analogues à ceux que nous avons décrits à propos du grillage simple des minerais (fig. 80).

La charge est de 5 tonnes, et le grillage dure environ dix heures. La température du grillage ne doit pas dépasser 600 degrés ; dans ces conditions le chlorure de sodium, en présence de l'oxygène, réagit sur le sulfure de cuivre et donne du sulfate de soude et un mélange de chlorure et d'oxyde.

$$2NaCl + 4O + CuS + 2CuO = SO^4Na^2 + CuCl^2 + Cu^2O$$

La proportion de sel doit être réglée de manière qu'une partie du cuivre reste à l'état d'oxyde, sinon il y aurait formation d'oxychlorures insolubles.

Le minerai chloruré est refroidi, puis chargé dans des caisses en bois, munies d'un double fond à claire-voie ; la partie inférieure est recouverte d'une couche de minerai déjà lessivé, qui sert de surface filtrante.

Le lessivage se fait d'abord par la liqueur qui sort des bassins de cémentation, et qui contient un peu de cuivre et du chlorure ferrique, puis par l'eau acidulée venant des tours de condensation, et enfin par de l'eau pure, qui achève l'extraction du cuivre.

La précipitation du cuivre métallique se fait à l'aide de vieilles ferrailles ou de fonte.

III. **Traitement électrolytique des minerais de cuivre.**

Tous les procédés que nous venons de décrire ont l'inconvénient de donner du cuivre de cément très impur, qu'on ne peut raffiner qu'au prix d'opérations assez coûteuses. De nombreux savants et ingénieurs ont fait des tentatives pour combiner les procédés de la voie humide avec la précipitation électrolytique du cuivre. Les premiers essais qui aient été couronnés de succès sont dus à M. Becquerel, membre de l'Institut, qui réussit, en 1836, à traiter par l'électricité des cuivres argentifères. Ses expériences eurent un intérêt plus théorique que pratique, car à cette époque on ne savait produire l'électricité que par les piles au prix de dépenses considérables. Ce n'est que vers 1871, au moment où les machines électro-dynamiques commencèrent à fournir de l'électricité à bon marché que l'électrolyse métallurgique a pris un développement industriel.

Nous avons vu quelle est l'importance actuelle de son rôle dans la purification des cuivres bruts ; mais elle est loin d'avoir le même succès pour l'extraction directe

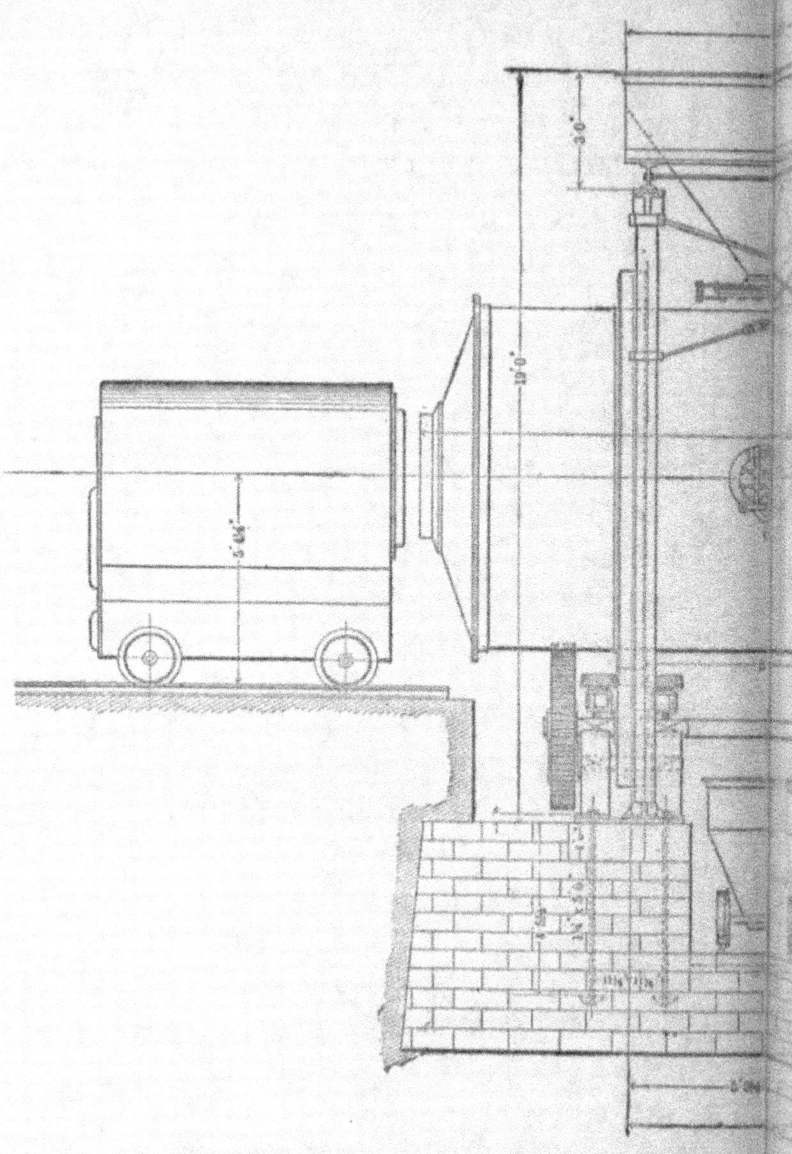

Fig. 80. — Four rotatoire Brückner, pour le grillage des

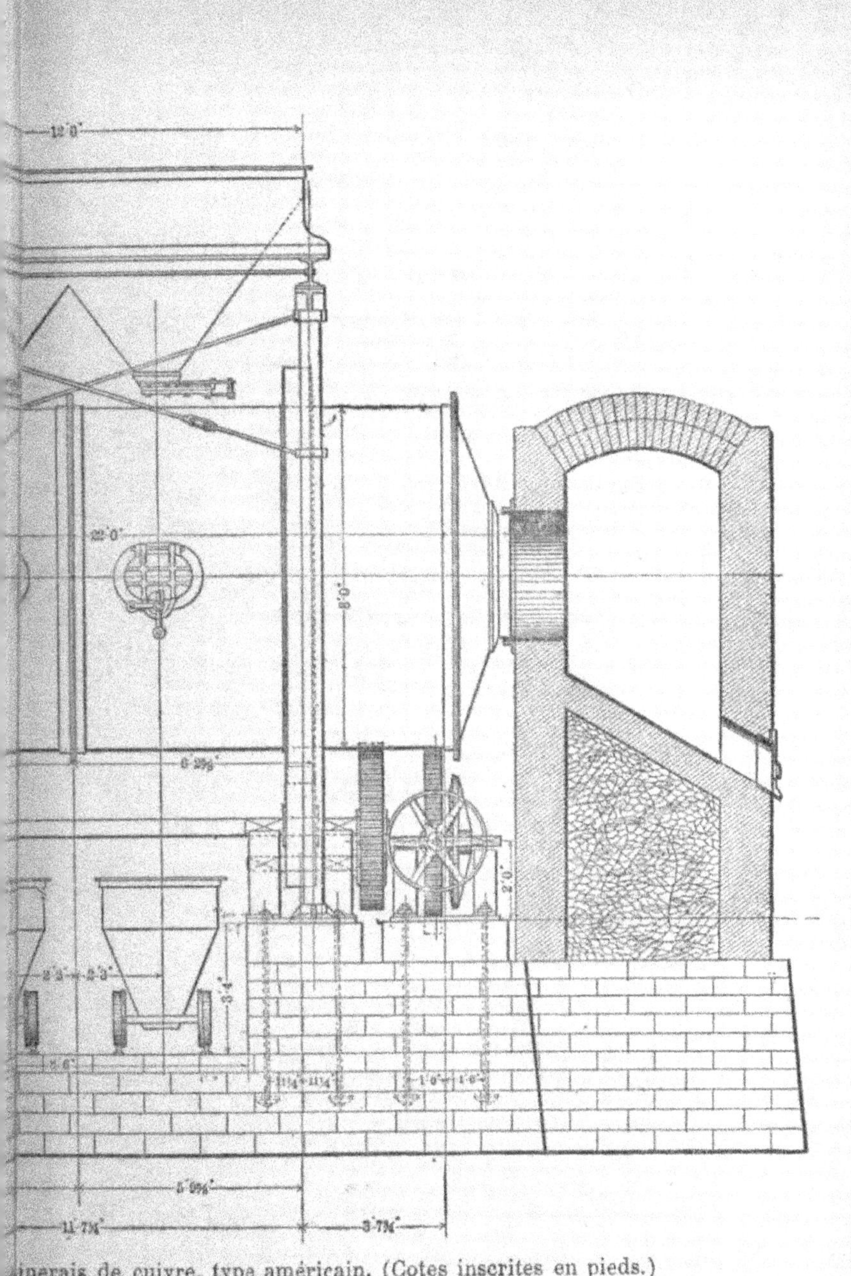

...inerais de cuivre, type américain. (Cotes inscrites en pieds.)

du cuivre et des minerais. Les difficultés techniques qu'on rencontre sont en effet bien plus grandes.

Dans l'affinage du cuivre noir, on emploie comme anodes des plaques de cuivre ; l'acide sulfurique, mis en liberté par l'action du courant électrique sur le sulfate de cuivre du bain, attaque ces plaques, et la chaleur chimique absorbée par la décomposition du sulfate est compensée par la chaleur produite par la dissolution du cuivre des anodes. Le travail du courant électrique est donc presque uniquement employé à vaincre les résistances des bains. Lorsqu'on essaie au contraire de décomposer par le courant une solution de sulfate de cuivre au moyen d'anodes insolubles, formées de substances inattaquables par l'acide sulfurique, telles que le platine, l'énergie nécessaire pour décomposer le sel de cuivre n'est pas compensée par la chaleur chimique fournie, dans l'affinage, par l'attaque des anodes. De plus, l'acide sulfurique mis en liberté tend à attaquer à nouveau le cuivre déposé sur la cathode et à former un courant électrique en sens inverse du courant primitif. Ce phénomène, connu sous le nom de *polarisation*, cause une grande dépense de travail et rend impossible la réalisation économique de la précipitation, par l'électricité, des liqueurs obtenues par les procédés de voie humide.

Le problème à résoudre consiste donc à empêcher la polarisation de se produire.

En 1882, M. Blas, professeur à l'Université de

Louvain, et M. Miest ont fait connaître un procédé pour le traitement des minerais sulfurés, basé sur les faits suivants :

Les sulfures métalliques naturels sont bons conducteurs de l'électricité ; il en est de même des minerais sulfurés convenablement agglomérés. Si l'on électrolyse une solution d'un sel dont l'acide attaque les sulfures naturels, le métal du sulfure se dissout, tandis que le soufre reste déposé à l'anode ; c'est avec les nitrates que cette opération a lieu le plus facilement et sans formation de sulfates.

Le procédé comprend donc deux opérations distinctes : l'*agglomération du minerai* et l'*électrolyse*.

Pour produire l'agglomération, on broie le minerai en grains d'environ 5 millimètres de diamètre ; on l'introduit dans des moules en cuivre, pour le transformer en plaques, et on le soumet à une pression d'une centaine d'atmosphères au moyen d'une presse hydraulique ; puis on le chauffe dans un four à environ 600 degrés, et on le presse de nouveau ; à la sortie du four on le refroidit rapidement pour faciliter le démontage des plaques.

Ainsi préparées, les plaques de minerai sont fixées à des barres de fer reliées par un conducteur en fer au pôle positif d'une machine dynamo-électrique, et suspendues dans un bain formé d'une solution de nitrate de cuivre. Les cathodes sont formées de lames minces en cuivre pur. Sous l'action du courant, l'azotate de cuivre se décompose en cuivre, qui se dépose sur la cathode, et en acide azotique, qui attaque les sulfures et dissout de nouvelles quantités de cuivre.

Ce procédé n'a jamais, à notre connaissance, été employé industriellement. Les gâteaux agglomérés, à mesure qu'ils se dépouillent du soufre et des métaux divers qu'ils contiennent, tombent rapidement en poussière au fond du bain, près de l'anode, en se mêlant au soufre ; il faut donc les retirer avant leur chute dans le bain et les agglomérer fréquemment à nouveau.

La dépense d'agglomération est élevée et s'oppose, jusqu'à présent, à l'extension du procédé.

PROCÉDÉ SIEMENS POUR L'ÉLECTROLYSE DIRECTE DES MINERAIS DE CUIVRE

MM. Siemens et Halske, de Berlin, ont imaginé, en 1889, pour le traitement des minerais de cuivre, un procédé nouveau, qui fonctionne depuis trois ans à l'usine d'essai de Martinikenfeld, près Berlin, et paraît appelé à un grand avenir industriel. Il s'applique à tous les corps contenant du cuivre, soit à l'état de sulfure, soit à l'état métallique.

On emploie, pour l'électrolyse, une solution contenant du sulfate de cuivre et du sulfate ferreux ; sous l'action du courant électrique, le sulfate de cuivre se décompose en cuivre métallique, qui se dépose à la cathode, en acide sulfurique et en oxygène, qui transforment le sulfate ferreux en sulfate ferrique.

Le sulfate ferrique a la propriété d'attaquer les sulfures de cuivre et le cuivre métallique, en les transformant en sulfates et en redonnant du sulfate ferreux.

$$SO^4Cu + H^2O = Cu + SO^4H^2 + O$$
$$2FeSO^4 + SO^4H^2 + O = Fe^2(SO^4)^3 + H^2O$$
$$Fe^2(SO^4)^3 + Cu + = SO^4Cu + 2FeSO^4$$
$$Fe^2(SO^4)^3 + Cu^2S + 4O = 2SO^4Cu + 2FeSO^4$$

On utilise cette action en faisant agir la liqueur, au sortir de l'électrolyse, sur le minerai réduit en poudre ; le sulfure de cuivre qu'il contient est transformé en sulfate et se dissout, et la liqueur ainsi régénérée est de nouveau soumise à l'électrolyse.

Les bains servant à l'électrolyse sont formés par des caisses plates en bois, enduites de goudron à l'intérieur et placées les unes à côté des autres sur le même niveau ; ils sont alimentés par un bassin placé à un niveau un peu supérieur, qui reçoit la liqueur cuivrique et la distribue au moyen de tuyaux en plomb ; chaque bain a son tuyau d'alimentation spécial, muni d'un robinet destiné à régler la vitesse d'écoulement du liquide.

Les anodes, placées à plat sur le fond des caisses, sont constituées par des baguettes de charbon homogène, préparées d'une manière particulière, et assemblées par une garniture de plomb, formant un cadre isolé de 1ᵐ,35 de long et 0ᵐ,40 de large. La durée de ces anodes est indéfinie, leur usure est insignifiante. Les cathodes sont formées par des planchettes de bois, recouvertes d'une

mince tôle de cuivre, sur laquelle se dépose le métal ;
elles sont placées au-dessus des anodes et en sont sépa-

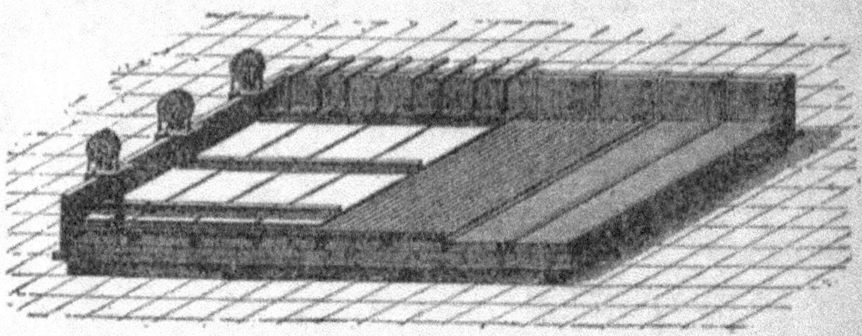

Fig. 81. — Bains pour le traitement électrolytique des minerais
de cuivre (procédé Siemens).

Fig. 82. — Anode de charbon pour le traitement électrolytique
des minerais de cuivre.

rées par un filtre en toile, qui divise la caisse en deux
parties : le compartiment des cathodes et celui des
anodes. Entre le filtre et les cathodes se meut un agi-

tateur, destiné à assurer l'homogénéité du liquide à élec-
trolyser, qui est amené d'une manière continue au compartiment des cathodes. L'électricité est fournie par une
machine dynamo du type Siemens et Halske. Pour
fabriquer 1000 kilogrammes de cuivre en vingt-quatre
heures, l'intensité du courant doit être de 400 ampères
et la différence de potentiel aux pôles de 100 volts. La
puissance de la machine actionnant la dynamo est d'en—
viron 62 chevaux.

Le liquide qui s'écoule des bains contient, comme
nous venons de le dire, du sulfate ferrique, et sert à
lessiver les minerais pour en extraire le cuivre. Ce lessivage se fait dans une série de canaux en bois, doublés
de plomb de 4^m,50 de longueur, 75 centimètres de largeur
et 1 mètre de hauteur. A la partie inférieure se trouvent,
couchés horizontalement, deux axes en acier, recouverts
d'une enveloppe de plomb, sur lesquels sont calées des
roues à palettes en bois, qui, en tournant, mélangent
intimement le minerai et le liquide dissolvant.

Pour faciliter l'attaque, il est nécessaire de broyer
le minerai et de chauffer le liquide à environ 80 degrés ;
cette température s'obtient au moyen d'un tuyau con—
tenant de la vapeur et traversant horizontalement le bain.

L'action du sulfate ferrique sur le minerai en poudre
dure environ vingt-quatre heures ; lorsque l'attaque
est terminée, on sépare le liquide du minerai au moyen
de filtres à air, et on l'envoie dans le bassin qui alimente
les bains électrolytiques.

Pour une usine traitant des minerais contenant 4 pour 100 de cuivre, le prix de revient de la fabrication d'une tonne de cuivre s'évalue de la manière suivante, en supposant la production de l'usine d'une tonne par vingt-quatre heures :

Frais de construction et d'installation de l'usine.

Installations électrolytiques	48.486 fr.
Installations pour le lessivage des minerais.	59.675 —
Installations pour le broyage des minerais.	38.940 —
Bâtiments et installations diverses . . .	67.225 —
	214.326 fr.

Prix de revient de la tonne de cuivre.

	fr.	
1º Intérêt à 5 pour 100 du capital de premier établissement, par 24 heures	29	»
2º Amortissement à 10 pour 100 des installations faites, pour 24 heures	58	10
3º Force motrice de 120 chevaux à 0 fr. 10 le cheval-heure	288	»
4º Salaires.	37	50
5º Intérêt à 5 pour 100 de la somme immobilisée par le cuivre, qui est contenu dans les bains, pour 24 heures	12	50
6º Combustible pour chauffer les liquides servant au lessivage des minerais . .	12	50
7º Frais généraux	25	»
	464	60

Le procédé Siemens, qui donne du cuivre de qualité supérieure, est donc assez coûteux, lorsque la force motrice est fournie par la vapeur. Si au contraire on peut utiliser une chute d'eau naturelle, les frais de fabrication du cuivre sont beaucoup moins élevés. En comptant à 2 centimes le prix de revient du cheval-heure hydraulique, on obtient par tonne de cuivre un prix de revient de 232 fr. 20. La fabrication du cuivre par le procédé Siemens est donc, dans ce cas, bien plus avantageuse que la fabrication par les méthodes de fusion.

TROISIÈME PARTIE

APPLICATIONS DU CUIVRE

CHAPITRE PREMIER

MARCHÉ DU CUIVRE

Prix courant du cuivre. — Différentes variétés commerciales du cuivre.
Histoire de la crise de 1889.

Le marché commercial du cuivre est centralisé en
Angleterre et principalement dans le Pays de Galles, à
Swansea. C'est à Londres que se tient la grande bourse
des cuivres de l'univers.

Les marques de cuivre sont très nombreuses ; répondant à des besoins différents et ayant des qualités spéciales, elles ont naturellement des valeurs extrêmement
différentes. Les cours qui servent de base, et qui sont
inscrits dans les mercuriales, sont ceux des barres du

Chili et des cuivres désignés sous les formules symboliques :

G. M. B. *(Good marchandable brands)* et G. O. B. *(Good ordinary brands)*. Le prix des autres qualités de cuivre s'écarte plus ou moins du prix de ces marques types, suivant l'état des stocks et le jeu des spéculateurs.

C'est ainsi qu'actuellement le cours normal est d'environ 42 livres sterling pour la tonne anglaise, soit 1060 francs pour la tonne française.

Les cours officiels et cotés ne donnent de certitude complète que pour les prix des cuivres dont la qualité se rapproche de celle des marques courantes que nous avons citées.

Depuis une vingtaine d'années, la valeur du cuivre a subi des variations extrêmement considérables. En 1858, d'après le *Moniteur des Intérêts matériels*, les cours des cuivres, dits *best selected*, dépassaient sur le marché de Londres le taux de 250 francs les 100 kilogrammes.

Depuis, par suite de l'exploitation de nouveaux districts miniers, le cours du cuivre a constamment baissé.

Suivant une statistique empruntée à MM. Henry, R. Merton et Cⁱᵉ, de Londres, les cours ont suivi, depuis 1873, la gradation décroissante indiquée par le tableau suivant :

Prix de la tonne de cuivre.

				£	sh.
30 juin 1873 lingots de cuivre pur	. .	80	10
— 1874 — —	. .	78	»
— 1875 — —	. .	82	»
— 1876 — —	. .	74	10
— 1877 — —	. .	69	»
— 1878 — —	. .	64	»
— 1879 — —	. .	56	»
— 1880 — —	. .	60	»
— 1881 — —	. .	58	10
— 1882 — —	. .	67	»
— 1883 — —	. .	64	»
— 1884 — —	. .	62	»
— 1885 — —	. .	39	»
— 1886 — —	. .	39	12

A la fin de l'année 1886, les cours descendirent même à £ 38 10 sh. C'est à ce moment que le Syndicat des cuivres commença, pour l'accaparement des cuivres, ses vastes spéculations, qui englobèrent dans une même ruine la Société industrielle et commerciale des Métaux et le Comptoir d'Escompte de Paris. L'épargne française a été si rudement frappée que l'histoire du Syndicat, de ses espérances, de ses prétentions et de sa chute retentissante, mérite d'être racontée.

Les promoteurs du Syndicat résolurent d'acheter la production des cuivres de l'univers entier; ils conclurent, à cet effet, avec les principales sociétés minières, des marchés, qui leur assurèrent la production de ces sociétés pour plusieurs années aux cours ordinaires. Ils achetèrent également tous les cuivres disponibles sur divers marchés Européens. En 1888, ils accaparèrent

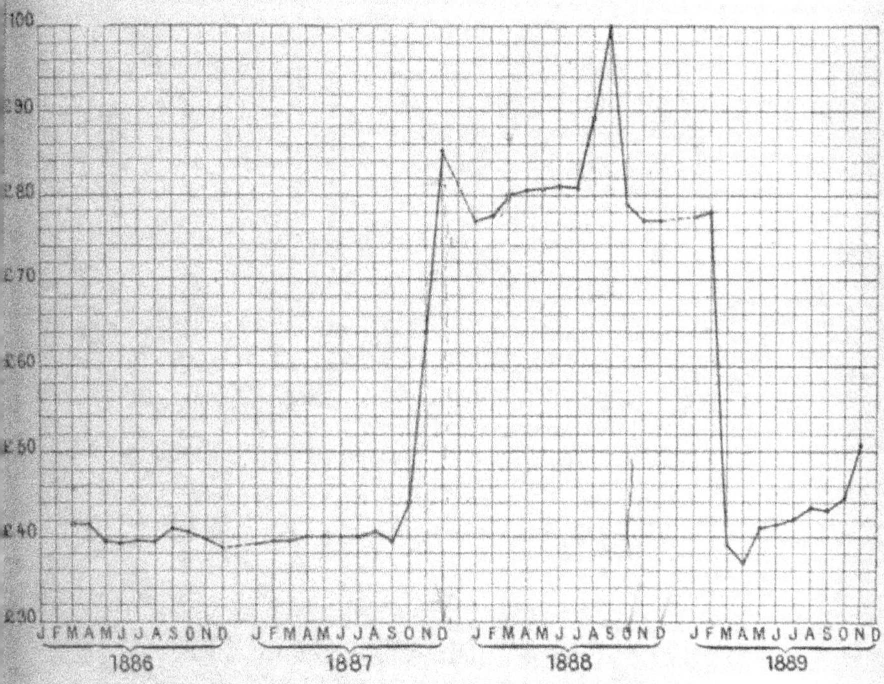

Fig. 83. — Graphique des variations mensuelles du cours des cuivres de 1886 à 1889.

ainsi 178.000 tonnes de cuivre, sur une production totale du monde de 275.370 tonnes, et s'étant, par cela même, rendus maîtres du marché, ils firent monter les cours à des prix qu'on ne connaissait plus depuis trente ans.

Le tableau et le graphique de la figure 83 résument les fluctuations des cours :

			£	sh.
1887	30 septembre		39	10
—	30 novembre.		66	15
—	31 décembre.		85	»
1888	31 janvier		77	2
—	29 février.		78	17
—	31 mars		80	2
—	30 avril		80	2
—	31 mai.		80	15
—	30 juin		81	»
—	31 juillet.		80	10
—	31 août		89	»
—	30 septembre		100	»
—	31 octobre		78	5
—	30 novembre.		77	10
—	31 décembre.		77	10
1889	31 janvier		77	10
—	28 février.		78	»

Mais l'élévation des prix rebuta bientôt les consommateurs ; tous les objets de cuivre, de bronze et de laiton, qui purent être faits sans inconvénient en fer, en fonte ou en bois, furent exécutés de cette manière ; toutes les vieilles matières furent extraites des magasins, où elles dormaient, et furent refondues ; on ramassa tout ce qui est cuivre, depuis les casseroles hors d'usage jusqu'aux statues des grands hommes et des dieux indous, ayant cessé de plaire ; le Japon jeta, à cette époque, sur le marché, 300 tonnes de statues de Bouddah, en bronze.

On remit en exploitation d'anciennes mines abandonnées depuis des années, et on traita des minerais qu'on avait jetés jusqu'à ce moment.

Pour soutenir la hausse, le Syndicat fut obligé d'acheter tous ces cuivres, dont il n'avait pas prévu l'apparition sur le marché; les stocks augmentèrent rapidement. Au début de la crise du 31 octobre 1887, ils étaient de 48.503 tonnes; en décembre 1888, ils passèrent à 104.105 tonnes; en mars à 124.876 tonnes. Le capital immobilisé par ces stocks s'éleva donc en mars 1889 à la somme de 250 millions de francs ; malgré ses grandes ressources, le Syndicat ne put faire face à d'aussi formidables engagements ; il trouva une partie des sommes, qui lui étaient nécessaires, en empruntant sur les cuivres s'accumulant sans cesse, mais néanmoins ne put résister à cette augmentation continue des stocks. La catastrophe se produisit à la fin de mars 1889; le cuivre, qui valait à la fin de février £ 78, ne valait plus que £ 39, à la fin de mars.

Le retour à des prix normaux ramena bientôt la clientèle ; les stocks décrurent d'une façon continue et rapide ; en novembre 1889, ils n'étaient plus qu'à 100.000 tonnes; en même temps les cours reprirent plus de fermeté sous l'influence de la loi naturelle de l'offre et de la demande ; ils passèrent de £ 41 à la fin de mai à £ 50 à la fin de novembre.

Aujourd'hui, le marché est redevenu calme, la quantité de cuivre consommé augmente régulièrement par suite du développement des applications de l'électricité, mais la production est aussi de jour en jour plus active, et le marché a moins que jamais à craindre une grande crise, comme celle qui désorganisa l'industrie de 1887 à 1889.

Un événement commercial considérable a signalé le début de l'année 1893. Les principales mines américaines du Montana et de l'Arizona, qui avaient l'habitude d'envoyer en Allemagne et en Angleterre leurs mattes, pour être traitées par l'électrolyse, ont installé l'affinage électrolytique du cuivre, pour bénéficier des métaux précieux contenus dans les cuivres, qu'elles accordaient gratuitement aux fondeurs européens, et de la transformation du cuivre ordinaire en cuivre fin, ce qui leur permet aujourd'hui de vendre leurs cuivres fins au prix des cuivres ordinaires. Les cuivres ordinaires seront donc peu employés, à moins qu'ils ne soient vendus à des très prix bas, car les consommateurs préfèrent toujours, à prix égal, avoir du cuivre fin. Il est donc probable que la baisse du cuivre se maintiendra encore pendant très longtemps. Il est possible également que cette situation entraîne à bref délai la ruine des fondeurs européens, aucun d'eux ne pouvant plus vendre son cuivre, affiné aux fours, aux prix où les mines américaines jettent sur le marché les cuivres électrolytiques.

CHAPITRE II

EMPLOI DU CUIVRE DANS L'INDUSTRIE

Principales usines françaises travaillant le cuivre et ses alliages [1].
— Usines de la Compagnie française des métaux. — Usine de
Biache-Saint-Waast. — Usine de M. L. Weiller, à Angou-
lème, etc.

Le cuivre et ses alliages ont d'innombrables usages
dans l'industrie. Aussi, bien que la production de la
France soit très faible, et qu'elle ne dépasse guère 2000
tonnes par an, l'élaboration du cuivre, provenant de pays
producteurs étrangers, y a pris un développement considérable.

Les usines françaises les plus importantes sont celles

---

[1] Les renseignements sur les diverses usines françaises travaillant
le cuivre sont empruntés en grande partie au savant rapport de
M. Martelet sur les produits des mines et métaux à l'Exposition
universelle de 1889.

de l'ancienne Société commerciale et industrielle des Métaux, qui, en 1888, ont livré au commerce près de 20.000 tonnes de métal, tant sous forme de cuivre rouge, en planches, en feuilles ou en produits manufacturés divers qu'à l'état de laiton ou de bronze.

La Société des Métaux avait été formée par la réunion des établissements Laveissière, à Saint-Denis, près Paris, et à Déville-lez-Rouen, avec les anciennes usines Estivant frères, à Givet, et les laminoirs de cuivre de Castelsarrazin, appartenant à M. Secrétan, auxquels sont venues se joindre les deux usines à laiton et à maillechort, de Sérifontaine et de Bornel, de l'Oise, ainsi que l'ancienne fabrique de tubes soudés de M. Vicaire, rue Vieille-du-Temple, à Paris,

Bien que l'existence de la Société des Métaux ait été gravemement compromise par les scandales financiers de l'accaparement des cuivres, dont nous avons parlé dans le chapitre précédent, ses usines sont restées en pleine activité. A la suite du krach de 1889, la Société des Métaux a dû se mettre en liquidation; les actionnaires n'ont trouvé dans cette liquidation aucune compensation; mais on a imaginé une combinaison pour atténuer le dommage causé aux obligataires. La liquidation a fonctionné pendant environ deux ans, en exploitant les usines et le cuivre emmagasiné; elle a transmis ensuite les usines, le matériel et les marchandises en magasin à une Société nouvelle la *Compagnie française des Métaux* formée sous le patronage du Crédit industriel.

Chacune des usines de la Compagnie française des Métaux a sa spécialité.

L'usine de Déville renferme des fours de fonderies pour le traitement des minerais riches venant de l'Amérique du Sud, le grillage et l'affinage du cuivre et la fonte des scroies d'affinage. Elle possède des appareils spéciaux pour la fabrication des tubes de laiton et de cuivre, des laminoirs, des presses et des bancs hydrauliques pour l'emboutissage et l'étirage des tubes. On réussit à y faire des tubes en cuivre rouge ayant 70 centimètres de diamètre sur 10 mètres de longueur et 1 mètre de diamètre sur 3 mètres de longueur. On y fabrique également des tubes en laiton sans soudures, des ceintures d'obus en cuivre rouge, des emboutis en laiton pour canons à tir rapide et toute une série de produits en acier embouti.

L'usine de Saint-Denis comprend des fours pour l'affinage du cuivre, des fonderies de laiton avec laminoirs, barres à étirer, tréfilerie et ateliers de martelage et en outre une fonderie de plomb et d'étain. Les usines de Givet et celle de Castelsarrazin sont également des usines à cuivre, munies d'un outillage puissant et perfectionné ; on y fabrique les coupoles de petite dimension, les chaudrons, les planches pour le doublage des navires, les clous en bronze fondu et toute la série des fils de cuivre et de laiton.

A Sérifontaine, dans l'Oise, on fait surtout la planche de laiton pour cartouches de guerre ; à Bornel, on fond et on lamine le maillechort; enfin, à l'usine de la rue Vieille-du-Temple à Paris, on fabrique les tubes soudés avec ou sans ornementation.

La production totale des établissements de la Société des Métaux s'élève en moyenne aux chiffres suivants :

PRODUCTION DES USINES DE LA COMPAGNIE FRANÇAISE DES MÉTAUX

	Tonnes
Cuivre rouge en planches, barres, tubes, foyers, coupoles, doublages	9.000
Laiton en planches de guerre et de commerce, fil, barres, doublages, tubes	10.500
Maillechort, planches et bandes de commerce et de guerre, fils, barres, divers	775
Cuivre brut en lingots et plateaux affinés . .	17.000
	21.975

Les établissements de Biache-Saint-Waast dans le Pas-de Calais, situés entre Arras et Douai et appartenant à MM. Eschger, Ghesquière et Cⁱᵉ rivalisent avec ceux de la Société des Métaux. A l'origine, l'usine de Biache se bornait à affiner et à laminer le cuivre, et à traiter des minerais et des mattes aurifères et argentifères, venant de l'étranger; depuis une dizaine d'années, elle s'est beaucoup développée, et elle fabrique maintenant, outre les lingots de bronze et de cuivre affiné des planches, des feuilles, des barres et des fils de cuivre, de laiton, de bronze, de maillechort et autres alliages, des barres d'entretoises pour locomotives des barreaux pour fabriques d'étoffes, des plaques de foyer laminées et embouties par des procédés spéciaux, des tubes sans soudure en cuivre et en laiton, des coupoles de tous diamètres, des ceintures et barrettes pour projectiles, des obturateurs et couronnes d'appui pour canons de tout calibre, des médailles et des monnaies de cuivre, enfin des obus en acier embouti de tous profils.

L'emboutissage et le découpage, à l'aide des presses hydrauliques, sont la caractéristique de la fabrication de Biache-Saint-Waast et ont permis d'y entreprendre et d'y réussir les travaux les plus complexes et les plus variés. En 1891, l'usine de Biache a livré au commerce 6150 tonnes de cuivre pur ou allié.

Les établissements de M. Létrange et Cie à Saint-Denis et à Romilly, et ceux de M. Félix Hubin à Paris, au Havre et à Harfleur, sont également importants. On y fabrique les planches de cuivre, les tubes sans soudures, les foyers de locomotives et les barres de tous profils.

En dehors des grandes usines, qui fabriquent les objets de cuivre de toute nature destinés à l'industrie, il en est quelques-unes qui s'adonnent à des fabrications spéciales, telles que l'étirage et le tréfilage du cuivre et du laiton, l'affinage, la fonderie et le tréfilage des bronzes spéciaux.

La plus importante de ces usines est celle de M. Lazare Weiller, à Angoulême ; on y lamine des barrettes et des fils de cuivre rouge, de laiton, de cuivre phosphoreux et siliceux. L'usine s'est fait une spécialité de la fabrication des fils appliqués aux usages électriques, que la France tirait autrefois de l'étranger. Sa production dépasse 8000 tonnes par an. Sa fabrication se recommande par la pureté de ses cuivres, la régularité des diamètres de ses fils et l'extrême finesse de ses produits.

Les usines de M. Mouchel à Tillières-sur-Avre, à Boisthorel et à Aube-sur-la-Rille jouissent également d'une grande réputation. On y fabrique du cuivre en plaques pour la chaudronnerie de ménage, en feuilles minces pour plaqué, en bâtons à tréfiler par faux trait doré ou argenté et en fils de tous diamètres.

La maison Mouchel est renommée pour ses travaux délicats. Ses fils de laiton sont employés à la fabrication des dents de peignes à tisser, des vis de chaussures, des vis à bois et des ressorts, des brosses, des toiles métalliques pour papeterie et pour tamis. Elle fournit aussi pour certains usages, et notamment pour les toiles de papeterie, des fils en bronze à canons, qui offrent une résistance toute particulière. Ses fils de cuivre s'emploient pour les pianos et pour les applications électriques.

De nombreuses autres usines, situées pour la plupart dans les vallées de l'Oise et de la Rille, dans les départements de l'Eure et de l'Orne, font également l'étirage et le tréfilage du cuivre rouge, mais s'adonnent plus spécialement à la fabrication du laiton. Nous citerons en particulier les anciens établissements Le Maréchal, à Rugles, qui, dans ces dernières années ont pris une très grande extension ; on y produit chaque année 3500 à 4000 tonnes de laiton, dont la majeure partie est livrée à l'État pour la fabrication des cartouches.

Toutes ces grandes usines, qui reçoivent le cuivre brut en lingots de l'étranger, élaborent le métal et produisent des barres, des planches, des fils ou des tubes que d'autres usines transforment à leur tour en objets de toute nature, employés dans les industries mécaniques, la construction et l'économie domestique ; ces dernières usines se servent de machines de précision, elles possèdent des outillages très perfectionnés et arrivent à produire des objets parfaitement finis, d'une extrême variété, qui répondent à tous les besoins du commerce.

Parmi les principales industries qui élaborent le cuivre et ses alliages, nous citerons : la chaudronnerie, qui livre au commerce les chaudières et récipients variés pour la production de la vapeur [1], la distillation et la rectification des alcools [2], la fabrication du sucre [3], et les usages domestiques ; la tréfilerie et toutes les industries qui en dérivent, la pointerie, la clouterie, la

---

[1] Voy. Aimé Witz, *La Machine à vapeur* (Bibliothèque des connaissances utiles), Paris, 1891.

[2] Larbaletier, *L'Alcool au point de vue chimique, agricole, industriel*, etc., Paris, 1888.

[3] Paul Horsin-Déon, *La Fabrication du sucre*, 1894.

câblerie, la fabrication des tissus métalliques et celle des épingles et des agrafes ; le laminage de précision, qui fournit aux fabricants d'articles de Paris les feuilles de cuivre polies de très faible épaisseur ; l'étirage au banc, qui permet la fabrication de fils fins exactement calibrés et de tubes métalliques pour montres et manomètres ; la boutonnerie, la visserie, la serrurerie, la quincaillerie, la robinetterie, la fabrication des lampes ; la fabrication des cartouches de guerre, qui absorbe annuellement plus de 10.000 tonnes de cuivre, enfin la fonderie, qui, à l'aide des moules, permet de reproduire les objets les plus variés.

Ces industries si diverses sont répandues dans les différentes parties de la France, elles sont surtout très prospères dans le Nord, dans les Ardennes, dans la Loire, à Paris et dans les départements environnants. Le cadre de notre ouvrage ne nous permet pas de décrire tous les procédés qu'elles emploient. Nous nous bornerons à décrire dans les chapitres suivants les principaux modes de fabrication, qui se trouvent être à peu près les mêmes dans toutes les usines.

CHAPITRE III

Fabrication des planches et des barres de cuivre. Chaudronnerie.
Fabrication des tubes.

I. Fabrication des planches et des barres.

Le cuivre est généralement livré au commerce par
les usines métallurgiques sous forme de lingots de
petites dimensions. Pour l'employer dans l'industrie, il
est nécessaire de transformer ces lingots soit en barres,
soit en planches, qui aient une forme commode pour
l'élaboration ultérieure du métal. La première opération,
qui doit être faite dans les usines travaillant le cuivre,
est donc la refonte des lingots de cuivre brut ou affiné,
et la fabrication de lingots de plus grandes dimensions.
Cette refonte se fait dans des fours à réverbère, analogues aux fours d'affinage. Comme, en fondant, le
cuivre absorbe toujours un peu d'oxygène, il est néces-

saire d'ajouter à la surface du bain métalliqueun peu de charbon de bois pour réduire l'oxyde de cuivre formé; pendant toute la durée de la fusion il est bon de faire des prises d'essai pour suivre la marche de l'opération comme dans l'affinage du cuivre noir. Lorsque la cassure des prises d'essai montre que le cuivre est à point on procède à la coulée. On n'est pas arrivé jusqu'à présent à couler le cuivre directement dans les moules par un trou de coulée pratiqué dans la paroi du four, comme on le fait pour le fer; le cuivre se refroidit trop rapidement, risque de boucher les trous de coulée et se solidifie très irrégulièrement dans les moules.

Pour obtenir des lingots de bonne qualité, on doit faire la coulée avec des poches en fer garnies d'argile. Les moules sont placés en rangées et des équipes d'ouvriers vident le four en prenant tour à tour le cuivre sur la sole à l'aide de leurs poches, et en le versant dans les moules préparés. Pour la fabrication des planches, les moules ont une forme rectangulaire et sont construits en fonte avec un fond de cuivre; on les chauffe avant de les faire servir en y versant, quelque temps avant la coulée, des scories provenant de la fusion, et en les recouvrant d'une tôle pour conserver la chaleur jusqu'au moment voulu. Selon la grandeur des moules employés et selon les besoins du travail, on prépare ainsi des prismes de cuivre, appelés *plateaux*, qui pèsent 200 à 600 kilogrammes. On ne peut guère obtenir de plateaux plus lourds, à cause de la difficulté de la

coulée; chaque poche contenant environ 12 kilogrammes de cuivre, il faut que les ouvriers fondeurs
fassent plusieurs voyages entre le moule et le four, et,
lorsqu'on essaie de couler des plateaux trop grands, le
cuivre déjà coulé se refroidit et donne des masses non
homogènes. — Pour la fabrication des barres, les lingots
sont généralement de plus petite dimension et ont la
forme de cylindres allongés.

La coulée terminée, on démonte les plateaux ou les
lingots, et, pour économiser le combustible, on les
envoie encore chauds directement aux laminoirs, qui les
transforment en planches ou en barres, livrables au
commerce.

Les laminoirs pour planches se composent de cages
formées de puissants bâtis en fonte, solidement fixés
dans le sol; dans ces cages tournent en sens contraire
deux cylindres horizontaux en acier, mis en mouvement par une puissante machine à vapeur, au moyen
soit d'engrenages, soit de transmissions par courroies.
Les plateaux de cuivre venant des fours de coulée sont
placés entre les deux cylindres qui, par le frottement
exercé sur la surface du métal, les entraînent dans leur
mouvement, diminuent leur épaisseur et augmentent
leur largeur (fig. 84).

En faisant passer à plusieurs reprises le plateau de
cuivre entre les deux cylindres, dont on diminue progressivement la distance, on amincit peu à peu le métal
jusqu'à ce qu'il ait atteint l'épaisseur voulue. Pour

faciliter le travail, on accouple généralement deux cages, l'une contient les cylindres dégrossisseurs, qui donnent la première forme au plateau de cuivre, l'autre les cylindres finisseurs, qui donnent à la planche sa forme définitive.

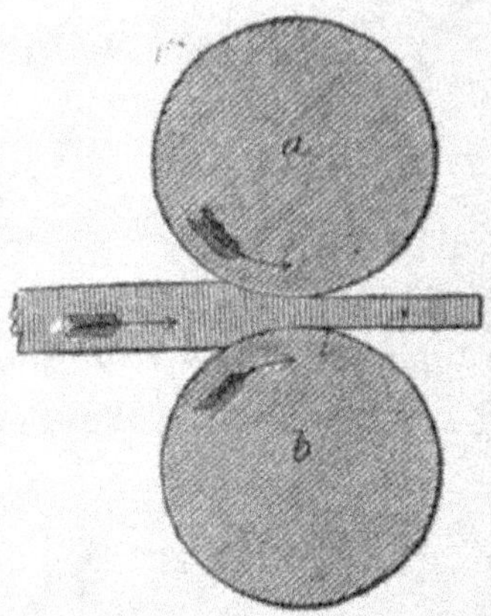

Fig. 84. — Travail du laminoir.

La figure 85 montre la disposition d'une cage de laminoirs pour les planches à cuivre. Les montants du bâti sont en fonte ainsi que les cylindres, dont le diamètre est généralement de 50 à 60 centimètres. Le cylindre inférieur étant soumis par le laminage à une pression, toujours dirigée de haut en bas, repose sur deux demi-coussinets fixes. Le cylindre supérieur est soumis, pendant le laminage, à une pression dirigée de bas en haut et pendant le repos, il exerce sur ses supports une pression due à son poids et dirigée de haut en bas. Le sens de la pression est donc variable. De plus, il est

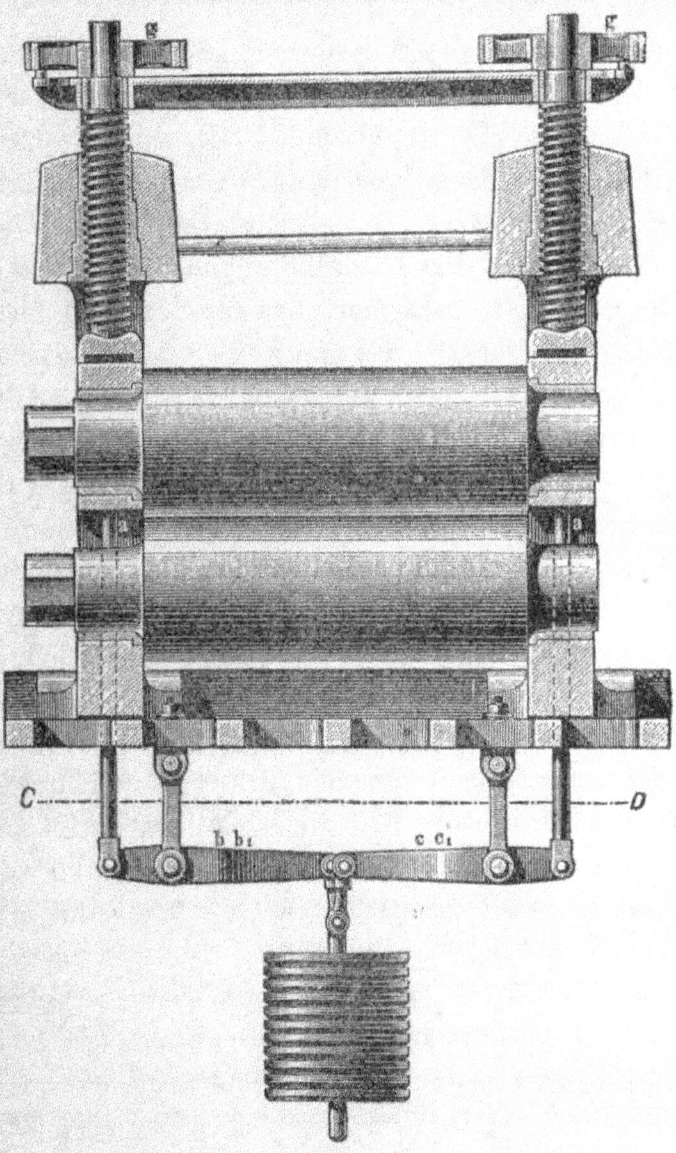

Fig. 85. — Laminoir pour planches de cuivre.

nécessaire de changer, après chaque passe, la distance
des deux cylindres, parce que les planches qu'on lamine
deviennent de plus en plus minces. Les supports doivent
donc entourer complétement les têtes des cylindres et
pouvoir se déplacer verticalement. On obtient le plus
facilement ce résultat en équilibrant au moyen de contre-
poids le cylindre supérieur. Les supports sont formés
chacun de deux cylindres creux en forme de coussinets.
Les coussinets inférieurs reposent sur des tiges en acier
qui traversent le bâti et sont reliées à la partie inférieure
à deux leviers *bb*, *cc*. Les grands bras de ces leviers
portent un même contre-poids, formé d'une série de
rondelles en fonte qui permettent de régler facilement la
pression à exercer. Les coussinets supérieurs sont serrés
contre la tête des cylindres par des vis de pression, qui
traversent la partie supérieure du bâti. On évite ainsi,
dans les supports, une trop grande rigidité, qui entraînerait une rupture fréquente des têtes du cylindre. Les
vis de pression servent à régler la distance des deux
cylindres; plus on les serre, plus on diminue cette
distance. Il est très important que le cylindre lamineur
conserve son horizontalité, il faut donc que les mouvements des vis de pression aient la même amplitude.
On obtient ce résultat en fixant sur la tête de ces vis des
engrenages horizontaux *gg*, commandés par deux autres
engrenages à angle droit fixés sur une même tige mise en
mouvement à l'aide d'un petit volant; on produit ainsi une
égale répartition de la pression sur les deux extrémités

des cylindres et une grande régularité dans le laminage.

Les plateaux, amenés des fours de coulée, sont saisis par des ouvriers armés de pinces, qui les font passer entre les cylindres du laminoir ; des ouvriers placés de l'autre côté de la cage, recoivent les plateaux et les renvoient aux premiers ouvriers, en les faisant passer par-dessus le cylindre supérieur, pendant qu'un contremaître diminue chaque fois la distance des deux cylindres. Le cuivre s'écrouit fortement par le laminage ; aussi, dès que la planche se refroidit, on interrompt l'opération et on la soumet au recuit dans des fours à réverbère. Pendant la durée du laminage, selon la qualité du cuivre, on réchauffe les planches de deux à cinq fois. Lorsqu'elles ont atteint l'épaisseur voulue, on arrête le laminage, et il ne reste plus qu'à leur rendre leur belle couleur rouge, qu'elles ont perdue pendant le travail, en se recouvrant d'oxyde de cuivre noir. A cet effet on les asperge d'urine, qui réduit une partie de l'oxyde formé, on les réchauffe légèrement et on les plonge dans une dissolution acide, qui nettoie leur surface.

Par le laminage direct on fabrique des planches dont l'épaisseur reste supérieure à 2 ou 3 milimètres. Lorsqu'on veut fabriquer des planches plus minces, on en lamine plusieurs ensemble en formant des paquets, qu'on introduit entre les cylindres des laminoirs ; on obtient ainsi des feuilles de toutes les épaisseurs depuis 0,4 jusqu'à 3 millimètres environ.

Les planches laminées sont découpées ensuite à l'aide

de cisailles, pour leur donner la forme rectangulaire, sous laquelle elles sont livrées au commerce.

Les planches servent à d'innombrables usages industriels ; on en fait des chaudières, des coupoles, des tubes, etc. Le pays du monde qui en consomme le plus est l'Inde ; l'Angleterre et la France y expédient annuellement plus de 40.000 tonnes de planches de toutes dimensions.

Les Indiens en tapissent leurs pagodes et s'en servent pour fabriquer tous ces ustensiles de cuivre ciselés ou travaillés à jour, qu'on rencontre dans tous les pays d'Orient. En dehors des planches, les Indes et la plupart des autres pays orientaux consomment encore de grandes quantités de cuivre, sous forme de paillettes et de fils aplatis dans des laminoirs de précision, qui entrent dans la fabrication de beaucoup de tissus du pays.

Le laminage des barres de cuivre se fait dans des laminoirs analogues à ceux qui servent à faire les planches ; seulement chaque cylindre présente à sa surface une série de cannelures, qui, correspondant à celles du cylindre voisin, laissent entre elles des ouvertures de formes variables et de surface décroissante entre lesquelles la barre de métal vient passer et s'allonge peu à peu.

Souvent les cylindres sont associés trois par trois, ce qui permet aux lamineurs, placés de part et d'autre du laminoir, de faire repasser la barre en utilisant son retour.

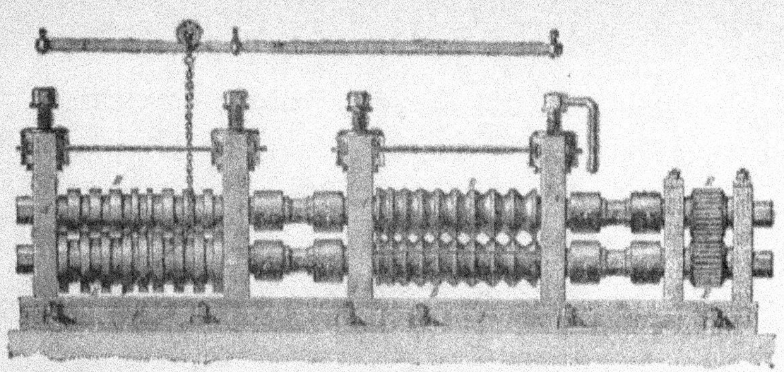

Fig. 86. — Laminoir pour barres de cuivre.

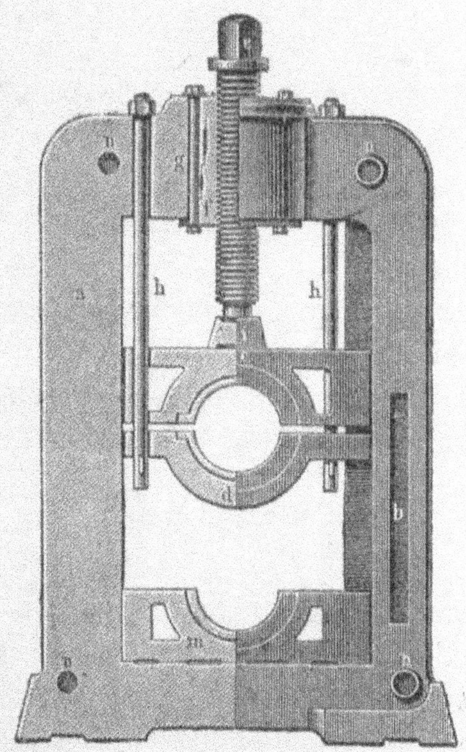

Fig. 87. — Détail des supports des cylindres des laminoirs
pour barres de cuivre.

15.

Les cylindres des laminoirs pour barres doivent toujours rester à la même distance ; aussi les supports recoivent-ils une forme différente de celle que nous avons décrite. Comme le montre la figure 87, le support inférieur est formé d'un coussinet demi-cylindrique ; quant au support supérieur, il se compose de deux coussinets demi-cylindriques, l'un fixe, l'autre venant s'appuyer sur la tête des cylindres et maintenu en place par une vis de pression traversant la partie supérieure du bâti.

La figure 86 représente un laminoir pour l'ébauchage des barres qui serviront ultérieurement à la fabrication des fils.

La figure 87 donne le détail des supports des cylindres des laminoirs.

Les barres de cuivre, comme les planches, ont d'innombrables usages ; elles servent à faire des entretoises de locomotives, des rivets, des clous, des supports, etc.

II. Chaudronnerie.

L'industrie de la chaudronnerie a principalement pour objet la fabrication des appareils métalliques, destinés au chauffage des corps ; mais elle s'applique plus ou moins directement à toutes les industries. Elle consiste essentiellement à donner aux tôles de cuivre des formes déterminées au moyen d'un martelage progressif.

Martelage. — Le martelage permet d'obtenir les courbures les plus variées, mais détermine un écrouissage, qu'on fait disparaître au moyen de recuits successifs. Les ouvriers se servent, au début du martelage, de maillets en bois, pour ne pas enlever de suite au cuivre sa malléabilité, et éviter de le chauffer trop fréquemment; lorsque la première forme a été donnée à la tôle, on continue le martelage à l'aide du marteau en fer, en ayant soin de courber la tôle sur du bois, pour éviter que les coups de marteau ne laissent des empreintes trop profondes, qu'il serait impossible de faire disparaître ultérieurement,

Pour les pièces de grandes dimensions, le martelage est combiné avec le cintrage, qu'on obtient en faisant passer les tôles entre des cylindres, qui leur donnent la courbure voulue.

Après le martelage et le cintrage, on procède au planage, qui a pour but de donner de la régularité et de la raideur aux surfaces planes ou bombées. C'est une opération importante, dont dépend l'aspect du cuivre qui présentera un beau poli et une surface régulière, si l'opération a été bien conduite.

Le planage se fait au moyen de marteaux à panne droite sur des tasseaux ou des chevalets; il doit faire disparaître toutes les bosses produites par le premier martelage. Les ouvriers commencent généralement le planage par le centre des pièces; ils frappent des coups de marteau répétés suivant des cercles concentriques, jusqu'à ce qu'ils arrivent au bord ; ils obtiennent ainsi des pièces d'épaisseur uniforme.

Rivure. — La jonction des tôles entre elles s'obtient soit par la rivure, soit par la soudure.

La rivure est surtout employée pour les planches épaisses, qui servent à fabriquer des récipients destinés à résister à de fortes pressions, elle consiste à superposer les bords des deux tôles et à les réunir au moyen de rivets. Les rivets sont de petits cylindres en cuivre, munis d'une tête ronde que l'on pose, à chaud, dans des trous correspondants préalablement ménagés dans les deux tôles à assembler, et que l'on aplatit ensuite à coups de marteau ou au moyen d'une machine, de manière à donner également à leur deuxième tête une forme ronde. L'espacement de centre à centre des rivets varie entre deux et demi et trois fois leur diamètre. Le perçage des tôles se fait au moyen de machines emporte-pièce ou poinçons, qui découpent de petits ronds de métal, en laissant des trous circulaires régulièrement espacés et destinés à recevoir les rivets.

Le rivetage est suivi du mattage, qui consiste à refouler au moyen d'un ciseau et d'un marteau toutes les bavures des rivets et des tôles dans les vides qui existent derrière elles, de manière à boucher les fentes et à rendre les appareils étanches.

Soudure. — La soudure est employée plus fréquemment que la rivure dans la chaudronnerie en cuivre. Selon les usages et la résistance que doivent avoir

les pièces à souder, on emploie deux espèces principales de soudure : la *soudure à l'étain* et la *soudure
forte* ou *brasure.*

La soudure d'étain est un alliage d'étain et de plomb,
dont on se sert de la manière suivante : pour réunir
deux pièces de cuivre entre elles, on commence par
racler toutes les aspérités de la surface du métal, puis
on saupoudre de colophane les endroits raclés. Avec un
marteau étamé ou *soudoir*, chauffé au rouge, on fait
fondre et on fixe une certaine quantité d'étain sur les
parties qu'on veut souder; on rapproche ensuite les parties à réunir, et on fait couler sur elles la soudure que la
chaleur du soudoir, communiquée à la pièce, fait pénétrer
partout. La soudure ainsi faite n'offre qu'une solidité
équivalente à celle de l'alliage dont elle est formée.

La brasure au contraire, lorsqu'elle est bien faite,
est aussi résistante que le métal même. Les chaudron-
niers s'en servent pour tous les tuyaux en cuivre, et
les vases composés de plusieurs parties. Les recettes
des brasures sont très variables ; chaque chaudronnier
a les siennes. Le zinc, le cuivre, le plomb en sont
presque toujours les bases.

Voici quelques recettes employées dans les chau-
dronneries du Nord.

Soudure forte jaune assez fusible.

    Cuivre.   45
    Zinc   55

Soudure forte jaune moins fusible.

Cuivre 55
Zinc 43

Soudure forte demi-blanche.

Cuivre 44
Zinc 49
Etain 3
Plomb 4

Soudure blanche.

Cuivre 56
Zinc 27
Etain 14

Avant d'employer la soudure forte, il faut nettoyer le cuivre au moyen d'un acide, le chauffer au rouge et le tremper dans l'eau froide; sur le cuivre humide, on saupoudre un peu de borax et l'on pose la soudure; puis on réunit les parties à souder que l'on chauffe sur un petit feu de charbon de bois; la soudure fond peu à peu; on la répartit également à l'aide d'un petit bâton, et on termine l'opération, en refroidissant dans l'eau les parties soudées.

Souvent on ne se contente pas d'appliquer l'un sur l'autre les bords des deux tôles à souder; on fait dans une des tôles au moyen de ciseaux des incisions angulaires, dont les dimensions varient suivant l'épaisseur du cuivre et l'importance de la pièce, qu'on veut fabriquer. Ces incisions découpent dans le bord de la tôle de petites languettes, qu'on relève au marteau ; on superpose ensuite les bords des deux tôles, et on rabat les languettes sur la tôle non dentelée, de manière

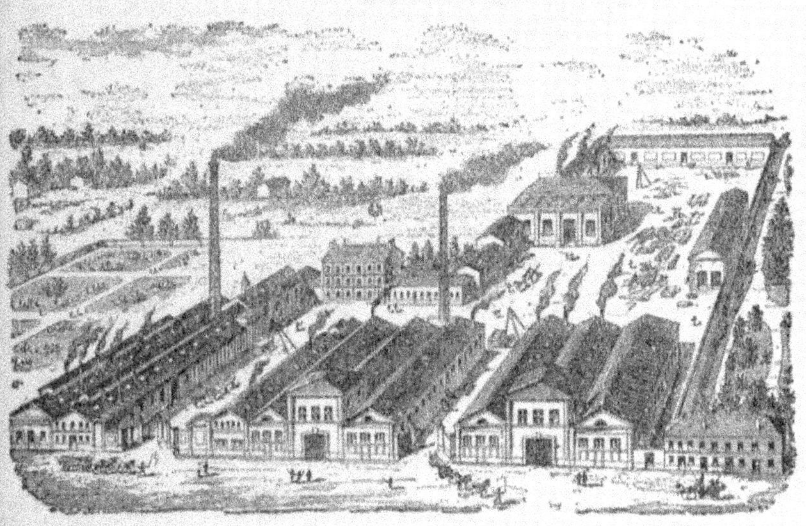

Fig. 88. — Usine Fourcy, à Corbehem (Pas-de-Calais).

à la maintenir, comme entre deux séries de dents. On achève ensuite la soudure comme dans le cas précédent, et l'on fait disparaître toutes les aspérités à la lime.

Comme exemple des procédés de fabrication usités dans la chaudronnerie, nous décrirons plus spécialement la fabrication des tubes soudés, telle qu'elle se pratique à l'usine de MM. Fourcy, à Corbehem (Pas-de–Calais). La figure 88 représente une vue d'ensemble de cette usine ; on y fait, outre les chaudières en fer, des appareils distillatoires de toutes sortes, alambics, colonnes de distillation, appareils de rectifications, enfin des tubes de tous diamètres.

III. Fabrication des tubes soudés.

On choisit, pour la fabrication des tubes soudés, des tôles de bonne qualité. On découpe dans ces tôles, au moyen de cisailles, de longues bandes rectilignes, ayant comme largeur un peu plus que la circonférence extérieure des tubes à fabriquer ; on les chauffe au rouge, et on les trempe, pour les décaper, dans un bain d'acide chlorhydrique, puis dans l'eau froide. Lorsque les bandes sont bien nettoyées, on dresse leurs bords à la lime, puis on les cintre, en leur donnant la forme de tuyau, et on achève d'appliquer les deux bords de chaque bande l'un sur l'autre au moyen du marteau, en soutenant le tube à l'intérieur par un long mandrin, qui sert d'enclume.

Lorsqu'un tube est bien dressé, l'ouvrier le tourne, de manière à ce que les bords à souder soient placés à la partie inférieure, et il y introduit une lingotière, longue et très étroite, remplie de soudure recouverte de borax.

Il la retourne d'un mouvement sec et toute la soudure tombe sur la ligne de jonction. Il introduit ensuite le tube dans un mouffle chauffé au charbon de bois, en faisant reposer le tube horizontalement sur les charbons. Au fur et à mesure que la température s'élève, la soudure et le borax fondent et remplissent les lèvres de la jointure. Lorsque toute la soudure est fondue, l'ouvrier retire le tuyau, le plonge dans l'eau froide, puis il lime la soudure à la partie extérieure, de manière à en faire disparaître toutes les bavures, et termine son travail en planant, à l'aide du marteau, le tube et la soudure sur un mandrin. Pour finir le tube, il faut encore le calibrer en le faisant passer dans une filière, formée par un anneau d'acier, et fixée sur un banc à étirer. On fait entrer le tube dans la filière, en aplatissant d'un coup de marteau son extrémité, qu'on saisit ensuite à l'aide d'une pince, fixée à un piston hydraulique, qui force le tube à passer par la filière en prenant le diamètre voulu.

ESTAMPAGE

Nous terminerons cet aperçu des procédés employés en chaudronnerie en disant quelques mots de l'*estampage*, qui a pris un grand développement dans ces dernières années. L'estampage a pour but de donner à une planche de cuivre une forme déterminée, en la repoussant dans une matrice en fonte ou en fer au moyen d'un mouton. On sait que le cuivre est un métal d'une grande malléabilité, et qu'il est susceptible de s'étirer ou de se comprimer dans des directions voulues, pourvu que ces compressions et ces extensions soient produites progressivement.

On conçoit donc qu'on ne puisse arriver à estamper une planche de cuivre que progressivement, en passant par des moules se rapprochant de plus en plus de la forme finale. On place la planche de cuivre sur la matrice, et on la frappe avec un poinçon, affectant la forme même de la matrice, et lié à un mouton par un emmanchement en queue d'aronde.

Les creux trop profonds du moule sont remplis avec du plomb fondu, remplissage que l'on diminue à mesure que l'opération s'avance.

Souvent au lieu de commencer l'opération avec une seule plaque de cuivre, on la commence avec plusieurs plaques superposées, dont on diminue le nombre jusqu'à l'unité, à mesure que la planche a besoin d'offrir moins de résistance pour s'approprier les petits détails de la matrice.

Malgré les coups redoublés du mouton, il arrive un moment où l'estampage reste stationnaire, on jette alors un peu d'eau dans la matrice; cette eau, frappée par le mouton, pousse le cuivre jusque dans les plus petits détails et on obtient ainsi un estampage d'une grande pureté.

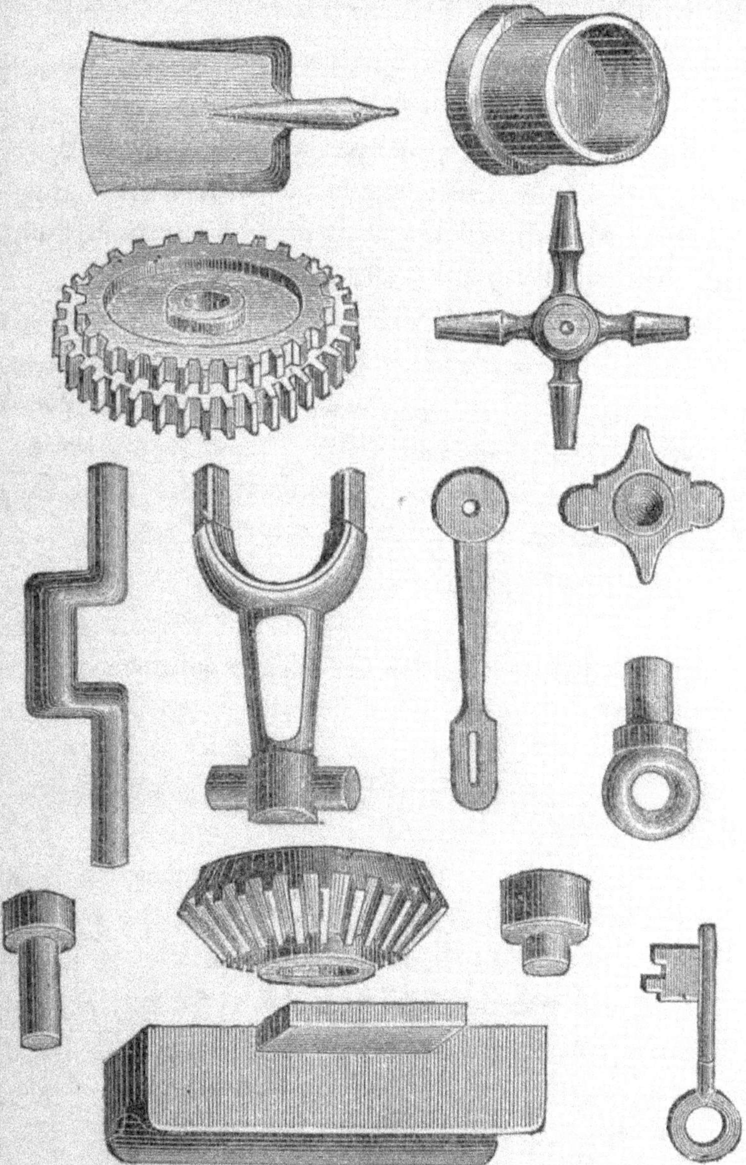

Fig. 89. — Objets en bronze ou en cuivre fabriqués
par estampage.

Les diverses pièces estampées sont ensuite soudées par les procédés ordinaires de la chaudronnerie.

Certains bronzes spéciaux s'estampent au rouge sombre et donnent des pièces sans soufflures, qui présentent une telle netteté que la main-d'œuvre de finissage devient presque nulle (fig. 89).

L'estampage s'applique à une quantité innombrable d'objets, petits et grands, employés dans les industries diverses, parmi lesquels nous signalerons les roues d'engrenages, les têtes de tubes pour torpilles, les fusées, boulons, vis, écrous et autres organes de machines, les clefs, les marteaux, etc.

IV. Fabrication des tubes sans soudure.

EMBOUTISSAGE

Les tubes soudés, fabriqués par les procédés de la chaudronnerie que nous venons de décrire, ne présentent pas de grandes garanties de solidité, lorsqu'ils sont soumis à des efforts variables et surtout lorsque leurs emplois industriels exigent qu'ils aient une grande courbure. Pour remédier à cet inconvénient, on fabrique aujourd'hui des tubes sans soudure par l'*emboutissage* à la presse hydraulique.

L'emboutissage consiste à donner à une feuille métallique la forme d'un objet déterminé au moyen d'une pression énergique, qui allonge les fibres du métal, sans les déchirer. On se sert à cet effet d'une *matrice* concave, qui affecte la forme intérieure de la pièce, et d'un *mandrin* convexe, qui en affecte la forme inté-rieure; le mandrin soumis à une forte pression appli-que la feuille de métal sur les parois de la matrice et pétrit pour ainsi dire le métal, en lui donnant la forme voulue.

L'emboutissage exige naturellement des cuivres de qualité tout à fait supérieure; il faut en effet un métal d'une malléabilité exceptionnelle, pour résister sans se déchirer aux déformations considérables produites par le mandrin. La nécessité d'employer des cuivres supé-rieurs, qui ont une grande plus-value sur le marché, renchérit beaucoup les tubes sans soudures et limite leur emploi. Ils sont très recherchés pour la construc-tion de tous les appareils soumis à de hautes pressions et à de grandes variations de température.

La fabrication des tubes par emboutissage paraît à première vue très simple; lorsqu'on regarde le man-drin, aplatir sans difficulté les feuilles de cuivre et leur donner peu à peu la forme de tubes, il semble que rien n'est plus facile que cette opération; mais en réalité, elle est extrêmement délicate et demande le plus grand soin. Aussi beaucoup d'usines à cuivre font encore un mystère de leur fabrication, et de leurs tours de main spéciaux.

Les principes de la fabrication sont partout les mêmes. On commence par découper dans une planche de cuivre, à l'aide d'un emporte-pièce, un cercle contenant le métal nécessaire pour faire le tuyau ; on chauffe ce métal au rouge et on le soumet à un premier emboutissage qui lui donne la forme d'un court cylindre, terminé par une calotte sphérique ; on réchauffe ensuite le métal pour faire disparaître l'écrouissage produit par l'emboutissage, puis on le soumet à une série d'emboutissages et de réchauffages successifs, qui ont pour but d'allonger de plus en plus le cylindre métallique, en diminuant l'épaisseur de ses parois. Les matrices sont formées par des anneaux de diamètres décroissants, au travers desquels viennent passer des mandrins cylindriques, terminés par des calottes et mus par des pistons hydrauliques. Les tubes métalliques sont enfilés sur les mandrins, qui les forcent à passer dans les matrices et produisent une sorte de laminage entre les parois des anneaux et la surface des mandrins ; on comprend quelles difficultés présente le calibrage des différentes matrices, et quel soin il faut apporter, selon la qualité de cuivre, à la détermination du nombre de passes nécessaires à la bonne fabrication des tubes. Lorsque les tubes ont atteint un diamètre d'environ 10 centimètres, on arrête l'emboutissage à chaud et on continue l'opération en allongeant les tubes à froid au moyen d'une filière, à travers laquelle on les force à passer.

Le procédé de l'emboutissage permet d'obtenir des

tubes de toutes dimensions, depuis le diamètre d'un mètre, jusqu'au diamètre de quelques millimètres.

Les tubes en laiton ne peuvent s'obtenir par le même procédé; le métal étant cassant à chaud, on les emboutit à froid ou bien encore on coule le laiton dans des moules en forme de tubes, et on allonge les lingots obtenus en les passant à la filière.

La fabrication des tubes sans soudure, par l'emboutissage, exige une grande dépense de main-d'œuvre, de force motrice et de combustible; les tubes sans soudure de faible diamètre sont particulièrement coûteux, en raison du nombre d'opérations qu'on doit leur faire subir.

PROCÉDÉ ELMORE

On a cherché dans ces derniers temps à obtenir d'une autre manière les qualités d'homogénéité et de régularité qu'ils présentent.

En Angleterre, on a essayé récemment de déposer directement par l'électrolyse du cuivre sur un mandrin, de manière à obtenir une cathode en forme de tube. Ce procédé, dû à M. Elmore, fonctionne également à Dives et donne, dit-on, d'excellents résultats.

Dans un bain de sulfate de cuivre, on installe comme anodes des plaques de cuivre impur et des mandrins en acier, animés d'un mouvement de rotation. Le cuivre, dissous à l'anode, est déposé par un courant électrique sur les mandrins en couches extrêmement minces. Le métal ainsi obtenu est poreux et peu compact ; on le rend homogène et ferme en le comprimant par des galets en agate, qui tournent lentement dans le bain en appuyant sur la surface du mandrin. L'action de compression de ces galets s'exerce chaque fois qu'une couche de 3 centièmes de millimètre de cuivre s'est déposée. Lorsque le métal a atteint l'épaisseur voulue, on sort le mandrin du bain et on le chauffe à la vapeur. Le cuivre se dilate plus que l'acier et se détache du mandrin. On donne ensuite sa dimension au tube, en l'étirant à froid au moyen de filières, comme dans le procédé d'emboutissage.

CHAPITRE IV

EMPLOI DU CUIVRE EN ÉLECTRICITÉ

Tréfilerie. — Usine de M. Lazare Weiller, à Angoulème.
Conductibilité du cuivre et de ses alliages.

Le cuivre est doué d'une haute conductibilité électrique, aussi est-il universellement employé pour le
transport de l'électricité. On l'utilise sous forme de fils
ou d'assemblage de fils, soit nus, soit protégés par une
enveloppe isolante. Grâce au développement croissant
des canalisations électriques, la tréfilerie, qui est l'art
de fabriquer les fils, consomme actuellement une grande
partie du cuivre produit dans le monde.

L'invention de la tréfilerie est très ancienne ; elle
était connue des Egyptiens, et des découvertes récentes
permettent d'affirmer qu'on en faisait usage dix-sept
cents ans avant Jésus-Christ ; on peut voir, au musée de
Kensington à Londres, des fils fabriqués à Ninive huit

cents ans avant notre ère. A Herculanum et à Pompéi, on a même trouvé des têtes en métal avec chevelures en fils. Mais pendant toute l'antiquité, la fabrication des fils était du domaine de la bijouterie et non de l'industrie.

Pendant le moyen âge, aucun progrès ne se révèle dans la tréfilerie, et ce n'est que vers la fin du xve siècle, qu'on trouve, notamment dans les annales de Nuremberg et d'Augsbourg, des allusions à la fabrication des fils obtenus en forgeant le métal dans le district de Senne. La première tréfilerie fut créée à Nuremberg par Rudolf, et il semble que cette industrie naissante, qui ne s'appliquait qu'à l'or, à l'argent et au cuivre, avait déjà acquis un certain degré de perfectionnement. Vers la même époque, des ateliers s'installaient en France et en Angleterre.

En France, ce fut Richard d'Archal, qui, vers le début du xvie siècle, eut la plus grande réputation de tréfileur. Il jouissait d'un privilège, et de nos jours certains fils portent encore son nom (fils d'Archal). En Angleterre, l'étirage à la main était pratiqué en 1558, au moment où la reine Elisabeth monta sur le trône ; ce fut elle qui fit venir d'Allemage des ouvriers, qui inventèrent l'étirage à la machine. Ces ouvriers, nommés Schultz et Caleb Bell, furent en Angleterre les créateurs de cette industrie, qui reçut une grande impulsion en 1630, après que Charles Ier eut interdit l'importation des fils étrangers ; elle ne cessa de prospérer depuis.

Fig. 90. — Vue inté

ure d'une fonderie.

Le plus ancien vulgarisateur de la tréfilerie en France fut un industriel nommé Mouchel, dont les descendants ont de père en fils exercé la même profession. La maison Mouchel, aujourd'hui dirigée par M. J.-O. Mouchel, jouit d'une grande réputation. Au début, les Mouchel n'avaient pas d'usines et faisaient fabriquer dans les campagnes. En 1768, Jean-Baptiste Mouchel acheta l'établissement de Boisthorel. A partir de ce moment, les affaires de la maison prirent une grande importance ; mais ce n'est que vers 1824, que Pierre Mouchel, au lieu de retréfiler simplement les fils achetés en Normandie, en Allemagne et en Suède, installa des fonderies et des laminoirs pour fabriquer de toutes pièces le laiton, dont il avait besoin.

Actuellement, il existe en France de nombreuses tréfileries. La plus importante est celle de M. Lazare Weiller, à Angoulême, qui fabrique tous les ans d'énormes quantités de fils de cuivre, de bronze et de laiton, destinés aux usages électriques et à la fabrication des toiles métalliques.

En Angleterre, c'est dans la région de Birmingham et dans le district de Warrington, que se trouvent les principales tréfileries, parmi lesquelles il faut citer la *Phosphor Bronze Company*, qui a donné une vive impulsion au tréfilage du cuivre et de ses alliages.

En Allemagne, le fondateur de l'industrie de la tréfilerie fut Felten, qui établit en 1750, près de Cologne, une usine considérable, que dirigent encore ses successeurs.

Usine de M. Weiller, a Angoulême. — Les figures 90, 91 et 92 représentent les différentes phases de la fabrication des fils à l'usine de M. Lazare Weiller, à Angoulême. Cette usine, créée de toutes pièces, il y a quelques années, peut être considérée comme le type des installations de ce genre. Elle comprend une fonderie (fig. 90), des laminoirs (fig. 91) et une tréfilerie (fig. 92).

Fonderie. — La figure 90 représente une partie d'un atelier de fonderie. On aperçoit au premier plan les lingotières en fonte dans lesquelles sont coulés le cuivre, le bronze et leurs alliages. Ces lingotières sont les unes horizontales, en forme d'auges, les autres verticales. Ces dernières sont formées de deux moitiés séparées par un plan vertical. On les rapproche l'une de l'autre et on en opère la jonction par des brides en fer, serrées à l'aide de coins. La lingotière, ainsi formée, se place verticalement sur un bloc, qui présente une cavité conique à l'endroit sur lequel vient reposer la lingotière. On obtient de cette façon des barres terminées à leur extrémité par une sorte de pointe, ce qui facilite leur introduction dans les cannelures du laminoir. Il existe plusieurs sortes de moules correspondant à des poids différents. Le plus usuel est celui de 30 kilogrammes environ, qui permet une manutention facile de la barre.

La fusion se fait dans des creusets de plombagine qui peuvent contenir jusqu'à 100 kilogrammes. Ces creusets sont placés dans des fours ; ils reçoivent les matières à

Fig. 91. — Vue d'i

Un laminoir en travail.

cause de la difficulté de leur fabrication. La maison Mouchel a exposé, à l'Exposition universelle de 1889, des fils de cuivre, allié à 10 pour 100 d'arsenic, tréfilés dans une filière de 17 millièmes de millimètres. Ces fils ont une résistance électrique de 2052 ohms par mètre, ce qui a permis de constituer des lignes artificielles d'une résistance telle qu'on n'aurait pu les faire avec des fils de résistance et de diamètre ordinaires.

Conductibilité électrique du cuivre et de ses alliages. — Le cuivre est le seul métal qui permette la transmission de l'électricité dans des conditions économiques ; dans l'échelle des conductibilités électriques, il a un seul rival, l'argent, qui est écarté de toutes les applications industrielles en raison de son prix.

Le fer et l'acier, qui pendant de longues années ont seuls servi aux canalisations électriques, sont insuffisants pour la transmission par les câbles sous-marins et pour la téléphonie.

Tous les cuivres fournis par le commerce sont loin d'avoir la même conductibilité électrique. Un exemple intéressant de ces différences est fourni par les circonstances qui ont accompagné la construction des premiers télégraphes sous-marins, il y a trente ans environ.

Des fils de cuivre avaient été livrés par différents fournisseurs à la *Gutta-Percha Company*. Grand fut l'étonnement de sir William Thomson, qui avait été chargé de leur examen, lorsque, en prenant dans la masse cinq échantillons, il trouva que leurs conductibilités relatives étaient proportionnelles aux nombres suivants :

$$52 ; 71,3 ; 84,7 ; 86,4 ; \text{ et } 102.$$

Le professeur Hofmann soumit des échantillons de ces différents fils à une analyse minutieuse et reconnut qu'ils contenaient des proportions variables d'éléments étrangers.

Le cuivre correspondant au nombre 42, contenait 98,76 pour 100 de cuivre et renfermait du fer, du nickel, de l'arsenic et de l'oxygène ; le cuivre de seconde qualité, de conductibilité 84,7 ne présentait pas d'arsenic, et contenait 99,20 pour 100 de cuivre ; les cuivres immédiate ment supérieurs, de conductibilité 84,7 et 86,4 en contenaient 99,53 et 99 pour 100 ; les impuretés étaient uniquement formées de fer et d'oxygène sans trace de soufre. Enfin, dans le cuivre correspondant au nombre 102, il y avait 99,9 pour 100 de cuivre, et 0,1 pour 100 d'impuretés. Ces analyses montrent quel intérêt il y a pour les électriciens à exiger des fabricants du cuivre chimiquement pur, puisque la variation de la conductibilité tient surtout à la présence de matières étrangères, dont l'élimination dépend de la perfection de l'affinage auquel le métal est soumis. Les cuivres affinés par l'electrolyse, qui sont chimiquement purs, se prêtent mieux aux usages électriques que les cuivres affinés par une opération métallurgique.

La pureté du métal employé par les tréfileurs ne suf

fit pas pour assurer la production de fils de haute conductibilité ; il est nécessaire également de prendre les
plus grandes précautions pour la fusion des lingots destinés à être passés au laminoir.

Le cuivre en effet s'oxyde très facilement, lorsqu'on
le fond au contact de l'air, et l'oxyde cuivreux, étant
un isolant, produit le même effet que si l'on interposait
dans la masse des résistances électriques. Il faut donc
éviter avec le plus grand soin sa production au moment
des coulées et déterminer sa réduction, s'il tend à se
produire.

De grands progrès ont été réalisés depuis le début de
la télégraphie dans la fabrication des fils.

Le tableau suivant emprunté à M. Preece, l'ingénieur
en chef du *Post Office* de Londres, montre la progres-
sion suivie :

	Conductibilité
Fils du câble Douvres-Calais, 1851. . . .	42 pour 100
— — Port Patrick-Denaghade, 1852.	46 —
— — Transatlantique, 1856 . . .	50 —
— — de la mer Rouge, 1857 . . .	75 —
— — de Malte et Alexandrie, 1861 .	87 —
— — du golfe Persique, 1863. . .	89,14 —
— — Transatlantique, 1865 . . .	96 —
— — de la mer d'Irlande, 1883 . .	97,5 —
Cuivre pur	100 —

Les deux qualités principales, qu'on demande aux fils
destinés à la construction des lignes électriques, sont la

conductibilité et la résistance mécanique ; mais ces deux propriétés physiques varient malheureusement en sens inverse l'une de l'autre.

Le cuivre chimiquement pur, recuit, a la conductibilité de l'argent, mais il s'allonge facilement sous son propre poids et se rompt sous une charge qui n'excède pas 28 kilogrammes par millimètre carré de section ; cette faible ténacité et cette facile extension ont fait renoncer à son emploi aux débuts de la télégraphie. Quand on cherche à augmenter sa ténacité, on perd rapidement de la conductibilité.

En 1881, M. Georges Montefiore, l'inventeur des bronzes phosphoreux, eut l'idée d'appliquer, à la fabrication des fils, ces bronzes qui avaient rendu tant de services à la construction mécanique. En incorporant, dans les bains métalliques, une certaine quantité de phosphure de cuivre, on réduit l'oxyde qui tend à se former et on obtient un métal, qui est doué d'une plus grande dureté que le cuivre pur, et qui possède quand même une haute conductibilité.

L'idée d'allier au cuivre de petites quantités de certains métalloïdes, pour le désoxyder et augmenter sa dureté, se généralisa rapidement. En 1882, M. Lazare Weiller, substitua le silicium au phosphore, en faisant agir sur un bain de cuivre un mélange de sodium et de fluosilicate de potasse. La réaction qui se produit met en liberté le silicium, qui s'allie au cuivre et lui donne une grande résistance.

Les fils en bronze silicieux prirent une rapide extension ; en présence de ce succès, d'autres recherches ne tardèrent pas à se produire, et l'on trouve actuellement dans le commerce des produits analogues, tels que le bronze au chrome et le bronze au magnésium.

Les expériences, faites par les ingénieurs de la maison Mouchel, montrent que l'addition d'une petite quantité de magnésium fait acquérir au cuivre une force mécanique considérable, mais en affectant d'une manière sensible sa conductibilité. Le tellure donne des résultats encore meilleurs ; un fil de $0^{mm},5$ de cuivre allié à 0,1 pour 100 de tellure a en effet une conductibilité de 99,84 pour 100 avec 1,82 d'allongement et 41 kilogrammes de résistance à la rupture par millimètre carré.

Les fils en bronze silicieux, pour une conductibilité donnée, ont une résistance mécanique maxima.

Leur emploi a été sanctionné par l'expérience et s'est montré très avantageux au point de vue technique et économique.

Tableau des fils types de l'usine Lazare Weiller (Angoulême).

Qualification	Conductibilité pour 100	Résistance mécanique par millimètre carré de section
Cuivre pur	100	28 kil.
Fils pour télégraphie, téléphonie à grande distance, transmission de la force, etc.		
Type A	97	45
Type B	85	50
Fils pour téléphonie urbaine :		
Type C	80	56
Type D	60	65
Type E	42	75
Type F (non employé dans la pratique)	20	100

L'administration française des Télégraphes fait un grand usage de ces fils ; les fils type A, sous le diamètre de 2 millimètres, remplacent les fils de fer galvanisé de 4 et 5 millimètres et servent surtout pour la télégraphie et la téléphonie interurbaine ; les fils E sous le diamètre de $1^{mm},1$ remplacent les fils d'acier de 2 millimètres, qu'on avait employés pour les premiers réseaux téléphoniques interurbains. Les autres types de fils correspondent à des exigences spéciales que demandent certaines administrations étrangères. Les fils F n'ont aucun emploi pratique, ils ne doivent être considérés que comme une limite théorique montrant que les fils de bronze peuvent atteindre la résistance des fils fabriqués avec les meilleurs aciers.

Nous terminerons cette étude des fils employés en électricité par le tableau de la conductibilité relative de différents métaux usuels ; le cuivre et ses alliages y tiennent avec l'argent les premières places.

	Conductibilité
Argent pur	100
Cuivre pur	100
Bronze silicieux	98
Alliage cuivre et argent 50 pour 100	86,65
Or pur	78
Siliciure de cuivre à 4 pour 100 de silicium	75
— — à 12 pour 100 de silicium	54,7
Aluminium	54,2
Etain sodium à 12 pour 100 de sodium	46,9
Bronze téléphonique	42
Cuivre plombifère à 10 pour 100 de plomb	30
Bronze phosphoreux téléphonique	29
Zinc pur	29,9
Laiton à 25 pour 100 de zinc	26,49
Laiton à 35 pour 100 de zinc	21,5
Phosphure d'étain	17,7
Alliage or et argent à 50 pour 100	16,12
Fer de Suède	16
Etain pur de Banca	15,45
Cuivre antimonieux	12,7
Bronze d'aluminium à 10 pour 100	12,6
Acier Siemens	12
Platine pur	10,6
Cuivre nickeleux à 1 pour 100 de nickel	10,6
Amalgame de cadmium	10,2

Conductibilité

Bronze mercuriel Dronier 10,11
Cuivre arsenical à 10 pour 100 d'arsenic. . . 91
Plomb pur 8,88
Bronze à 20 pour 100 d'étain 8,4
Nickel pur 7,89
Bronze phosphoreux à 10 pour 100 d'étain . . 6,5
Phosphure de cuivre à 9 pour 100 de phosphore. 4,9
Antimoine . . . . 3,85[1]

[1] Voy. Lazare Weiller, *Études électriques et mécaniques des corps solides*, Paris, Michelot

fondre, qui sont amenées à un état de fluidité complète et coulées ensuite en barres.

Laminoir. — Le laminoir (fig. 91) se compose, d'une série de cages formées de puissants bâtis en fonte, solidement encastrés dans le sol, entre lesquels se trouvent des cylindres horizontaux en fonte dure ou en acier. Ces cylindres présentent à leur surface une série de cannelures qui, correspondant à celles des cylindres voisins, laissent entre eux des ouvertures de formes variables et de surfaces décroissantes entre lesquelles la barre de métal vient passer et s'allonge successivement.

Généralement, les cylindres sont associés trois par trois, ce qui permet à deux équipes d'ouvriers lamineurs, placées de part et d'autre du laminoir de faire repasser la barre en utilisant son retour. On appelle cela faire serpenter la barre ; car, lorsqu'elle est amenée à un diamètre suffisamment petit, un même bout peut être engagé simultanément dans plusieurs cannelures et ainsi serpenter entre elles.

Les laminoirs se succèdent entre les diverses cages sur une même ligne, qui commence par les cylindres ébaucheurs, à grosses cannelures, et continue par les cylindres finisseurs, qui réduisent progressivement le diamètre jusqu'à l'amener à l'état du fil dit *en machine*. Ce fil peut arriver jusqu'au diamètre de 8 millimètres. Les deux séries de cylindres, actionnées par des pignons, tournent à des vitesses différentes réglées par l'effort auquel le métal doit être soumis. Ces vitesses sont variables. A Angoulême, les cylindres ébaucheurs tournent à quarante tours par minute, les finisseurs à quatre-vingt-dix tours.

La forme des cannelures n'est pas toujours la même. L'opération du laminage a pour but d'allonger le métal par l'allongement même de ses fibres, et il faut pour cela qu'il subisse une sorte de pétrissage violent qu'on n'obtient qu'en passant d'une forme de cannelure à une forme différente.

Tréfilerie. — Le tréfilage est la dernière des opérations que subit le fil. La figure 92 montre la vue d'un banc de tréfilage. Le fil sorti du laminoir est passé à la filière d'acier. Cet instrument est formé d'une plaque d'acier dur, à grains très fins, dans laquelle on a préalablement percé un ou plusieurs trous d'un diamètre égal à celui des fils qu'on veut obtenir. On engage dans ce trou l'extrémitié du fil préalablement appointée, comme on le fait pour un fil de coton, qu'on introduit dans le trou d'une aiguille. Cette extrémité est saisie par une mâchoire, qui tire le fil et l'oblige à traverser la filière en diminuant de diamètre. Le fil, à la sortie de la filière, est enroulé sur une bobine, qui est animée d'un mouvement de rotation et qui en fait une couronne comme celles qu'on voit par terre dans notre dessin. Cette couronne, portée à son tour sur une autre bobine, traversera une filière d'un diamètre plus petit et ainsi de suite jusqu'à ce que le fil ait

Fig. 92. — Vue d'un

Atelier de tréfilerie.

été *descendu* au diamètre voulu. Chacune de ces opérations s'appelle une *passe de tréfilerie*.

On conçoit que l'effort du fil sur la filière doit avoir pour conséquence d'élargir le trou de celle-ci, quand on s'en est servi un certain temps. Les filières sont donc assez rapidement hors d'usage.

On arrive à les faire servir de nouveau par une opération de battage au marteau, qui rapproche les molécules de l'acier et diminue le diamètre de l'ouverture. On peut ainsi l'élargir de nouveau au diamètre voulu. Avec les filières d'acier, on ne descend guère au-dessous du diamètre d'un millimètre.

Au delà, comme les fils deviennent très délicats à fabriquer et qu'il faut qu'ils aient un diamètre rigoureusement exact, on emploie des filières inusables, faites avec des pierres dures, saphirs et diamants, sertis dans des disques de laiton.

L'ouverture de ces filières est très difficile à pratiquer, en raison de la précision qu'elle exige et de la dureté de la matière à percer. L'outil employé est un foret en acier enduit de poussière de diamant. Il est quelquefois nécessaire de recuire les fils en cours de tréfilage pour les ramollir et faciliter le travail.

Au sortir de la filière, le fil de cuivre, graissé par de l'eau de savon, est doré, brillant et élastique. La cuisson lui donne une couleur mate et rouge ; il est alors malléable et susceptible d'un allongement considérable. Suivant les exigences de la clientèle et les applications[1] auxquelles les fils sont destinés, on les livre sous l'un ou l'autre état.

Étamage. — Les fils de cuivre sont souvent étamés. En particulier, toutes les fois qu'ils doivent être isolés par un enduit de caoutchouc, cet étamage est indispensable ; le caoutchouc est en effet vulcanisé, c'est-à-dire mélangé à du soufre, qui, si on le laissait au contact du cuivre, ne tarderait pas à former un sulfure, qui détruirait peu à peu le fil. C'est pour cette raison qu'on couvre les fils d'une couche d'étain, métal moins attaquable que le cuivre. L'étamage est une opération très simple, il suffit de dérouler le fil dans un bain d'étain fondu, qu'il traverse à une vitesse calculée suivant l'épaisseur que doit avoir la couche ; au sortir du bain, le fil passe à travers une gaine d'amiante, qui frotte sa surface, enlève l'excès d'étain, et fait disparaître les rugosités qui le couvrent.

Les fils de cuivre ou de bronze employés dans l'industrie ont un diamètre variant de $0^{mm},5$ à 6 millimètres.

Les fils dont le diamètre dépasse 6 millimètres sont raides et difficilement maniables, à cause de leur gros diamètre. Ce ne sont plus des fils, ce sont des tringles. Les fils dont le diamètre est inférieur à $0^{mm},5$ portent le nom de fils *jauge-carcasse* ; on ne les utilise que pour des applications tout à fait exceptionnelles, à

---

[1] Voy. Lazare Weiller et H. Vivarez, *Traité général des lignes et transmissions électriques*, Paris, 1892.

CHAPITRE V

FONDERIE DU CUIVRE ET DE SES ALLIAGES

Utilité des alliages pour la fonderie. — Préparation des alliages. —
Moulages.

Utilité des alliages pour la fonderie,

L'usage du cuivre rouge sans alliage est peu commun
dans la fonderie. La facilité que présente ce métal de
pouvoir être travaillé au marteau, en le chauffant au
rouge, permet d'éviter le moulage d'un grand nombre
d'objets, qu'on obtient d'ailleurs de meilleure qualité
en les forgeant, parce qu'ils deviennent moins poreux
et par suite d'une plus grande ténacité. En effet, quelle
que soit la qualité du cuivre employé dans les fonderies,
on ne l'obtient jamais assez pur pour que, à la seconde
fusion, il ne soit pas encore couvert, lorsqu'il est fondu,

d'un laitier visqueux, boursouflé et noirâtre, qui tend à le maintenir à l'état pâteux, et l'empêche de bien remplir les moules où il est coulé. Aussi presque toujours lorsqu'on veut fabriquer des pièces moulées de bonne qualité, on mélange le cuivre d'une certaine proportion de métaux étrangers, tels que le zinc, l'étain, le phosphore, qui constituent avec lui des alliages plus facilement fusibles et plus faciles à couler.

Les alliages permettent également de réaliser des métaux possédant des qualités spéciales, n'appartenant pas aux éléments qui les constituent. Ainsi, les bronzes ont une dureté et une résistance bien supérieures à celles du cuivre, de l'étain et du zinc. Une grande partie du cuivre consommé dans le monde est employée sous forme d'alliages, tels que le bronze des cloches, le bronze des canons, le bronze d'aluminium, le bronze phosphoreux, le métal delta, etc., etc.

Préparation des alliages.

Dans la pratique, on fond généralement dans le même fourneau les divers métaux à allier; mais, malgré les soins pris à la fusion, au brassage et à la coulée, on obtient difficilement un métal parfaitement dense et homogène.

On arrive à plus de précision en faisant les alliages par dosages, c'est-à-dire en réunissant les métaux d'abord deux à deux, puis trois à trois, jusqu'à ce qu'on arrive à un alliage définitif et complet. L'ordre, suivant lequel les métaux doivent être introduits dans les alliages, n'est d'ailleurs pas indifférent ; il ne suffit pas, pour produire un métal de bonne qualité, de jeter dans un creuset dans un ordre quelconque les métaux à allier ; doués de propriétés d'assimilation différentes, ils parviendraient difficilement à se combiner d'une façon satisfaisante.

Dans un alliage de cuivre, d'étain et de zinc, par exemple, il convient d'introduire d'abord l'étain dans le cuivre fondu, puis le zinc, plutôt que de jeter dans le bain d'abord le zinc, puis l'étain.

La coulée des alliages est une opération des plus délicates ; il se produit souvent au moment de la coulée une liquation, qui amène au fond du moule le métal le plus pesant. Cette liquation, notamment fréquente dans les alliages de cuivre et d'étain, rend l'homogénéité des grandes pièces, telles que les canons, très difficile à réaliser. La liquation du bronze est une cause de détérioration rapide pour les bouches à feu ; elle se traduit par des taches blanches, qui, plus fusibles que le reste du métal, sont fondues et enlevées sous l'action de la chaleur produite par l'explosion de la poudre. Un refroidissement rapide est le seul moyen de remédier à ces irrégularités de fabrication ; il évite également la cristallisation, qui est un obstacle à l'homogénéité et à la solidité des alliages. La cristallisation est surtout sensible dans certains alliages, susceptibles de conserver longtemps après la coulée une chaleur propre relativement élevée ; elle augmente en général la dureté de l'alliage, mais diminue beaucoup sa ténacité.

Tous les alliages gagnent à être coulés à la plus haute température qu'on puisse atteindre, sans exagérer les déchets par oxydation ou volatilisation, excepté le bronze phosphoreux, qui doit être coulé à la plus basse température possible. Les alliages coulés très chauds se refroidissent en effet dans des conditions bien meilleures que les alliages coulés pâteux ; pendant leur fusion, les métaux absorbent des gaz, tels que l'hydrogène ou l'oxyde de carbone et dissolvent des scories oxydées. Au moment de la coulée, le départ des gaz et des scories contenus dans la masse s'effectue facilement, lorsque le métal est bien liquide. En coulant chaud, on évite les soufflures, les piqûres et les tassements, qui se produisent fréquemment dans les métaux dont la liquéfaction est incomplète.

La fusion des alliages du cuivre se fait le plus fréquemment dans des fours à creuset, qui, par le peu de place qu'ils occupent et par le peu de frais qu'exige leur construction, sont à la portée du plus grand nombre des fondeurs. On fond d'abord le cuivre, qui est le métal le plus réfractaire, puis on ajoute au bain les divers métaux composant l'alliage dans leur ordre de fusibilité ; avant de sortir les creusets, on brasse énergiquement la masse liquide en se servant d'une tringle en fer, puis on l'enlève rapidement pour verser l'alliage dans les moules.

Lorsqu'on fabrique de grosses pièces, il est nécessaire d'employer une série de creusets; on verse leur contenu dans un bassin commun, qui sert à couler le métal dans le moule. Le moindre retard dans la coulée d'un creuset ainsi qu'un brassage imparfait dans le bassin, où sont réunis les alliages de tous les creusets, peuvent compromettre la réussite de l'opération.

Aussi emploie-t-on souvent des fours à réverbère, qui sont très appropriés à la fabrication des grandes pièces. Pour composer l'alliage, on dépose le cuivre sur la sole du four, et on le chauffe très régulièrement jusqu'à ce qu'il entre en fusion, puis on ajoute rapidement les métaux plus fusibles, qui doivent compléter l'alliage, en brassant continuellement la masse.

Les *cubilots*, ou petits fours à cuve, peuvent, également être employés pour la fonte du cuivre et de ses alliages. Pour obtenir un métal bien allié et des pièces exemptes de défauts, il faut se servir d'un cubilot peu élevé, d'une forme intérieure cylindrique, et ayant un diamètre égal au cinquième environ de sa hauteur. Comme combustible, on emploie du coke dense en fragments cassés, et on fait les charges plus petites que celles que l'on fait ordinairement pour la fusion de la fonte. En ajoutant au cuivre rouge, chargé au cubilot, quelques lingots de bronze ou de laiton, et quelques pièces manquées, qui donnent au cuivre une fluidité, qu'il n'atteindrait pas tout seul, on arrive à couler même des pièces très minces, plus rapidement et plus économiquement qu'avec les fours à réverbère et les fours à creusets.

Moulage

Les moules pour la coulée des pièces en cuivre ou en alliage se font soit en sable, soit en terre, soit en fonte. Les sables ne doivent être ni trop humides, ni trop gras; il faut éviter de les tasser fortement, parce que la température du cuivre étant relativement peu élevée ne dégage pas aussi facilement que la fonte les gaz au travers des sables trop mouillés ou trop solidement comprimés. Les terres doivent être de bonne qualité et aussi maigres que possible.

Après avoir été façonnés, les moules sont recuits, et leur surface est saupoudrée soit de poussière de charbon de bois, soit de tripoli, soit de farine, pour que les surfaces des pièces moulées soient bien nettes et se détachent facilement des parois du moule.

Le moulage est loin d'être une opération facile; chaque type d'objets demande un moule préparé d'une façon spéciale. Selon sa forme, la terre ou le sable doivent être plus ou moins mouillés et pressés; aussi doit-on choisir comme mouleurs des ouvriers très exercés. Malgré cela, les meilleurs mouleurs produisent des déchets dont la proportion atteint presque toujours 15 à 20 pour 100 du métal employé.

La plupart des objets en cuivre sont coulés dans des châssis à embouchure, serrés en presse ; si les objets sont de petite dimension, on les range le plus possible les uns contre les autres, de manière à ne donner aux canaux qui conduisent le métal que juste la grosseur suffisante pour alimenter le moule. Ces canaux se remplissent du trop-plein des moules, et laissent à chaque objet un *jet*. Les jets trop forts, en tirant sur les pièces, tendent à les arracher du moule ; ils occasionnent en outre une dépense de matière inutile.

Les fondeurs en cuivre qui fabriquent de petits objets coulés ont soin de faire entrer le métal en source au moyen d'*attaques*, qui prennent les pièces en dessous ; cette mesure a pour but d'empêcher que les premières gouttes, pouvant s'échapper de la poche, lorsqu'on commence à couler, ne tombent dans les pièces, où elles se refroidiraient, sans se lier avec le reste du métal. Par ce moyen les pièces tassent sur leur jet et sont moins sujettes à éprouver des retirures. Les moules en fonte ou en *coquilles* sont employés surtout pour certaines pièces d'un usage courant, telles que certains organes de machines, coussinets, etc.

Le démoulage s'exécute facilement. Quelquefois cependant les pièces de cuivre s'imprègnent à la surface de sable vitrifié, qui, s'incorporant au métal, forme un corps très dur, qu'on ne peut enlever qu'au ciseau.

La fabrication des moulages en cuivre pur, ou en bronze, a une très grande importance. Dans presque toutes les grandes villes on trouve des fondeurs, qui exécutent des objets d'art, des pièces de machines, des ornements d'église, des poignées de portes, des boutons, des instruments de physique, des clous, des hélices,

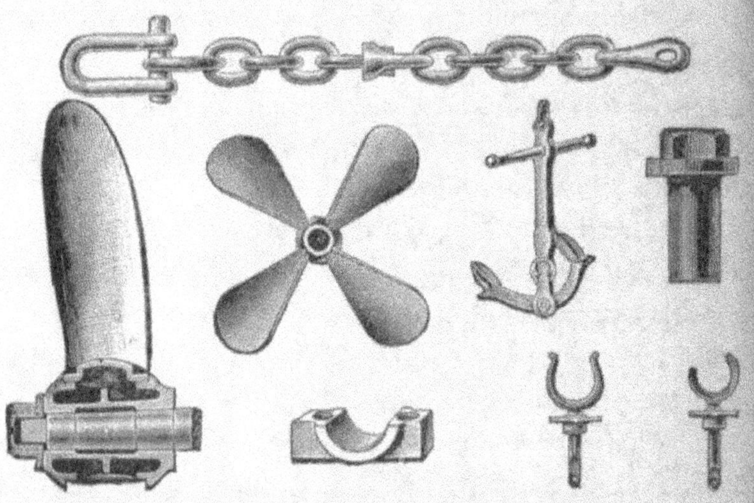

Fig. 93. — Objets moulés en cuivre ou bronze.

des coussinets, des chaînes et mille autres objets divers d'un usage quotidien.

L'importance de cette industrie a cependant légèrement diminué, depuis que les canons ne se font plus en bronze, mais en acier.

Les artilleurs modernes essaient d'en revenir aux alliages du cuivre, qui se travaillent mieux que l'acier et sont beaucoup plus légers [1]. Si leurs efforts sont couronnés de succès, un nouvel essor sera donné à la fonderie du cuivre, qui actuellement ne fournit comme grosses pièces que des instruments plus pacifiques que les canons, les cloches d'église.

La figure 93 montre divers objets moulés en cuivre ou bronze.

[1] Voy. Colonel Gun, *L'Artillerie actuelle en France et à l'étranger* (Bibliothèque scientifique contemporaine, 1889).

CHAPITRE VI

BRONZES ET LAITONS

Bronzes : bronzes anciens ; bronzes d'art ; bronzes des canons ;
bronzes des cloches. — Laitons. — Bronzes usités dans la construction des machines : bronzes phosphoreux ; métal Roma ;
métal Delta. — Tension de rupture du cuivre et de ses alliages.

Dans la première partie de notre ouvrage, nous avons
décrit sommairement les propriétés de la plupart des
alliages à base de cuivre ; examinons maintenant avec
plus de détails les combinaisons de cuivre, étain, zinc
et plomb, qui, sous le nom de *bronzes* et de *laitons*,
jouent un si grand rôle dans l'industrie.

I. Bronzes.

Bronzes anciens. — Les anciens, qui paraissent ne
pas avoir connu le zinc à l'état naturel, fondaient le

cuivre avec de l'étain et du plomb. La plupart des bronzes grecs trouvés dans les fouilles d'Athènes ont pour composition :

```
Cuivre. . . . . . . . . . . . .   62
Etain . . . . . . . . . . . . .   32
Plomb. . . . . . . . . . . . .     6
```

Les bronzes romains contenaient beaucoup moins d'étain ; les statuettes trouvées en divers points de l'ancienne France, où avaient séjourné les légions, renferment même un peu de zinc ; il est probable que la présence du zinc est due à la fusion de minerais de cuivre, contenant de la blende. La composition moyenne des bronzes romains est la suivante :

```
Cuivre. . . . . . . . . . . . .   84
Etain . . . . . . . . . . . . .   10
Plomb . . . . . . . . . . . . .    6
```

Bronzes d'art. — Les alliages cuivre, étain, zinc, sont ceux qui se prêtent le mieux à la fabrication des statues et des bronzes d'art. Ils possèdent toutes les qualités requises à cet effet : une belle couleur jaune rouge, un grain propre au travail des outils, une fusibilité assez grande pour pénétrer dans toutes les cavités des moules et reproduire tous les détails du modèle, enfin une texture se prêtant facilement à recevoir la patine.

Les divers fabricants de bronze obtiennent des alliages

répondant à ces qualités, en alliant les métaux dans des proportions variant entre les limites suivantes :

Cuivre	60 à 85
Etain	3 à 5
Zinc.	10 à 35
Plomb	0,1 à 3

De petites quantités de plomb améliorent et adoucis
sent les bronzes.

*Tableau donnant la composition des bronzes
de quelques statues célèbres.*

	Bronze de la statue de Henri IV 1817 à Paris	Bronze de la colonne de Juillet 1832 à Paris	Bronze de la statue de J.-J. Rousseau à Genève	Bronze de la statue de Molière à Paris
Cuivre . . .	89,2	92,00	85,60	90,30
Etain . . .	6	3,09	6,20	5,90
Zinc . . .	3,5	4,30	7,80	2,50
Plomb . . .	1,2	0,70	0,40	1,20
Fer et métaux divers . .	1,1	0,10	»	0,10

Bronzes des monnaies. — Les monnaies de cuivre
fabriquées en France depuis le commencement du second
Empire ont la composition suivante :

Cuivre.	95
Etain	4
Zinc	1

Cet alliage se travaille très bien au laminoir et au

découpoir ; il ne s'oxyde pas facilement et a assez de dureté pour résister à l'usure.

Le bronze des médailles de nos jours contient ordinairement 99 de cuivre et 1 d'étain ; on y ajoute rarement un peu de zinc[1].

Bronzes des canons. — Dès leur invention les bouches à feu ont été faites en bronze ; on admettait au début qu'il fallait allier 100 parties de cuivre à 11 parties d'étain. Depuis, de nombreux essais ont été faits dans tous les pays, pour déterminer dans quelles proportions les éléments devaient être alliés pour donner les meilleures conditions de solidité et de résistance. Au moment où les canons de bronze ont été remplacés par les canons d'acier[2], les formules adoptées pour le métal des bouches à feu par les principales nations européennes étaient les suivantes :

	Cuivre	Étain	Zinc
France	90	9	1
Angleterre	88 à 92	12 à 8	néant
Autriche	90	10	»
Danemark	89,9	10	0,1
Prusse			
Russie	90	10	»
Saxe			

[1] Voy. Riche, *Monnaie, médailles et bijoux*, essai et contrôle des ouvrages d'or et d'argent, Paris, 1889, p. 25.

[2] Voy. Colonel Gun, *L'Artillerie actuelle en France et à l'étranger*.

Le métal des canons doit être aussi homogène que possible ; si l'étain se sépare du cuivre, ou est mal combiné, il en résulte des grains plus riches en étain, qui, en se désagrégeant sous l'action de la poudre, laissent le cuivre isolé à l'état de masse spongieuse et inconsistante. Le bronze, refondu plusieurs fois, devient plus homogène, plus dense et plus dur. Aussi emploie-t-on, pour la coulée des canons, de vieux bronzes qu'on ajoute aux métaux neufs.

Les mêmes proportions de cuivre et d'étain ne conviennent pas à tous les calibres de bouches à feu ; la dose d'étain doit être un peu plus forte pour les grosses pièces, qui sont soumises à des efforts plus énergiques que les pièces de plus petit calibre.

Depuis trente ans, les pièces de bronze ont été remplacées dans toutes les armées par des pièces en acier, qui résistent mieux aux pressions énormes développées dans l'âme, mais qui ont l'inconvénient d'être très lourdes et difficiles à fabriquer. Les artilleurs modernes cherchent à revenir aux anciennes pièces en bronze. Jusqu'à présent leurs efforts n'ont pas été couronnés de succès ; mais nous croyons que les progrès réalisés récemment dans les fabrications des alliages d'aluminium et de phosphore permettront de construire des canons d'une grande légèreté, aussi solides et beaucoup moins oxydables que les canons en acier actuellement en usage.

Bronze des cloches. — Le métal des cloches est

composé ordinairement de 78 parties de cuivre et de 22 parties d'étain ; sa couleur est blanc-jaunâtre ; il est dur, cassant et se laisse difficilement attaquer à la lime.

Les cloches anciennes, fabriquées rarement avec des métaux neufs, contiennent souvent des métaux nuisibles à leurs qualités, qui proviennent des vieux bronzes ayant servi à leur fabrication, notamment du zinc, du fer et du plomb.

Elles contiennent rarement de l'or et de l'argent, bien que les récits populaires racontent que des âmes pieuses aient apporté à la fusion de certaines cloches des objets précieux en or et en argent, en vue d'obtenir des indulgences. M. Guettier, dans son beau livre sur la fonderie [1], cite la composition de la cloche du beffroi de Lyon, dite cloche d'argent, dans laquelle la tradition indiquait une quantité considérable de métaux précieux. L'analyse des chimistes de la Monnaie de Paris a donné comme composition de cette cloche :

Cuivre	71
Etain	26
Zinc	1,8
Fer	1,2

Elle ne contenait donc aucune trace d'argent ; il est probable que les fondeurs ont été assez habiles pour faire passer les métaux précieux, que les esprits crédules leur apportaient, dans des foyers moins brûlants que leur fournaise.

---

[1] Guettier, *Le Fondeur en métaux*, Paris, Bernard et Cie.

Le zinc à petites doses ne diminue pas la sonorité des cloches ; il rend l'alliage plus dur et plus fusible, et a l'avantage de le rendre plus économique. Le plomb, au contraire, même en quantités très faibles, enlève au métal des cloches une partie de sa sonorité et de sa dureté.

Le métal des cloches doit être dur, ferme et résistant; mais sa bonne qualité ne suffit pas pour assurer la sonorité, qui est subordonnée à des conditions très délicates de tracé, de moulage et de coulée.

II. Laitons

Les laitons sont des alliages de cuivre et de zinc, qui ont de nombreux usages industriels et domestiques. On les emploie sous forme de planches pour la construction des chaudières, des ustensiles de ménage et de divers instruments de physique, et sous forme de fils pour la fabrication des toiles métalliques, des épingles, des agrafes, des rivets, des clous à chaussures, des ressorts, etc. A cause du zinc qu'ils contiennent, les laitons sont moins chers que le cuivre, et le remplacent pour bien des usages.

Pendant longtemps, on a obtenu le laiton par le traitement direct des calamines mêlés à des minerais de cuivre dans des fours à manche ; ce n'est qu'en 1816 qu'aux usines de Romilly on parvint à le fabriquer par l'union

ALLIAGE	DESTINATION	COMPOSITION			
		Cuivre	Zinc	Étain	Divers
Laiton de Romilly	Travail au marteau	70 »	30 »	»	
Laiton de Stolberg, 1re qual.	Ustensiles de ménage, chaudières.	65,80	31,80	0,20	Plomb 2,20
Laiton anglais	Travail au marteau	70,29	29,26	0,17	— 0,28
Laiton de Jemmapes.	Pour les tourneurs	64,60	33,70	0,20	— 1,50
— —	Pour la tréfilerie.	64,20	35 »	0,40	— 0,40
Laiton des doreurs	Bronze doré	63,70	33,55	2,50	— 0,25
Laiton des horlogers	Roues de montres.	60 à 66	37 à 31	1,3 à 1,4	Fer 0,7 à 0,9
Laiton des armuriers	Garniture d'armes	80 »	17 »	3 »	—
Chrysocale	Faux bijoux	90,40	8 »	»	Plomb 1,60
Similior	—	80 à 88	20 à 12	»	—
Pinchbeck.	—	83,33	16,67	»	—
Tombac ou cuivre blanc	Instruments de physique	86 à 88	14 à 12	»	—
— — jaune	— —	88,88	5,56	5,56	—
— — rouge	— —	91,66	8,34	»	—
— — plus rouge.	— —	97 »	2 »	»	Arsenic 1
Métal de Muntz	Doublage des navires.	60 »	40 »	»	—
Poudres à bronzer	Pour peintres	82–09	18 à 1	»	Fer 0,1 à 0,5
(jaunes, orangées, rouges, vertes)					

directe du cuivre et du zinc; mais le métal, quoique tenace, était peu malléable. On le rendit plus doux et plus ductile à la filière en y ajoutant un peu de plomb.

Les laitons ont des compositions diverses selon les usages auxquels ils sont destinés ; si on force la proportion de cuivre, le laiton devient plus dur et plus gras; si on augmente la proportion de zinc, le métal devient moins homogène et moins tenace.

La malléabilité du laiton varie avec sa composition et avec la température ; elle est affectée d'une manière très sensible par la présence de certains métaux étrangers, même lorsqu'ils sont en très faible proportion. Certains laitons ne sont malléables qu'à froid, d'autres seulement à chaud ; quelques-uns même ne le sont à aucune température. Lorsqu'on chauffe le laiton un peu au-dessous de son point de fusion, il devient cassant et peut se réduire en poudre par la trituration.

Les laitons comme les bronzes des canons s'améliorent par des fusions successives.

III. Bronzes usités dans la construction des machines.

Bronzes ordinaires. — Les bronzes sont employés par les constructeurs de machines, pour toutes les pièces demandant de la résistance, de la durée et de l'aptitude au frottement. On fabrique en bronze des corps de pompes, des coussinets, des écrous, des bielles motrices, des colliers d'excentriques et une foule d'autres pièces. Ces bronzes contiennent en moyenne 80 à 85 parties de cuivre, 20 à 12 d'étain et 2 à 3 de zinc. Nous citerons, comme types, les alliages admis par les grandes usines de Seraing, près de Liège, pour la construction des locomotives des chemins de fer belges.

	Cu	Zn	Sn
Bronze des coussinets des essieux moteurs.	89	8	3
Bronze des coussinets des bielles pour le mouvement des tiroirs.	85	13	2
Bronze des régulateurs	87	12	1
Bronze des presse-étoupes	90	3,50	0,50
Bronze des pistons.	89	2,50	8,50

Plusieurs administrations de chemins de fer anglais emploient, pour la construction de leurs machines, les alliages de *Fenton*, qui sont des intermédiaires entre les bronzes et les laitons. Ces alliages sont plus économiques que les bronzes, à cause de la proportion de zinc qu'ils contiennent ; ils forment la transition entre les bronzes proprement dits et les métaux blancs, qui sont très recherchés par les constructeurs à cause de leur prix moins élevé que celui des bronzes et de l'économie qu'ils donnent pour le graissage.

Les métaux blancs sont des alliages de cuivre, étain, antimoine, plomb et zinc, dans lesquels le cuivre entre en petites proportions ; nous ne donnerons pas les nombreuses recettes, imaginées pour la composition de ces alliages, qui ont eu à un moment donné une très grande vogue. Par l'usage, on a reconnu qu'ils ne pouvaient être utilisés avantageusement que pour les frottements des machines marchant à très petite vitesse et peu chargées ; ils ne conviennent pas aux wagons de chemin de fer, où les frottements sont trop énergiques et déterminent une usure rapide du métal ; on les remplace aujourd'hui par les bronzes phosphoreux.

Bronzes au manganèse. — Ces alliages, fabriqués surtout en Angleterre, ont une très grande résistance. On les obtient en ajoutant le ferro-manganèse au cuivre rouge, que l'on allie ensuite à l'étain ou au zinc pour former des bronzes et des laitons. Une partie du manganèse intervient comme désoxydant, et l'excédent reste avec le fer incorporé à l'alliage.

Avec des proportions de cuivre et d'étain sensiblement égales à celles du bronze à canons et une quantité suffisante de ferro-manganèse, on obtient un composé tout à fait remarquable, que l'on peut couler en masses considérables au four à réverbère, et qui convient particulièrement pour les pièces demandant à la fois dureté et élasticité, telles que les pignons, les crémaillères et les roues d'angles. On l'emploie aussi à la fabrication des hélices de navires, le métal ayant l'avantage de résister à l'action corrosive de l'eau de mer, si rapidement destructive pour les hélices en acier.

Le bronze au manganèse rend de grands services dans l'exploitation des mines dont les eaux sont acides ;

on l'emploie en particulier pour les clous de boisage et les câbles des signaux et les diverses pièces des pompes d'exhaure.

Les roues des pompes centrifuges, en bronze au manganèse restent, après un an de fonctionnement, presque intactes et peuvent être remises en service sans réparations, tandis que des roues en acier sont, au bout du même temps, rongées et mises hors de service.

Bronzes phosphoreux. — L'alliage de cuivre et de phosphore se prépare dans les laboratoires en fondant du cuivre avec de la pâte à phosphore, mélange d'acide phosphorique sirupeux et de charbon. Dans l'industrie, chaque fabricant a ses recettes plus ou moins mystérieuses, reposant sur un système de combinaisons progressives, à l'aide desquelles on allie le phosphore au cuivre, d'abord à petites doses, puis à doses plus grandes. Les diverses fonderies de France, d'Allemagne et d'Angleterre produisent ainsi des bronzes phosphoreux servant à la fabrication de toutes les pièces demandant de la dureté et de la résistance au frottement, telles que que bourroirs, marteaux, engrenages, coussinets de machines, etc.

Les Compagnies de chemins de fer font un assez grand usage des bronzes phosphoreux. La Compagnie d'Orléans, depuis 1877, a fait exécuter la plupart des pièces à frottement de son matériel en bronze phosphoreux.

La fabrication se fait dans des creusets en plombagine,

placés par groupes de dix ou douze dans des fours à cémenter. La charge par creuset se compose de

Cuivre 9,75
Pâte à phosphore. . . . . 6 »
Charbon de bois 0,75
—————
16,50

Après une fusion qui dure douze heures, on laisse refroidir les creusets; on retire le phosphure de cuivre, qui se trouve dans la masse sous forme de grenailles, on le lave, on le sèche, puis on le refond en lingots contenant 9 pour 100 de phosphore. Ces lingots sont employés à la fabrication de bronzes, dont la composition varie suivant la qualité des pièces à fabriquer.

COMPOSITION de l'alliage	TIROIRS de distribution	COUSSINETS pour essieux et bielles	BRONZES très tenaces pour tiges de piston	BRONZE pour timbres et cloches
Phosphure de cuivre à 9 pour 100.	3,500	3,500	3,500	1,100
Cuivre rouge . .	77,850	74,500	85,000	76,900
Étain	11,000	11,000	8,000	22,000
Zinc	7,065	11,000	3,000	»

La teneur en phosphore de ces différents alliages varie entre 1 et 4 millièmes. Le phosphore doit y être dosé avec la même exactitude que le carbone dans les aciers; des variations très faibles dans la teneur en phosphore correspondent à des variations très grandes dans les propriétés. Ainsi, suivant leur composition, la résistance à la rupture des bronzes phosphoreux varie entre 20 et 80 kilogrammes par millimètre carré et les allongements avant rupture entre 45 et 0 pour 100.

Le silicium joue dans les alliages un rôle analogue à celui du phosphore, mais n'est guère employé à cause de son prix élevé.

Le phosphore et le silicium servent également à la fabrication des bronzes, dits phosphoreux et silicieux, en usage en électricité; l'analyse chimique ne révèle dans les bronzes aucune trace ni de phosphore, ni de silicium. Il est probable que ces deux métalloïdes ne sont que des agents réducteurs, qui donnent au métal une cohésion et une structure particulières, et qui disparaissent pendant la fusion sous forme de scories. La fabrication de ces bronzes est encore tenue secrète.

MM. Lehmann frères, fondeurs à Paris, se sont fait une spécialité de la fabrication des bronzes phosphoreux; ils font des bronzes durs pour coussinets de wagons, de voitures, de transmissions et de laminoirs, pour excentriques, garnitures de pistons, corps de pompes et soupapes; des bronzes extra-durs pour bagues, douilles, crapaudines, pour têtes de bielles, coussinets d'arbres et d'essieux moteurs; des bronzes malléables pour pièces exigeant de l'élasticité, telles qu'hélices, étambots et cages d'hélice, écrous, manchons, cylindres, pignons et engrenages ; des bronzes très tenaces pour tuyères de hauts fourneaux ; enfin des bronzes spéciaux industriellement inattaquables par l'acide sulfurique pour récipients et robinetterie d'usines à produits chimiques.

Métal Roma. — MM. Mathelin et Garnier, à Paris, en faisant des additions de manganèse aux bronzes phosphoreux produisent un alliage particulier, auquel ils ont donné le nom de *Roma* (du mot grec ῥώμη, qui signifie *force*). Ce métal, encore peu connu, est malléable à chaud et à froid ; on peut le forger et l'estamper au rouge sombre ; sa résistance égale celle de l'acier ; il est inoxydable à l'air, ductile, et se transforme aisément en barres, en fils et en tôles qu'on peut estamper et emboutir par les procédés ordinaires.

Métal Delta. — Nous terminerons cette énumération des alliages du cuivre, en parlant d'un métal, dont on s'est beaucoup occupé depuis quelques années et qui, en raison de son prix relativement bas et de ses propriétés mécaniques, paraît appelé à faire au bronze phosphoreux une concurrence sérieuse. Ce nouvel alliage a été obtenu récemment par M. Dick, ingénieur danois, établi en Angleterre, qui l'a nommé *Métal Delta*, d'après la première lettre de son nom. Sa préparation est tenue secrète, il paraît qu'on fait un premier alliage de zinc et de fer et qu'on le combine ensuite avec une quantité convenable de cuivre. Ce serait donc une sorte de laiton ferrugineux. Les brevets Dick appartiennent pour la France, la Belgique et la Hollande, à la Société anonyme du Métal Delta et des Alliages métalliques, qui possède une usine à Saint-Denis.

D'après les analyses publiées par un chimiste allemand, M. Hampe dans la *Chemiker Zeitung*, sa composition ne serait pas constante et varierait comme le montre le tableau ci-joint suivant le travail qu'aurait subi le métal.

| | MÉTAL | | | |
	Fondu	Forgé	Laminé	Martelé à chaud
Cuivre	55,94	55,80	55,82	54,22
Plomb	0,72	1,82	0,76	1,10
Fer	0,87	0,98	0,86	0,99
Manganèse . . .	0,81	0,96	1,38	1,09
Zinc	41,61	40,97	40,97	42,25
Nickel	traces	traces	0,06	0,16
Phosphore . . .	0,013	0,011	traces	0,02

Le métal Delta a la couleur et le poli de l'or ; il a une grande malléabilité, alliée à une résistance et une ténacité égales à celles de l'acier, et résiste très bien à l'oxydation due aux agents atmosphériques. On peut lui faire subir facilement toutes les transformations en usage pour le cuivre, le laiton, les bronzes, le fer et l'acier ; il fournit des moulages sains, se forge aussi aisément que le fer et donne par estampage à chaud des produits d'une finesse extrême. Son prix ne dépasse pas celui des cuivres de bonnes marques ; il est de beaucoup inférieur au prix des bronzes spéciaux.

Le métal Delta est livré au commerce sous forme de lingots pour laminage, de pièces fondues, forgées, estampés ou embouties, de planches de toutes dimensions, de fils, de tubes étirés sans soudure et de toiles métalliques.

Des essais comparatifs exécutés en 1888, à Saint-Denis, en présence des délégués du ministre de la Marine ont donné les résultats suivants :

Alliages	Charge de rupture kilogrammes par millimètre carré	Allongement pour 100
Laiton	35,5	17
Bronze à canon	17,5	7,5
Delta fondu	38,5	28,0
Delta forgé à chaud et écroué	60 à 65	20 à 10
Delta laminé	25 à 60	30 à 15

La grande malléabilité du métal Delta, porté au rouge sombre, permet de l'estamper à cette température ; les pièces ainsi obtenues sont sans soufflures et présentent une telle netteté que la main-d'œuvre de finissage est presque nulle; cette propriété de s'estamper à chaud que possède le métal Delta, à l'exclusion des bronzes ordinaires, constitue un avantage considérable ; elle permet, en effet, de livrer, une fois la matrice faite, des pièces interchangeables, identiques entre elles et plus parfaites que des pièces simplement coulées.

L'inaltérabilité du métal Delta, sous l'action de l'eau de mer ou de l'eau acide rend son emploi très précieux pour les divers services de la marine et l'exploitation des mines.

Les expériences faites par la Direction de l'artillerie de marine ont montré qu'un échantillon de métal Delta placé pendant dix jours dans de l'eau de mer addi-

Fig. 94. — Barres après leur séjour dans la mine.

tionnée de 1 quinzième d'acide sulfurique conserve le même poids ; sa surface est simplement noircie.

Des expériences analogues ont été faites dans une mine de charbon de Westphalie. Des barres laminées de fer forgé, d'acier et de métal Delta, restèrent pendant six mois et demi plongées dans l'eau acide provenant de la mine. Après cette longue immersion la barre de fer avait perdu 46,3 pour 100 de son poids, celle en acier 45,45 pour 100, et celle en métal Delta 1,2 pour 100 seulement.

La figure 94 représente ces barres après leur séjour dans la mine.

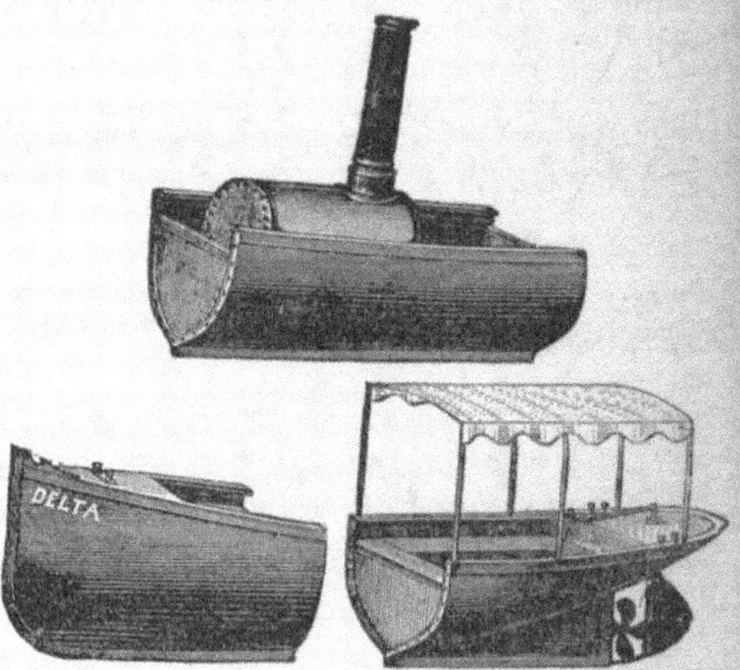

Fig. 95. — Canot à vapeur en métal Delta
destiné à l'Afrique centrale.

Des essais faits en Angleterre montrent que le métal Delta est deux fois moins attaquable que le métal de Müntz.

Aussi les constructeurs de navires se servent du

métal Delta pour remplacer le métal de Müntz dans le doublage des navires ; on a même construit des canots à vapeur entièrement en métal Delta (fig. 95).

De nombreuses hélices ont également été fondues dans ces derniers temps en métal Delta ; elles sont moins coûteuses que les hélices en bronze au phosphore ou au manganèse.

D'une manière générale, l'emploi des bronzes spéciaux tend à prendre un grand développement ; ils offrent, en effet, de grands avantages sur les bronzes ordinaires, ils sont plus résistants, plus faciles à préparer, et beaucoup moins altérables par les agents atmosphériques.

IV. **Résistance à la rupture du cuivre et de ses alliages**

Nous terminerons l'étude des alliages du cuivre en indiquant la résistance à la rupture de ceux, qui sont le plus employés dans l'industrie.

RÉSULTATS DES ESSAIS COMPARATIFS A LA TRACTION

A LA TEMPÉRATURE ORDINAIRE

Cuivre — Laitons — Bronzes et Bronzes spéciaux — Fer — Acier

NATURE DU MÉTAL ou DE L'ALLIAGE	COMPOSITION		LIMITE D'ÉLASTICITÉ —	CHARGE DE RUPTURE —	ALLONGEMENT
	Cuivre	Zinc	Kilogr. par m/m²	Kilogr. par m/m²	Pour cent
Cuivre ordinaire coulé.	»	»	»	14 à 19	6
— — laminé.	»	»	9	28	»
— — — recuit.	»	»	»	23	34
— pur pour télégraphie.	»	»	»	40 à 45	1,1 à 0,6
— électrolytique en fils.	»	»	»	45 à 49	1 à 0,1
Laiton demi-rouge.	82	18	14	22	26
— —	80	20	16	22	31
—	75	25	13	21	36
— premier titre coulé..	70	30	7 à 13	12 à 21	29
— laminé.	»	»	»	25	35
— — écroui	»	»	»	45	30
— — recuit..	»	»	»	34	50
— fil 4ᵐᵐ.	»	»	»	55	»
—	66	34	18	26	38
—	60	40	20	28	23
— d'aluminium, 2 0/0 Aˣ.	66	32	12	34	35
		Étain			
Bronze ordinaire fondu.	»	»	12 à 14	14 à 25	»
— à canon	90	10	»	15 à 30	26 à 5
— —	85	12	»	18	3
— —	82	18	»	21	3
— —	80	20	»	28	7
— ordinaire écroui	»	»	»	49	4
— — — recuit.	»	»	»	41	20
— pour téléphone, en fils L. Weller. .	»	»	»	75	»

Bronze phosphoreux coulé	[illegible]	[illegible]	[illegible]
— — barres	7 à 16	15 à 35	33 à 4
— — écroui	»	64	10
— — recuit	»	37	73
— — fils écrouis	»	70 à 110	38
— — fils recuits	»	34 à 45	40 à 34
Bronze Laveissière fondu	»	28	»
— — barres	»	40	30 à 40
Bronze silicieux fils télégraphiques	»	40 à 45	1.1 à 0.6
— — fils spéciaux	»	100 à 120	»
Bronze manganèse coulé en sable	»	25 à 38	15 à 45
— — fondu au réverbère	»	25 à 34	10 à 4
— — métal Roma	»	45	15
Métal Delta fondu coulé en sable	10 à 30	25 à 40	40 à 10
— — forgé	15 à 30	40 à 60	45 à 30
— — fil	40 à 55	70 à 80	15 à 5
Fer forgé	11 à 17	30 à 40	20 à 20
— laminé	14	32	»
— en fils	»	45	»
— galvanisé	»	35	»
Acier doux Bessemer	20 à 30	45 à 55	»
— Martin Siemens	»	45	»
— fil d'acier ordinaire	»	85 à 90	»
— coulé à canon	38	75	»
— Holtzer forgé	51	80	»

La résistance à la rupture et la ténacité à chaud

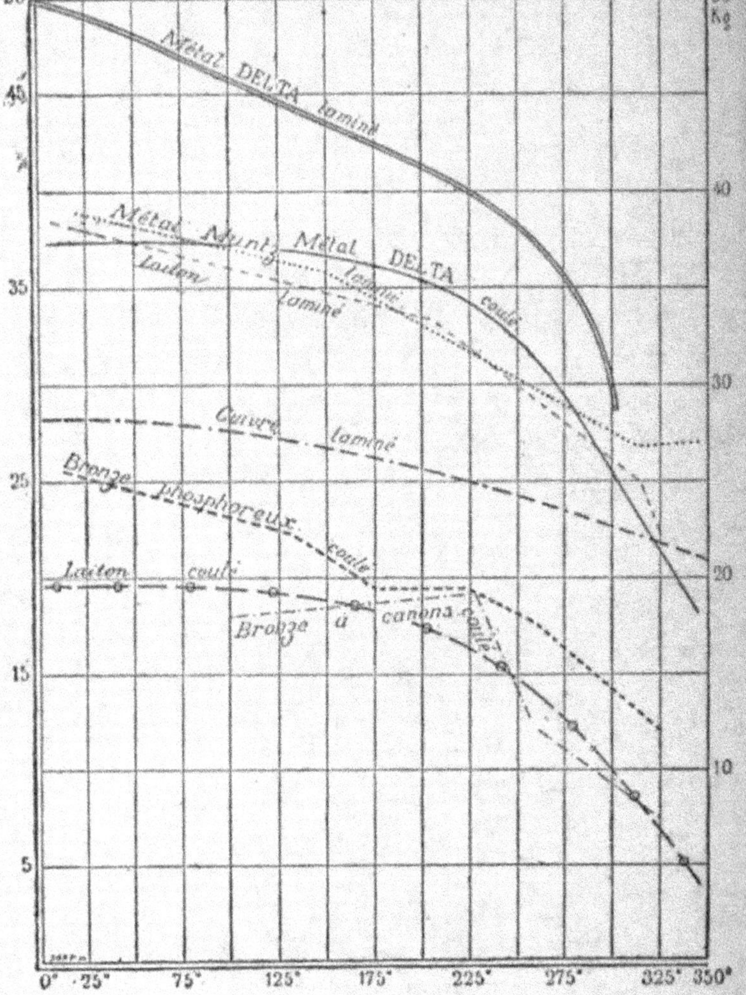

Fig. 96. — Résultats des expériences du professeur Unwin.

varient très rapidement avec la température, l'étude de

cette variation est d'une grande importance pratique, car avec les hautes pressions employées actuellement dans les machines, les métaux sont souvent soumis à des températures de 180 à 200 degrés.

Le professeur Unwin a publié récemment, dans l'*Engineering*, une étude sur la résistance de quelques alliages à des températures différentes; nous reproduisons, dans la figure 96, le résultat de ces expériences. Elles montrent que la résistance des différents métaux essayés diminue rapidement avec la température, mais ne varie pas d'une manière continue. A certaines températures, il se produit des points d'arrêt et des variations de rapidité dans la décroissance de la résistance. Ces phénomènes ne sont pas encore bien expliqués; il est probable que chaque point d'arrêt correspond à une combinaison déterminée, qui se produirait dans l'alliage par l'effet de la chaleur.

FIN

TABLE ALPHABÉTIQUE

FIN DE LA TABLE ALPHABÉTIQUE

Lyon. — Imp. PITRAT AÎNÉ, **A. Rey** Successeur, 4, rue Gentil. — 702i

LA SOIE
AU POINT DE VUE SCIENTIFIQUE ET INDUSTRIEL
Par Léo VIGNON
Maître de conférences à la Faculté des sciences
Sous-directeur de l'École de chimie industrielle de Lyon.

1 vol. in-16, de 370 pages, avec 81 figures, cartonné. . . 4 fr.

Le ver à soie; l'œuf; le ver; la chrysalide; le cocon; le papillon; la sériciculture et les maladies du ver à soie; la soie; le triage et le dévidage des cocons; étude physique et chimique de la soie grège; le moulinage; les déchets de soie et l'industrie de la schappe; les soieries; essai, conditionnement et titrage; la teinture; le tissage; finissage des tissus; impression; apprêts; classification des soieries; l'art dans l'industrie des soieries; documents statistiques sur la production des soies et soieries.

LES MATIÈRES COLORANTES
ET LA CHIMIE DE LA TEINTURE
Par L. TASSART
Ingénieur, répétiteur à l'École centrale des arts et manufactures,
Chimiste de la Société des matières colorantes et produits chimiques
de Saint-Denis (Établissements Poirrier et Dalsace).

1 vol. in-16, de 320 pages, avec 30 figures, cartonné.. . 4 fr.

Matières textiles : fibres d'origine végétale, coton, lin, chanvre, jute, ramie; fibres d'origine animale, laine et soie; matières colorantes minérales, végétales et animales; matières tannantes; matières colorantes artificielles; dérivés du triphényl-méthane, phtaléines; matières colorantes nitrées et azoïques, indophénols, safranines, alizarine, etc.; analyse des matières colorantes; mordants d'alumine, de fer, de chrome, d'étain, etc.; matières employées pour l'apprêt des tissus; des eaux employées en teinturerie et de leur épuration.

L'INDUSTRIE DE LA TEINTURE
Par L. TASSART

1 vol. in-16, de 360 pages, avec 50 figures, cartonné. . . 4 fr.

Le blanchiment du coton, du lin, de la laine et de la soie; le mordançage; la teinture à l'aide des matières colorantes artificielles (matières colorantes dérivées du triphényl-méthane, phtaléines; matières colorantes artificielles, safranine, alizarine, etc.); de l'échantillonnage; manipulation et matériel de la teinture des fibres textiles, des filés et des tissus; rinçage, essorage, séchage, apprêts, cylindrage, calandrage, glaçage, etc.

HISTOIRE DES PARFUMS
ET HYGIÈNE DE LA TOILETTE
POUDRES, VINAIGRES, DENTIFRICES, FARDS, TEINTURES, COSMÉTIQUES, ETC.
Par S. PIESSE
Chimiste-parfumeur à Londres.
Édition française.
Par F. CHARDIN-HADANCOURT et H. MASSIGNON
Parfumeurs à Paris et à Cannes.
et G. HALPHEN
Chimiste au Laboratoire du Ministère du Commerce.

1 vol. in-16, de 372 pages, avec 70 figures, cartonné. . . 4 fr.

La parfumerie à travers les siècles; histoire naturelle des parfums d'origine végétale et d'origine animale; hygiène des parfums et des cosmétiques; hygiène des cheveux et préparations épilatoires; poudres et eaux dentifrices; teintures, fards, rouges, etc.

CHIMIE DES PARFUMS
ET FABRICATION DES SAVONS
ODEURS, ESSENCES, SACHETS, EAUX AROMATIQUES, POMMADES, ETC,
Par S. PIESSE
Chimiste-parfumeur à Londres.
Édition française.
Par F. CHARDIN-HADANCOURT, H. MASSIGNON et G. HALPHEN

1 vol. in-16, de 360 pages, avec 80 figures, cartonné. . . 4 fr.

Extraction des parfums; propriétés, analyse, falsifications des essences; essences artificielles; applications de la chimie organique à la parfumerie; fabrication des savons; études des substances employées en parfumerie; formules et recettes pour essences, extraits, bouquets, eaux composées, poudres, etc.

LA FABRICATION DES LIQUEURS ET DES CONSERVES
Par J. de BREVANS
Chimiste principal au Laboratoire municipal de Paris.

1 vol. in-16, de 320 pages, avec 52 figures, cartonné. . . 4 fr.

L'alcool; la distillation des vins et des alcools d'industrie; la purification et la rectification; les liqueurs naturelles; les eaux-de-vie de vins et de fruits; le rhum et le tafia; les eaux-de-vie de grains; les liqueurs artificielles; les matières premières : les essences, les esprits aromatiques les alcoolats, les teintures, les alcoolatures, les eaux distillées, les sucs, les sirops, les matières colorantes; les liqueurs par distillation et par infusion; les liqueurs par essences; vins aromatisés et hydromels; punchs; les conserves; les fruits à l'eau-de-vie et les conserves de fruits; analyse et falsifications des alcools et des liqueurs; législation et commerce.

ENVOI FRANCO CONTRE UN MANDAT SUR LA POSTE

LES INDUSTRIES D'AMATEURS

LE PAPIER ET LA TOILE, LA TERRE, LA CIRE,
LE VERRE ET LA PORCELAINE, LE BOIS, LES MÉTAUX

Par H. de GRAFFIGNY

1 vol. in-16, de 365 pages, avec 395 figures, cartonné. . . 4 fr.

Cartonnages; papiers de tenture; encadrements; masques; brochage et reliure; fleurs artificielles; aérostats; feux d'artifices : modelage; moulage; gravure sur verre; peinture de vitraux; mosaïques : menuiserie; tour; découpage du bois; marqueterie et placage : serrurerie; gravure en taille-douce; mécanique; électricité; galvanoplastie; horlogerie.

L'ART DE L'ESSAYEUR

Par A. RICHE
Directeur des essais à la Monnaie de Paris.

Et E. GÉLIS
Ingénieur des Arts et Manufactures.

1 vol. in-16, de 384 pages, avec 94 figures, cartonné. . . 4 fr.

Principales opérations : fourneaux; vases; connaissances théoriques générales; agents et réactifs: argent; or; platine; palladium: plomb; mercure; cuivre; étain; antimoine; arsenic; nickel; cobalt; zinc; aluminium; fer

MONNAIE, MÉDAILLES ET BIJOUX

ESSAI ET CONTROLE DES OUVRAGES D'OR ET D'ARGENT

Par A. RICHE
Directeur des essais à la Monnaie de Paris

1 vol. in-16, de 396 pages, avec 56 figures, cartonné. . . 4 fr.

La monnaie à travers les âges; les systèmes monétaires : l'or et l'argent; extraction; affinage; fabrication des monnaies; la fausse monnaie; les médailles et les bijoux jusqu'à la fin du XVIIIe siècle et sous le régime actuel; la garantie et le contrôle en France et à l'étranger.

L'ÉLECTRICITÉ A LA MAISON

Par Julien LEFÈVRE
Professeur à l'École des sciences de Nantes.

1 vol. in-16, de 396 pages, avec 209 figures, cartonné. . . 4 fr.

Production de l'électricité; piles; accumulateurs; machines dynamos; lampes à incandescence; régulateurs; bougies; allumoirs; sonneries; avertisseurs automatiques; horlogeries; réveille-matin; compteurs d'électricité; téléphones et microphones; moteurs; locomotion électrique; bijoux; récréations électriques; paratonnerres.

LA PÊCHE ET LES POISSONS DES EAUX DOUCES

DESCRIPTION DES POISSONS, ENGINS DE PÊCHE,
LIGNES, AMORCES, ESCHES, APPATS, PÊCHE A LA LIGNE,
PÊCHES DIVERSES, NASSES, FILETS

Par Arnould LOCARD

1 vol. in-18, 352 p., avec 174 fig. . . . . 4 fr.

LES INSECTES NUISIBLES

HISTOIRE ET LÉGISLATION,
LES FORÊTS, LES CÉRÉALES ET LA GRANDE CULTURE, LA VIGNE, LE VERGER
ET LE JARDIN FRUITIER, LE POTAGER, LE JARDIN D'ORNEMENT,
A LA MAISON

Par Louis MONTILLOT

Membre de la Société entomologique de France.

1 vol. in-18, 306 p., avec 156 fig. . . . . 4 fr.

LE GAZ

ET SES APPLICATIONS

ÉCLAIRAGE, CHAUFFAGE, FORCE MOTRICE

Par E. de MONTSERRAT et E. BRISAC

Ingénieurs de la Compagnie parisienne du gaz.

1 vol. in-18, 336 p., avec 86 fig. . . . . 4 fr.

LA MACHINE A VAPEUR

MACHINES TYPES, MACHINES A GRANDE VITESSE,
MACHINES LOCOMOBILES, MACHINES ROTATIVES ET TURBO-MOTEURS
MACHINES COMPACTES

Par Aimé WITZ

Ingénieur des Arts et manufactures

1 vol. in-18, 324 p., avec 80 fig. . . . . 4 fr.

LES MATIÈRES GRASSES

CARACTÈRES, FALSIFICATIONS ET ESSAIS DES HUILES, BEURRES, GRAISSES,
SUIFS ET CIRES

Par G. BEAUVISAGE

Professeur agrégé à la Faculté de médecine de Lyon

1 vol. in-16, 350 p., avec figures. . . . . 4 fr.

LA PRATIQUE
DES ESSAIS COMMERCIAUX ET INDUSTRIELS

I. MATIÈRES MINÉRALES. — II. MATIÈRES ORGANIQUES

Par G. HALPHEN

Chimiste au Laboratoire du ministère du Commerce

2 vol. in-16, avec figures. Prix de chaque. . . . . . . 4 fr.

LE MATÉRIEL AGRICOLE

MACHINES, INSTRUMENTS, OUTILS EMPLOYÉS DANS LA PETITE
ET LA GRANDE CULTURE.

Par J. BUCHARD

Ingénieur agricole

1 vol. in-16, 384 pages, avec 142 figures.. . . . . . . 4 fr.

LES ENGRAIS
ET LA FERTILISATION DU SOL

Par Albert LARBALETRIER

Professeur de chimie agricole et industrielle à l'École d'agriculture

1 vol. in-16, 352 pages avec 74 figures. . . . . 4 fr.

LA PLUME DES OISEAUX

HISTOIRE NATURELLE ET INDUSTRIE

Par LACROIX-DANLIARD

1 vol. in-16, 368 p., avec 94 figures. . . . . 4 fr.

LA PISCICULTURE EN EAUX SALÉES

LES EAUX SALÉES, LES POISSONS, REPRODUCTION NATURELLE
POISSONS MIGRATEURS ET SÉDENTAIRES, ÉTANGS SALÉS, RÉSERVOIRS ET VIVIERS
HOMARDS ET LANGOUSTES, MOULES ET HUITRES

Par A. GOBIN

Professeur départemental d'agriculture du Jura

1 vol. in-18, 353 p., avec 105 fig. . . . . 4 fr.

MANIPULATIONS DE CHIMIE
COURS DE TRAVAUX PRATIQUES
Par E. JUNGFLEISCH
Professeur au Conservatoire des arts et métiers à l'École supérieure
de pharmacie de Paris

1 vol. in-8 de 1240 pages avec 372 figures, cart. . . . . . . 25 fr.

Le traité de M. Jungfleisch servira de guide dans toutes les écoles
où l'on voudra organiser des manipulations de chimie.

Voici un aperçu des matières qui y sont traitées :

Livre Ier. — *Instruments et procédés d'un usage général.*

Livre II. — *Études des éléments et composés chimiques.*

Cette partie est formée par l'exposé des opérations pratiquées pendant la première année d'études; ces opérations sont des préparations
de substances minérales ou organiques et des expériences propres à faire
connaître les propriétés générales des corps simples ou composés. Elles
portent sur des faits choisis de telle manière que l'expérience réalisée
apporte à l'étudiant la plus grande somme possible de connaissances
théoriques et pratiques.

Le premier chapitre est consacré aux métalloïdes et aux composés
qu'ils forment entre eux. Le deuxième traite des métaux et de leurs
combinaisons avec les métalloïdes ainsi qu'avec d'autres métaux. Le
troisième chapitre est relatif aux substances organiques.

Livre III. — *Analyse.*

L'auteur expose avec détails les méthodes pratiques ordinairement
adoptées et met l'étudiant ayant suivi la série des exercices indiqués
en état d'effectuer régulièrement et avec précision l'un quelconque
des procédés recommandés dans les ouvrages spéciaux. C'est dans le
même esprit que les manipulations de deuxième année ont été instituées.

Après les indications nécessaires à l'analyse qualitative, tant minérale qu'organique, on trouvera donc dans le livre III un exposé des
procédés d'analyse quantitative soit par les pesées, soit par les vo-
lumes. Les exemples ayant été choisis parmi les corps les plus intéres-
sants, les principaux sujets de la chimie analytique se trouvent par
suite examinés.

MANIPULATIONS DE PHYSIQUE
COURS DE TRAVAUX PRATIQUES
Par Henri BUIGNET
Professeur de physique à l'École supérieure de pharmacie de Paris

1 vol. gr. in-8 de 788 pages, avec 265 fig. et pl. color., cart. 16 fr.

ENVOI FRANCO CONTRE UN MANDAT SUR LA POSTE

CHIMIE

LE LAIT
ÉTUDES CHIMIQUES ET MICROBIOLOGIQUES
Par DUCLAUX
Professeur à la Faculté des sciences de Paris.

1 vol. in-16 de 336 pages, avec figures. . . . . 3 fr. 60

LES THÉORIES ET LES NOTATIONS DE LA CHIMIE
MODERNE
Par Antoine de SAPORTA
Introduction par C. FRIEDEL, membre de l'Institut

1 vol. in-16. . . . . 3 fr. 50

LA COLORATION DES VINS
PAR LES COULEURS DE LA HOUILLE. MÉTHODES ANALYTIQUES
ET MARCHE SYSTÉMATIQUE
POUR RECONNAITRE LA NATURE DE LA COLORATION
Par P. CAZENEUVE
Professeur à la Faculté de Lyon.

1 vol. in-16, avec 1 planche. . . . . 3 fr. 50

FERMENTS ET FERMENTATIONS
ÉTUDE BIOLOGIQUE DES FERMENTS. ROLE DES FERMENTATIONS
DANS LA NATURE ET DANS L'INDUSTRIE
Par Léon GARNIER
Professeur à la Faculté de Nancy.

1 vol. in-16, avec 65 figures. . . . . 3 fr. 50

L'ALCOOL
AU POINT DE VUE CHIMIQUE, AGRICOLE, INDUSTRIEL,
HYGIÉNIQUE ET FISCAL
Par A. LARBALETRIER
Professeur à l'École d'agriculture du Pas-de-Calais.

1 vol. in-16, avec 62 figures. . . . . 3 fr. 50